san

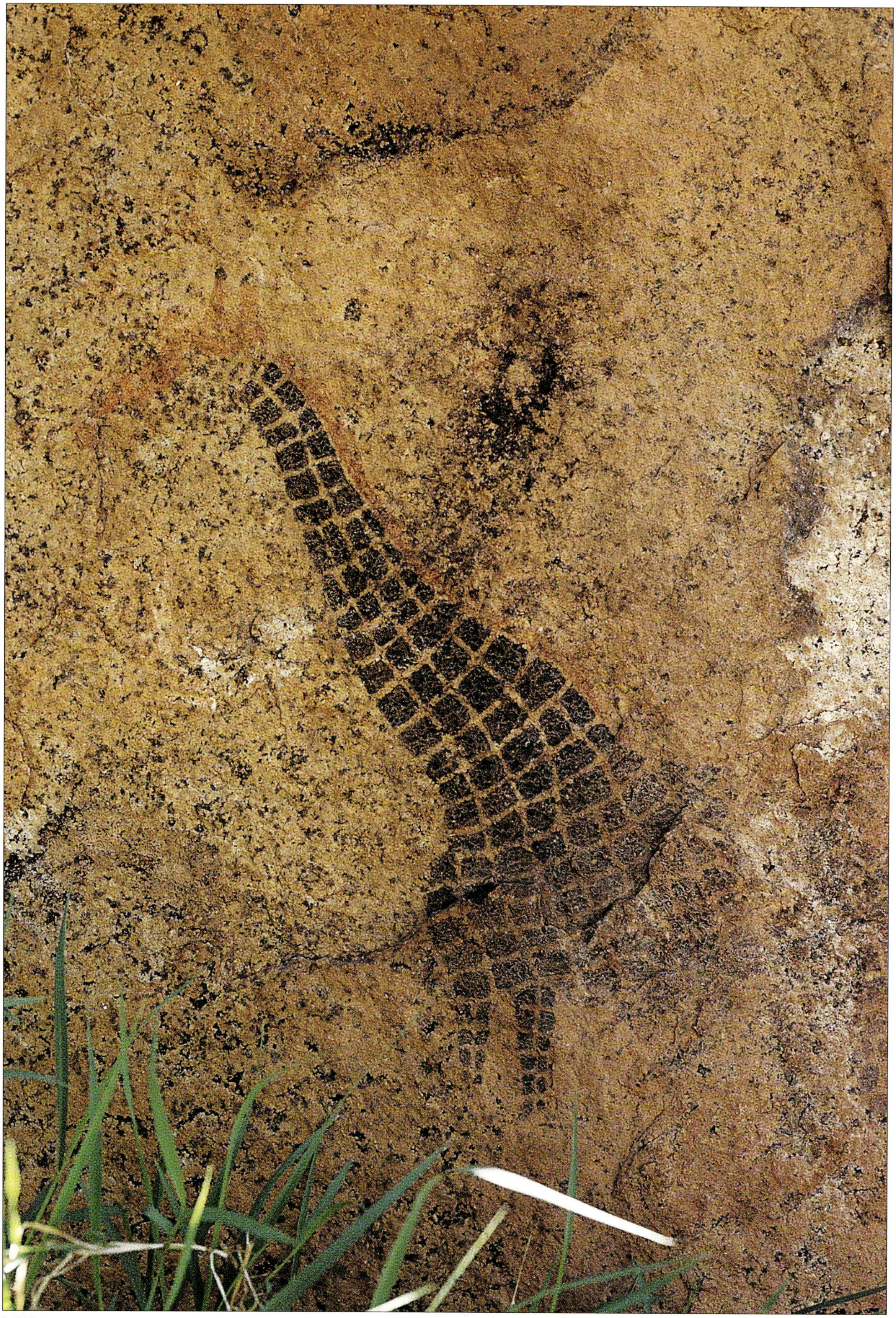

[n° 1] Amis ouest
Animal lié à la pluie, une girafe a été peinte dans la trace d'une coulure d'eau. Le ruissellement activait sans doute les pouvoirs de l'image.

san

Art rupestre d'Afrique australe

Texte et photographies de Renaud Ego

Adam Biro

28, rue de Sévigné
75004 Paris
ISBN : 2-87660-294-6
N° d'éditeur : 0293
Dépôt légal : septembre 2000

Conception graphique et réalisation : Accroche-com', Paris
Graphisme : Jacques Farine
Suivi éditorial : Chloé Coursaget et Stéphanie Lagarde
Annexes et bibliographie : Philippe Rollet

Imprimé en France

SOMMAIRE

Ouverture

Bref, il nous semble que l'écriture ne se fera jamais assez au nom d'un dehors.

Gilles Deleuze et Félix Guattari

On ne préface pas l'espace, il est à lui-même sa propre ouverture. Un parcours, né de circonstances où le hasard et le désir m'ont incité à m'égarer quelque peu, m'a conduit en Namibie et en Afrique du Sud au-devant de peintures et de gravures que rien ne me préparait à voir. Ainsi abruptement surgies, comme les montagnes où elles sont préservées, ces œuvres furent pour moi l'une de ces apostrophes du *dehors* dont je recherche la secousse. Le dehors : non la géographie des ailleurs possibles ni le bazar des nouveautés, mais ce qui, m'étant inconnu, sème le désordre dans ma pensée et bouscule le sol de ma langue. La distance, je n'en doute pas, est un leurre ; on en commercialise d'ailleurs les prestiges sous les formes acidulées de l'exotisme, cette banale translation de l'ennui. Mais elle est aussi la chance d'une petite ascèse lorsque, ainsi requis par ce qui est pour nous sans précédent, sans visage ni nom connus, nous nous ouvrons à lui. Cette brèche dans notre intimité, ce trouble devant la différence qu'elle y accueille ne sont-ils pas les signes où toujours s'annonce en chacun l'expérience essentielle : irruption amoureuse, découverte d'une orée, extension des menues parcelles de liberté ? J'appelle *dehors* ce moment d'effraction qui me semble être aussi, par la confusion même où il me plonge, une naissance – naissance à ce qui, étant autre pour moi, m'engage à le devenir à mon tour.

Las de l'immobilité, des pesanteurs que la civilisation occidentale ne parvient pas à dissimuler sous le masque de ses apparences changeantes, las de sa passion hystérique pour les bimbeloteries nouvelles absolument prévisibles, las aussi des formes familières qu'y prend l'art, avec ses raffinements extrêmes, ses constructions savantes, sa production abondante, ses prétextes en somme auxquels manque pourtant trop souvent une plus essentielle croyance dans les pouvoirs qui l'animent, il m'a semblé voir dans ces peintures africaines dont l'abord paraissait si simple, si immédiat, le geste premier par lequel une culture questionne son propre visage et interroge ce qui est, pour elle, son dehors, son ailleurs véritables. Si l'art est au cœur de toute culture, c'est bien parce qu'il donne un contour à ce qui est sans forme pour elle. Que ce dehors ou cet ailleurs en soient aussi la part la plus intime n'est nullement un paradoxe. C'est au contraire l'expression de la tension native qui fait de l'art une respiration essentielle au lointain intérieur que l'homme porte au fond de lui-même.

L'histoire de ce livre est donc celle des questions qu'une civilisation aujourd'hui disparue s'est adressées par le biais de peintures et de gravures pariétales. Elle commence aussi avec le nom de leurs auteurs, appelés

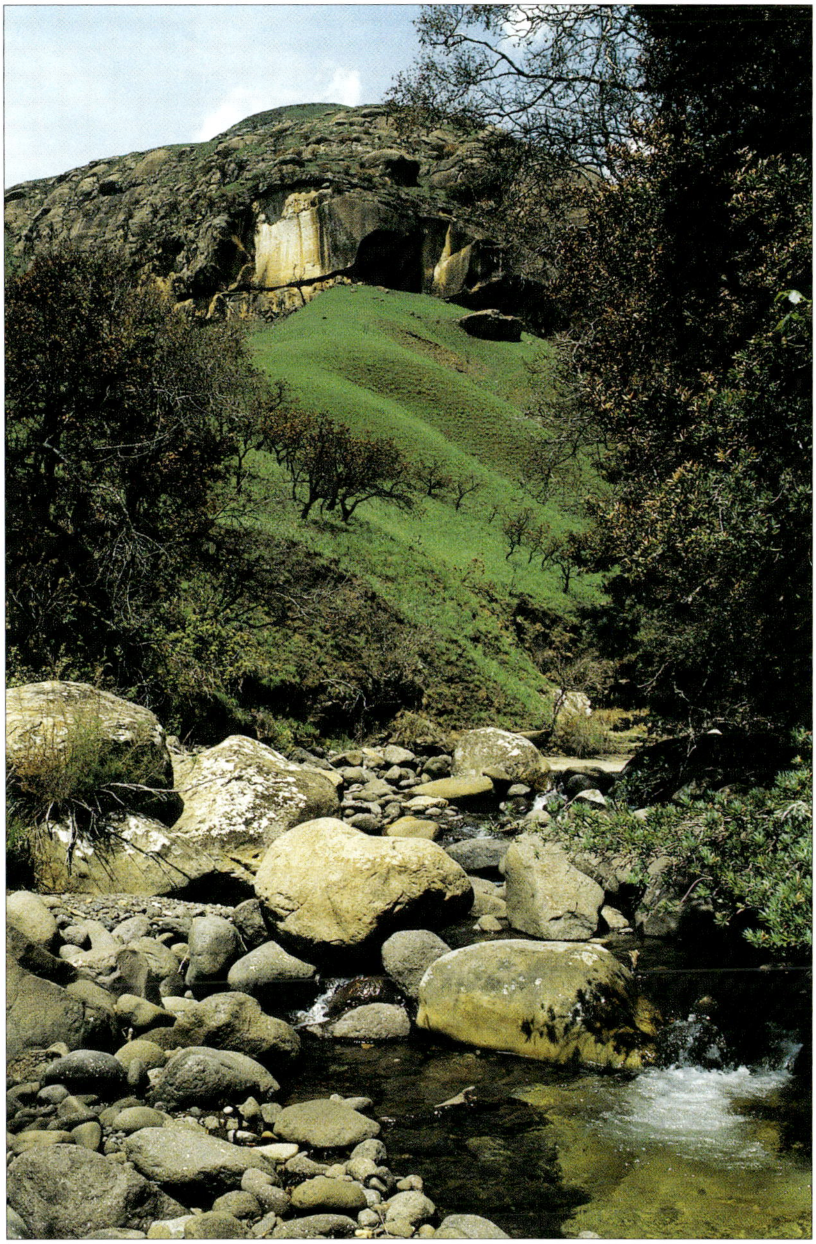

[n° 2] Vallée de l'arc-en-ciel
Dans le Drakensberg, les abris peints sont souvent situés dans les cavités dégagées par l'érosion des bandeaux de grès.

selon les uns ou les autres Houzouanas, San, Bosjemans ou Bushmen. Quel que soit le nom par lequel on les désigne ils forment un peuple de chasseurs et cueilleurs nomades, presque éteint aujourd'hui, qui longtemps furent les seuls habitants de l'Afrique australe. Ils sont proches des Khoekhoe, c'est-à-dire des Hottentots, avec qui ils partagent certains traits physiques, culturels et linguistiques, mais ils s'en distinguent car jamais ils n'ont possédé de bétail. Par-delà cette différence essentielle

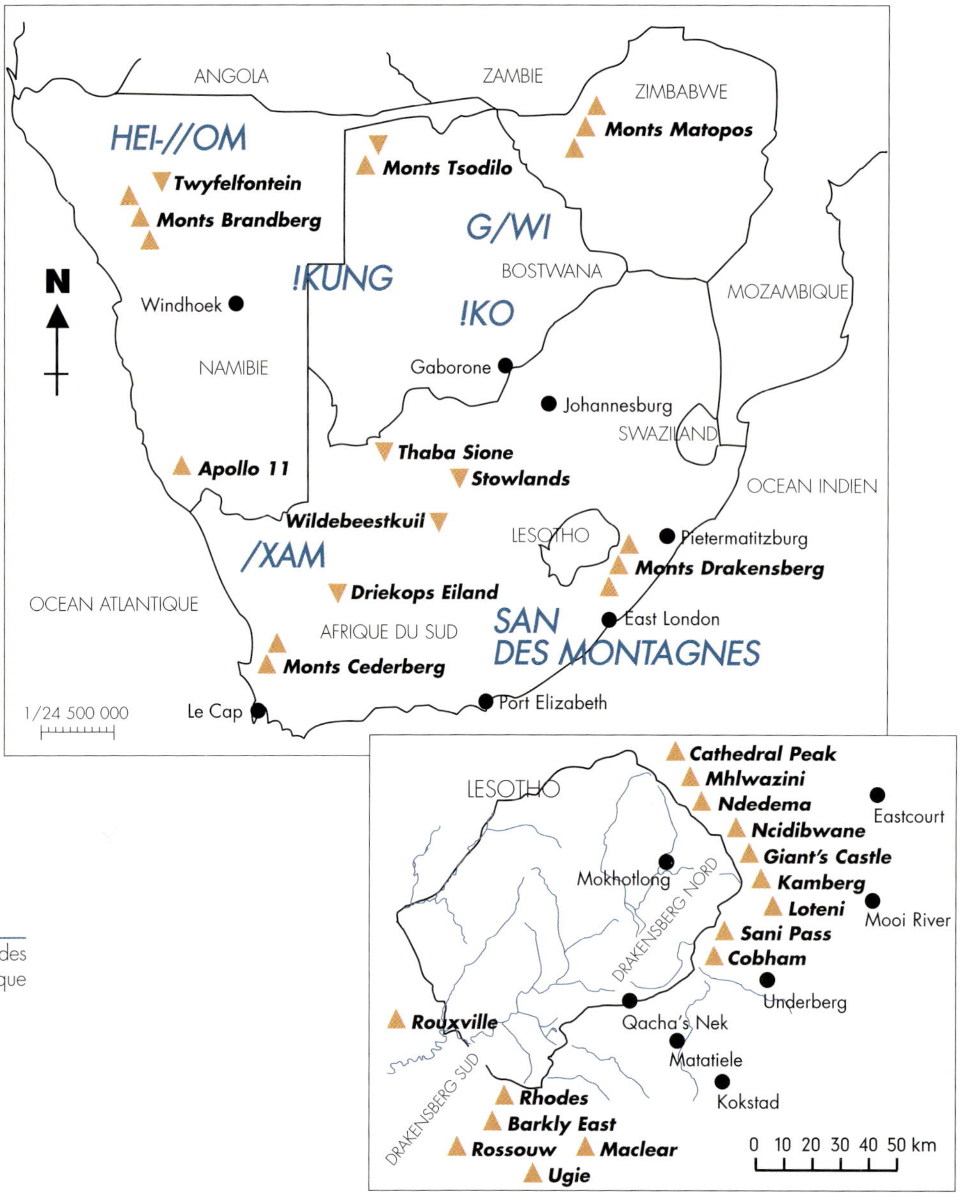

[n° 3]

Localisation des sites et des populations san d'Afrique australe.

- ● Ville
- ▲ Peintures
- ▼ Gravures
- !KO Peuple san

entre des chasseurs et des pasteurs, leur relative proximité a conduit les anthropologues à les réunir au sein d'un même groupe ethnique, celui des peuples khoisan, habitants originaires d'Afrique australe, avant que les rejoignent, il y a deux mille ans environ, les pasteurs bantous venus d'Afrique noire dont sont originaires les Xhosas par exemple, ou les Zoulous[1]. Dans les pages de ce livre je parlerai des San, des hommes et femmes san qui, pour quelques millénaires, vécurent sur les bords sereins du monde, non encore cartographiés par les peuples conquérants venus

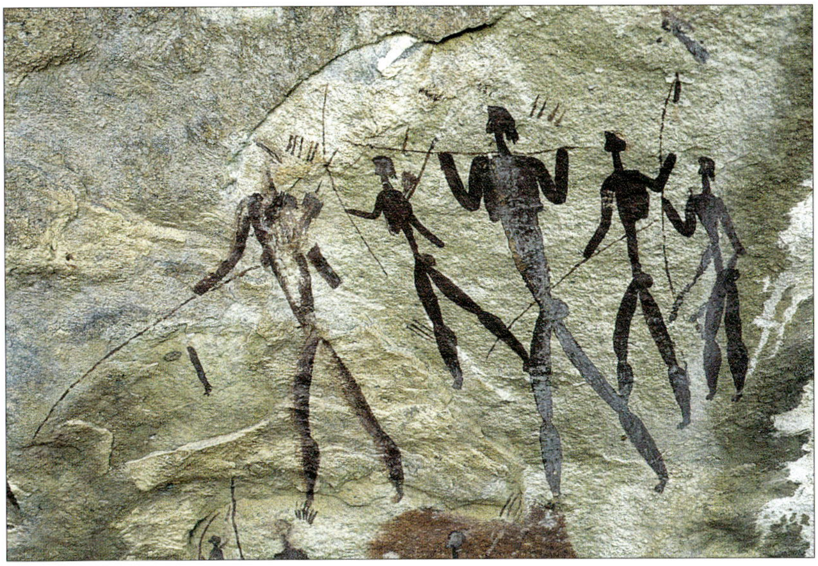

[n° 4] Gxalingenwa 1

Figures masculines portant arcs et carquois, région de Cobham.

d'Europe. Le mot « San » est pour certains péjoratif. D'origine khoekhoe, il signifie « errant », « vagabond », et de façon plus méprisante « bandit », « voleur », « rascal ». Naturellement, aucune connotation insultante ne pèse sur l'usage que j'en ferai. Je crois ce mot préférable à celui de « Bushmen » qui en anglais signifie « hommes du bush », c'est-à-dire « les hommes de la brousse » ou de la plaine, et dont on a tiré en français le substantif « Bochimans ». Ces deux termes en effet ont en commun d'être issus de la langue des Boers, qui appelèrent Bosjemans ou Boetjemans ceux qu'ils allaient refouler avant de les exterminer aux XVIIIe et XIXe siècles. Sanctifiant ainsi le regard des colons, les noms « Bushmen » ou « Bochimans » en perpétuent la violence implicite. Au-delà, chacun d'eux reste ancré dans un sol, charriant avec lui le poids d'une géographie couverte d'une broussaille étique, quand celui de « San » est porté par le mouvement interne de son sens : l'errance. En rappelant la nature vagabonde d'un peuple dont les très rares descendants ont été violemment sédentarisés, le mot « San » est un plus juste hommage à une culture qui a puisé dans le nomadisme l'essence mobile de son regard*.

Rien n'est plus léger que le regard. Rien n'est plus volatil. Seule l'ouïe lui dispute ce pouvoir de franchir la distance qui est aussi le vœu plus intime de s'affranchir des contraintes de l'espace. Impalpable, ce regard aurait disparu avec ceux qui en furent la source, s'ils ne nous avaient

**Le choix de ces termes est la source d'infinis débats ; outre les raisons que j'ai évoquées pour retenir celui de San, j'ai aussi suivi l'usage ayant cours aujourd'hui parmi les chercheurs de langue anglaise s'intéressant à l'art rupestre d'Afrique australe. S'il est plus discutable pour ce qui concerne l'attribution, incertaine en fait, des peintures et gravures namibiennes, ce terme ne leur est pas étranger puisqu'on s'accorde à considérer celles-ci comme d'origine khoisan.*

laissé ce legs fabuleux d'énigme et de fantaisie, d'habileté technique et d'imagination, je veux parler de ces peintures et gravures disséminées dans toute l'Afrique australe : en Namibie et au Lesotho, en Afrique du Sud, au Botswana dans les monts Tsodilo, au Zimbabwe dans les monts Matopos, en Tanzanie, au Mozambique. À cette extension dans l'espace, ces œuvres associent une exceptionnelle diffusion dans le temps. La chronologie est encore imprécise, les datations imparfaites, j'y reviendrai*, mais certaines peintures sont vieilles de 26 000 ans et des gravures auraient près de 10 000 ans**. Sans être aussi anciennes que ces rares vestiges, il sera question dans ce livre de peintures vieilles de 3 000 ou 4 000 ans comme on en trouve dans le Brandberg namibien, et de plusieurs centaines à quelques milliers d'années pour les peintures du Drakensberg sud-africain ou du Lesotho. Il s'agit donc d'un art néolithique, plus tardif dans l'ensemble que l'art rupestre européen dont les grands sanctuaires, comme Lascaux, Altamira ou Pech-Merle appartiennent au paléolithique, et il existe même des peintures assez récentes, que leurs motifs – colons à cheval, convois de *band wagons*, batailles entre San et immigrants venus d'Europe par exemple – renvoient à un proche passé. L'art rupestre d'Afrique australe est ainsi une ligne souterraine d'une remarquable continuité, qui relie la préhistoire à l'histoire récente.

Tôt découvertes, ces œuvres furent souvent considérées par les premiers voyageurs avec mépris ou amusement comme on l'eut fait de dessins enfantins ; parfois, mais ce fut rare, leur regard fut empli de curiosité et d'un vrai souci de comprendre. Ces découvreurs étaient des amateurs intrigués, en général des hommes que seul le hasard conduisait à s'attarder sur ces fresques, comme le fit en 1798 Sir John Barrow, envoyé de la Couronne britannique à la frontière de la province du Cap, pour tenter de trouver une solution aux conflits meurtriers qui envenimaient les relations des Boers avec les San et qui ne tarderaient plus à s'achever par l'extermination de ces derniers. Plus tard, vers 1870, le géologue George W. Stow fut l'un les premiers à réaliser des copies des peintures qu'il découvrait. Ce temps est celui où les chercheurs sont encore des pionniers qui inventent leur discipline, et il faut ici mentionner le rôle du philologue allemand Wilhelm Bleek, lui qui, entre 1870 et 1875, a appris la langue des derniers San et recueilli en compagnie de sa demi-sœur, Lucy Lloyd, un corpus irremplaçable de récits et de mythes. Maniés avec prudence, ces textes, comme le témoignage d'un jeune San du nom de Qing, rapporté par Joseph Orpen, offrent quelques clés pour la compréhension des œuvres graphiques, et à mon tour j'invoquerai la parole de Qing

**Cf.* p. 192 et suivantes.

***Quelques fragments peints mis au jour en 1969 dans le Sud namibien dans le site appelé « Apollo 11 » et les gravures sud-africaines découvertes à Wonderswerk.*

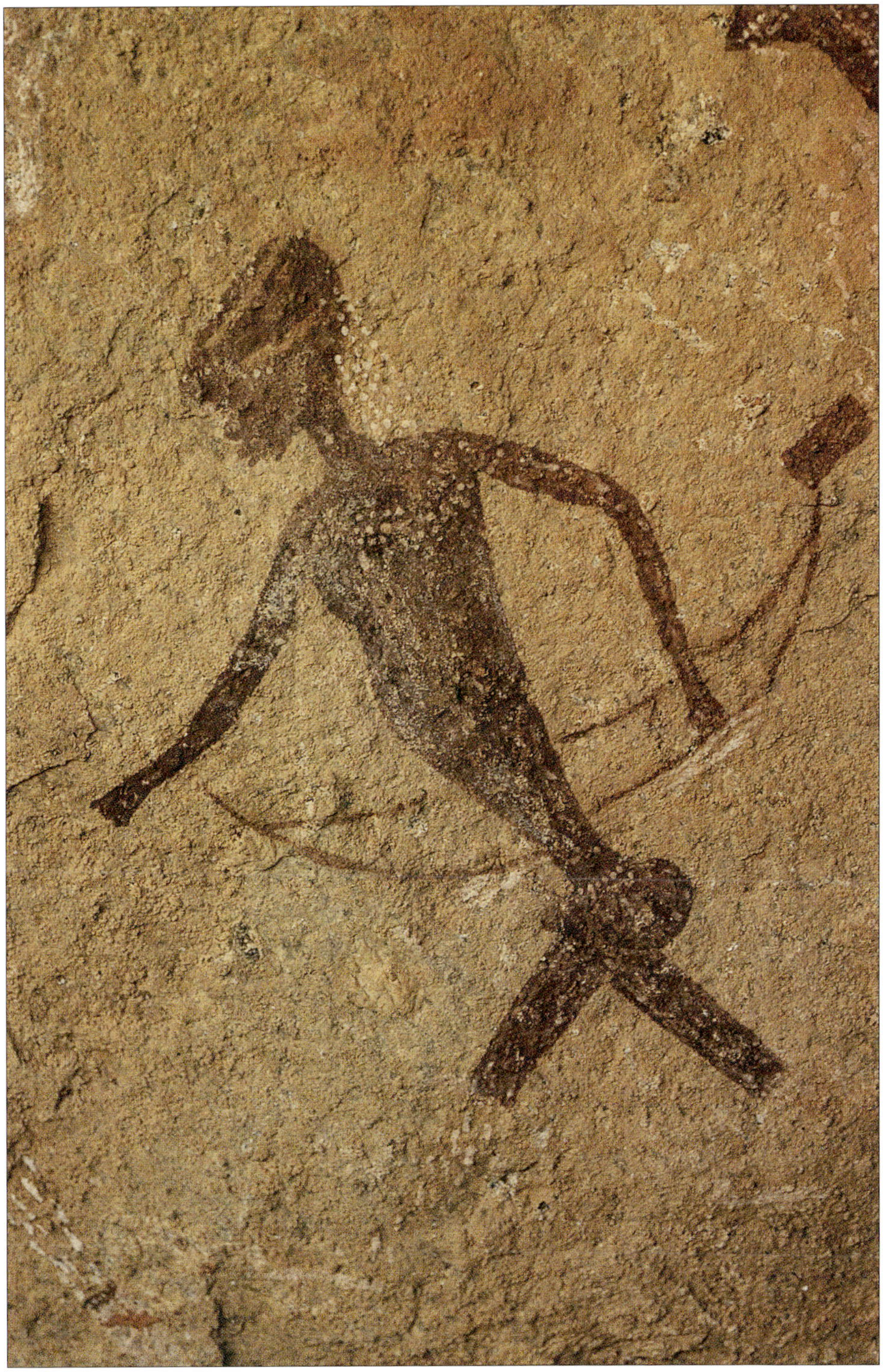

[n° 5] Snake Rock

Figure masculine aux parures corporelles finement dessinées.
Vallée de Hungorob, Brandberg.

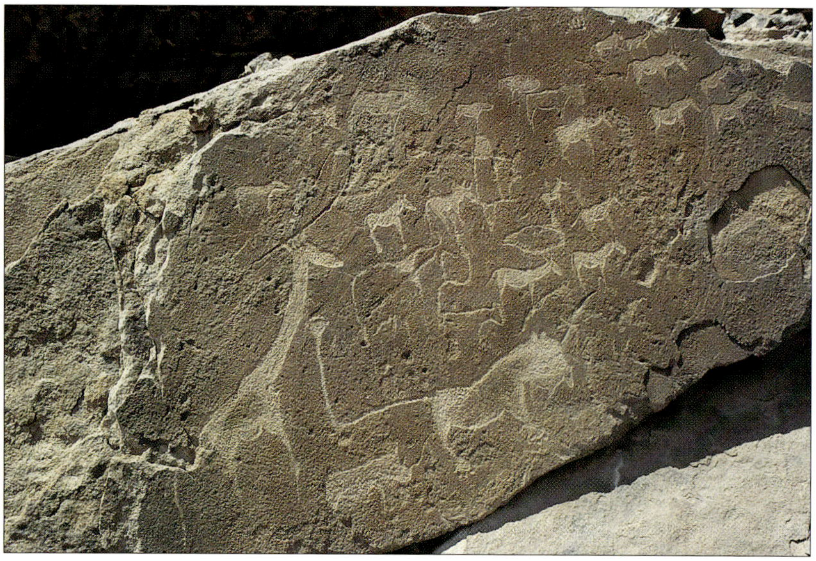

[n° 6] Twyfelfontein
Bestiaire gravé dominé par l'effigie maladroite d'un lion.

ou celle de l'un ou l'autre des récitants de Wilhelm Bleek, Diä!kwain, //Kabbo, ou /Han=kass'o*. Depuis, ces peintures ont été étudiées notamment par des chercheurs sud-africains, archéologues et anthropologues bien souvent, parmi lesquels Herbert Woodhouse, Alex Willcox, Harald Pager, Patricia Vinnicombe et David Lewis-Williams, et plus récemment Anne Solomon, Sven Ouzman, Thomas Dowson, Pippa Skotness. En revanche rares sont les auteurs français à s'y être intéressés, ce qui explique qu'elles restent ici absolument méconnues. Seule exception l'abbé Breuil, mais c'était il y a un demi-siècle et ses travaux africains ne convainquent plus guère. Quelques allusions ou brefs chapitres dans des ouvrages à vocation encyclopédique témoignent de la connaissance parcellaire que les préhistoriens français semblent avoir aujourd'hui de cet art, ou du faible intérêt qu'ils lui portent**.

Accéder à ces peintures reste, il est vrai, une « aventure ». Je n'aime guère ce mot que l'époque galvaude en ne lui prêtant plus que les valeurs détestables de la seule performance. Il faudrait l'entendre dans le sens d'un avènement, car les peintures furent bien ce qui advint, ce qui surgit au terme d'une enquête qui dut allier le goût des archives à celui des marches longues dans une nature d'où il m'arriva souvent de rentrer bredouille. La dispersion de ces œuvres sur des milliers de kilomètres, leur difficile accès dans des montagnes que n'entaillent parfois pas même

* *Les caractères graphiques employés dans certains noms (!, /, //, etc.) désignent quelques-uns des clics de la langue des San. Je ne les emploie que par respect pour la graphie traditionnelle de ces noms propres.*
***Denis Vialou l'évoque dans* La Préhistoire, *1991, comme Louis-René Nougier dans* L'Art de la préhistoire, *1982. Jean Clottes lui accorde plus de place dans* Les Chamanes de la préhistoire, *1996, un ouvrage, il est vrai, qui s'appuie sur certaines hypothèses formulées par le chercheur sud-africain David Lewis-Williams qui en est le coauteur.*

des chemins muletiers expliquent la connaissance encore lacunaire que nous avons d'elles. Je n'entends pas ici suppléer ces lacunes, ni m'inscrire dans la filiation des regards qui m'ont précédé (sinon pour atteindre le mien), mais éprouver dans le *ralenti* du livre le descellement initial et la résonance durable que suscitèrent en moi ces peintures. Si donc je me vois investi de la position du passeur, c'est à la condition d'en usurper la fonction, en me laissant dépouiller par ces œuvres dans l'espoir que chacun en sera lui aussi dénudé. J'ajouterai que la marche, ce délassement de l'espace, fut aussi le moment d'un apprentissage des translations du regard dont je n'ai pas tardé à comprendre qu'elles étaient essentielles à la composition des images. De même que la main qui peint voit, le corps en marche perçoit, et comme le remarque avec justesse Merleau-Ponty, « l'épaisseur du corps, loin de rivaliser avec celle du monde est au contraire le seul moyen que j'ai d'aller au cœur des choses en me faisant monde et en le faisant chair[2]. » Car s'il n'est pas tout à fait vain de vouloir comprendre ces peintures et ces gravures, il faut alors au préalable en vivre le vertige initial et ne jamais oublier, après qu'il s'est dissipé, leur double fond d'apparente évidence et de plus durable énigme, leur résistance malgré leur séduction, la profondeur de sens et de temps logée dans leur simple surface, comme le permanent bord à bord en elles d'une image accessible et d'autres qui ne le sont pas. Nous ne saurions nous en remettre aux seules sources ethnographiques pour comprendre la puissance de ces images, leur capacité d'effraction, les brèches qu'elles ouvrent dans le réel. Intact est en elles ce pouvoir de se soustraire aux explications et de conserver, hors de notre savoir, une plus durable fascination. Le « très pauvre vocabulaire de l'émotion » que dénonçait le préhistorien André Leroi-Gourhan a au moins le mérite de nommer cette vivante incertitude de peintures qu'aucune théorie ne circonscrit jamais, quand même elle a la volonté ou l'illusion d'y parvenir. Si donc je suis ce passeur, c'est à la façon d'un contrebandier qui ferait commerce de stupéfiants suscitant l'ivresse légère des cols passés aux altitudes variables, au cœur d'un espace qui est celui de la géographie ET celui du sens. Car en définitive, le mobile essentiel de ce livre fut bien la curiosité, la seule curiosité qui vaille la peine d'être pratiquée avec quelque obstination, celle dont Michel Foucault disait splendidement – aussi je le citerai d'adhésion – qu'elle n'est pas « celle qui cherche à s'assimiler ce qu'il convient de connaître, mais celle qui permet de se déprendre de soi-même. Que vaudrait l'acharnement du savoir s'il ne devait assurer que l'acquisition des connaissances et non pas, d'une certaine façon et autant que faire se peut, l'égarement de celui qui connaît[3] ? »

Ce souci d'être dessaisi (ou comme le dit Foucault, égaré) répond naturellement à une intuition plus essentielle que le goût somme toute personnel d'un autre savoir et de la jubilation dont s'accompagnerait sa découverte. Il procède aussi de la conviction que ces œuvres, elles aussi, furent animées d'une telle volonté « d'aller voir » et d'entrer dans l'inconnu de toute vue. Conçu par les archéologues et les anthropologues comme la simple perception d'un monde au-dehors ou l'illustration d'une culture, y compris dans ses dimensions fantasmatiques, l'art fut dans les deux cas considéré comme une expression passive, seconde, de savoirs auxquels il donnait une apparence visible. Mais pourquoi, par l'art, faudrait-il donner une image du monde ou illustrer une culture s'ils n'étaient l'un et l'autre *en question*, et peut-être accédaient par l'art à cette dimension d'une question ? L'art n'est pas le lieu où nous est légué un savoir constitué mais l'instant et l'acte où il se reforme et peut-être en cela déforme ses assises en l'une de ces fictions « imaginantes » qu'on appelle une œuvre. Peintures et gravures ne sont pas des termes mais des passages : ce sont des corps conducteurs.

La confiance dans l'imagination que sollicitent tout de même ces images pour être regardées explique la construction de cet ouvrage. Loin de vouloir dès le début doter le lecteur de cet équipement de faits, de références, de connaissances, sans lesquels, il semble, on ne s'avance pas au-devant de l'art rupestre, je l'incite au contraire à le découvrir sans s'être trop encombré. D'y aller tête nue en somme afin d'« être présent, présent à l'image, dans la minute de l'image », comme Bachelard tentait dans un autre contexte d'accueillir la langue de poèmes. S'avancer de la sorte n'est ni se vouer à l'ignorance ni se suffire de connaissances parcellaires mais croire aux vertus d'une certaine légèreté qui n'est pas étrangère, d'ailleurs, à ces peintures. C'est en débutant qu'il convient d'aller au-devant d'œuvres qui sont, elles aussi, une histoire des commencements et un commencement d'histoire*.

Semblablement, j'entreprends ici de m'égarer, en suivant le trajet que ces peintures me suggérèrent d'inventer quand je les ai vues pour la première fois, dans l'incertitude du terme où elles me conduiraient. Il se peut que ce chemin soit interminable, mais au moins dans ce parcours, aurais-je cherché la distance qu'il faut prendre vis-à-vis de soi pour voir, véritablement voir. Cette suspension – du jugement, de nos habitudes, des conditions du regard – n'est-elle pas l'expérience même à laquelle nous invite la peinture quand, par elle, nous sommes conduits à regarder à l'œil nu ? Vertu du regard doué d'étonnement, de ce regard *premier* de demeurer à l'origine de lui-même, quand voir n'est plus reconnaître mais entrer dans l'inconnu de la vue, lui qui est aussi la chair intime de la peinture.

* *Toutefois, si le lecteur craignait d'être trop démuni pour entrer ainsi dans ce parcours, la deuxième partie de ce livre lui offrirait les réponses à quelques-unes des questions qu'il peut se poser : y sont expliqués l'âge de ces œuvres, la découverte des San et de leur art qui correspond au moment où eux-mêmes disparaissent, le rôle moins admis que débattu du chamanisme dans cet art, etc.*

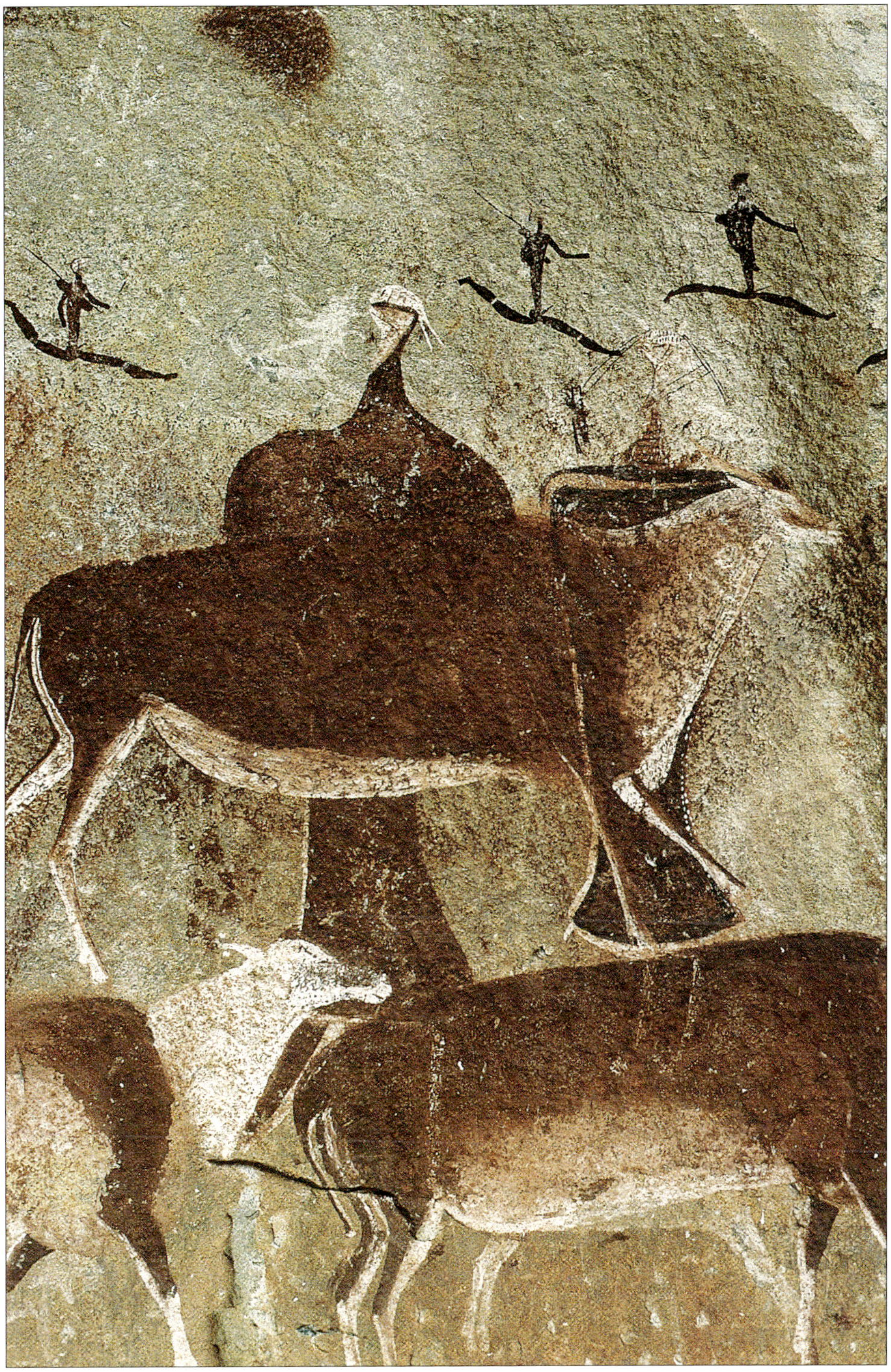

[n° 7] Game Pass
Hommes-antilopes, élands et figures en course.
Région de Kamberg.

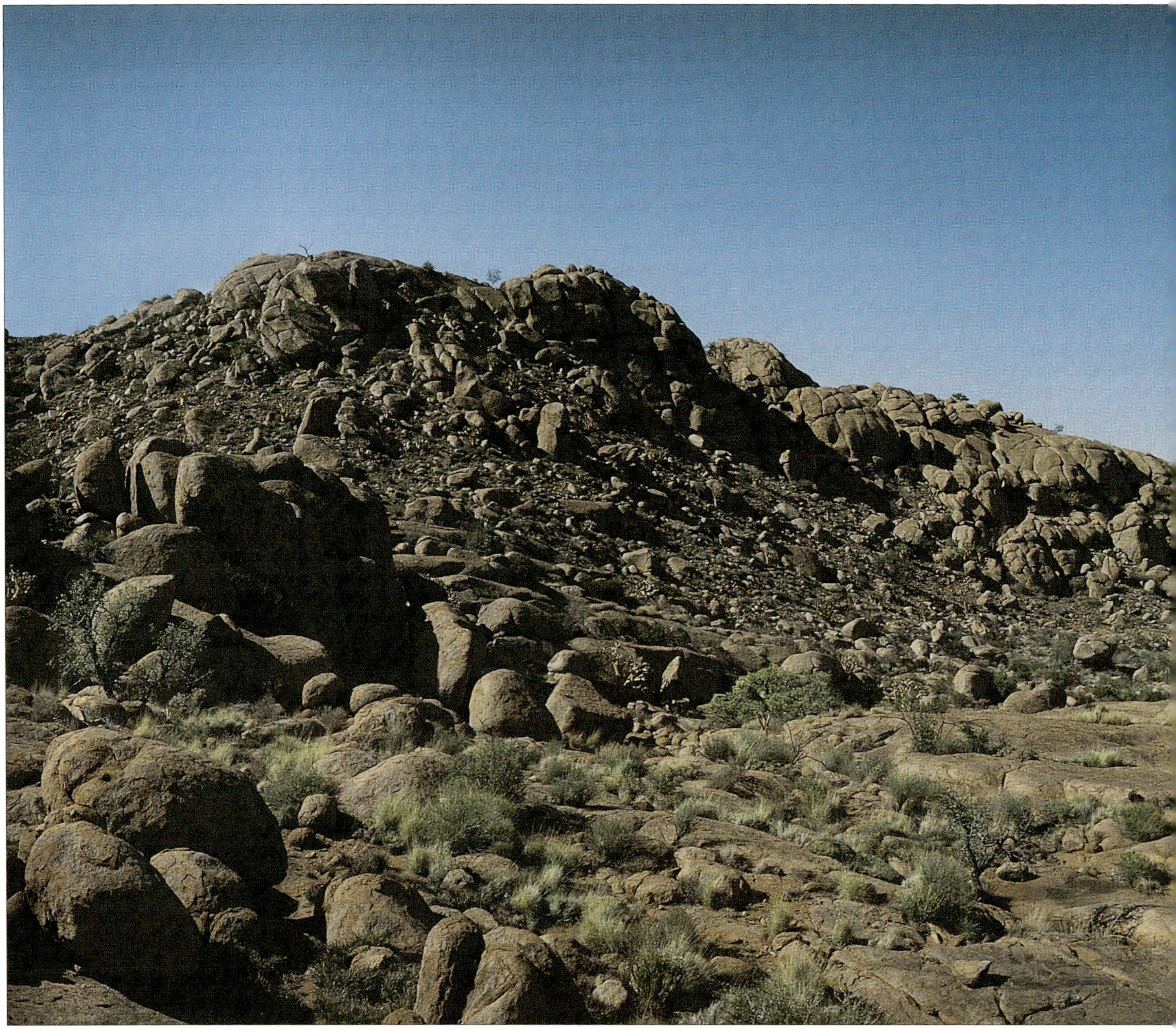

PARCOURS

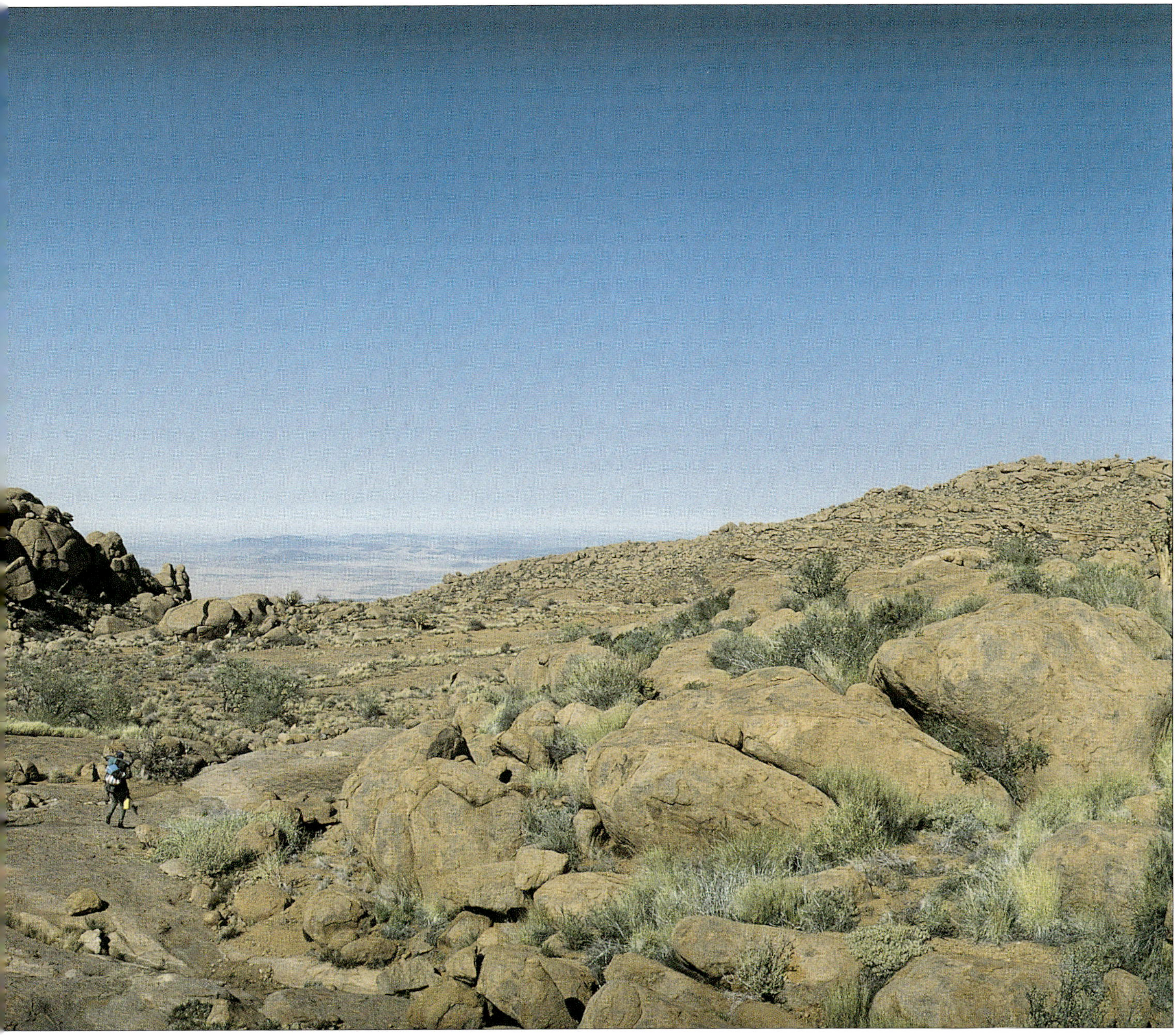

[n° 8] Le Brandberg

Dans les hauts plateaux du Brandberg, les abris peints sont formés d'énormes blocs de granit empilés ou éboulés.

L'œil nu

Devant ce qui est, nous oublions la source,
et nous parlons une langue sans langue. Comment faire ?

Bernard Noël

L'abri dessine une longue faille taillée dans la roche. En surplomb, la montagne est une falaise abrupte de plusieurs dizaines de mètres dont le sommet n'est pas visible. Le crêt s'est effondré sous l'effet de l'érosion, ménageant à sa base un vide protégé, autant que menacé, par le crêt de pierre en équilibre suspendu qui en forme la voûte. Là où elle est exposée, la roche est striée de macules sombres laissées par les coulées de pluie. Des touffes d'herbe insinuées dans le feuilletage de la pierre y poussent leurs racines dans un lent, un patient travail d'éclatement de la paroi. Par endroits la voûte s'est effondrée et d'énormes blocs encombrent le sol, ne laissant entre eux que d'étroits espaces de terre nue. Une catastrophe invisible est à l'œuvre, elle a pour nom le temps et pour substance un rythme qui court dans la matière, alternance d'obscurité glaciale et de lumière harassante, de pluies rageuses et d'implacable sécheresse. Pourtant rien ne bouge. Les lignes des crêtes s'étagent dans la distance et leurs accidents – failles, pics, ravines – s'effacent dans le modelé des courbes assouplies par le vent. Ici la géographie demande à l'œil d'éprouver les dimensions de l'espace, et l'œil s'y mesure, apprend à être parcours, c'est-à-dire à parcourir lui-même l'immobilité. Seule la lumière se déplace sur son nuancier. Bleu liquide à l'aube, elle a brièvement traversé l'ocre rouge pour s'établir dans le blanc. C'est l'hiver, saison de la lumière
Ill. n° 9 blanche dans le Drakensberg, la montagne du Dragon.

On doit s'approcher de la paroi pour les voir. De petites taches d'un rouge pâle tirant sur le rose que l'œil n'identifie pas au premier regard. De près, les lignes se rassemblent puis immédiatement des formes apparaissent. Là, sur la pierre, ont été peintes plusieurs antilopes. Dessinées à l'aide d'un pigment d'un rouge plus sombre comme le serait du sang séché, des figurines filiformes les
Ill. n° 10 poursuivent. Que nous montre cette peinture que nous nous y attardions ? Une scène de chasse ? Peut-être, mais il y a un au-delà de la chasse. Autre chose nous retient, nous parle, ou plutôt demande qu'on en parle dans des mots qui doivent renoncer à leur assise pour se livrer à l'inconnu qui les suscite – et c'est *la forme* de ballet qui sous-tend cette peinture, sa dramaturgie savante avec ces figurines si petites opposées aux antilopes plus massives, l'opposition dans l'espace des unes et des autres. Les jambes des chasseurs notamment sont remarquables. Excessivement étirées, elles dessinent presque une ligne horizontale, comme dans une figure où, à l'instant de suspension de son saut, le danseur réalise un grand écart. Ces chasseurs ne courent pas, ils volent. Figés dans la matière, ils nous parlent d'une volonté ou d'une habileté à s'en affranchir. Immobiles, ils sont le mouvement même déployé dans l'immobilité de la pierre et le temps suspendu dans la durée minérale de la roche.

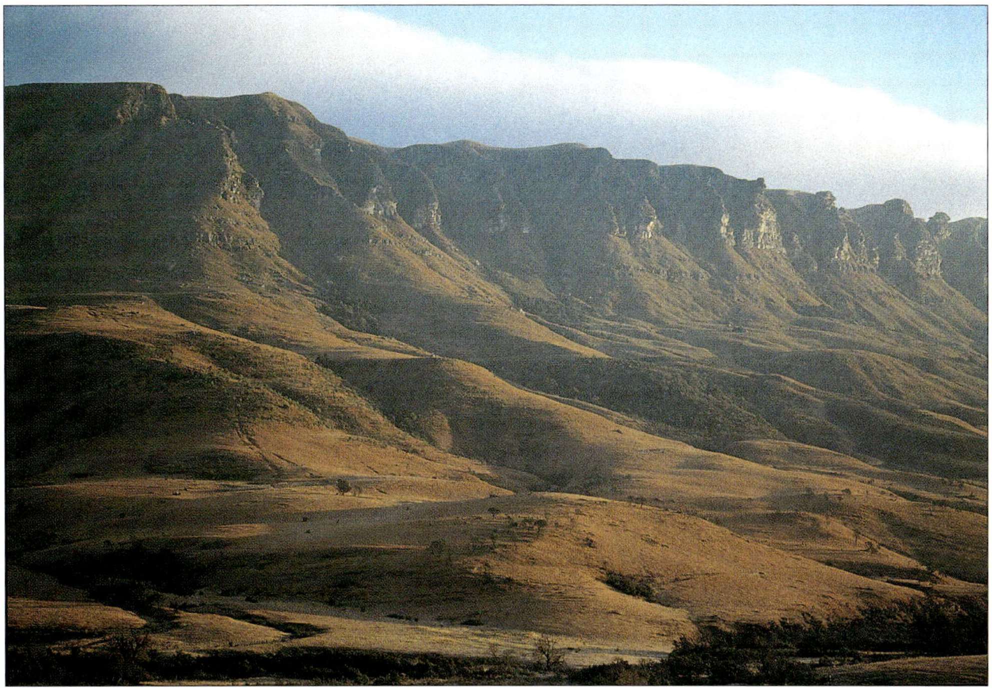

[n° 9] Mooi River

C'est l'hiver, saison de la lumière blanche dans le Drakensberg, la montagne du Dragon.

Ce qui nous regarde

Il faudrait questionner ce bonheur de voir auquel s'attache le sentiment de la merveille, sans que jamais l'on sache s'il vient de ce que l'œil voit ou de ce qu'il veut voir. Qu'est-ce qui nous regarde ainsi dans les peintures ? Non à la façon d'une chose qui *nous concerne* mais plutôt d'une chose qui *nous retient*, nous liant à elle par d'immédiates attaches ? Ce que nous voyons est-il ce qui nous regarde ? Quand apparaissent les peintures des San, nous en jouissons avec le sentiment d'un privilège, celui d'être l'un des premiers à les contempler depuis la disparition des ultimes habitants de ces lieux. Cette illusion de la découverte ou de la redécouverte nous associe à ces peintures dans une proximité étrange, comme si nous en étions aussi les créateurs. Illusion certes mais qui qualifie ces images quand elles apparaissent ainsi, vierges de regards et d'une jeunesse intemporelle. Cette virginité les doue d'une plus grande valeur tant il est vrai que trop d'yeux finissent par abîmer ce sur quoi ils se posent mal, à la façon de ces chefs-d'œuvre dans les musées qui s'altèrent d'être recherchés, non pour eux-mêmes, mais pour la rumeur prestigieuse qui les précède, l'événement *religieux* de leur apparition et la communauté grégaire à laquelle permet d'accéder le regard furtif que l'on pose sur eux*.

**Le peintre Mark Rothko écrivait ainsi : « Un tableau vit par la fréquentation, s'ouvre et s'anime aux yeux de l'observateur sensible. Il meurt de la même façon. C'est donc manquer de prudence et de tact que de l'envoyer de par le monde. Combien de fois doit-il être irrémédiablement abîmé par le regard de la foule et la cruauté des impuissants qui voudraient faire porter leur malheur par la terre entière ! »,* The Tiger's Eye *n° 2, 1947.*

C'est un peu à travers cette matière d'histoire personnelle que nous voyons les peintures des San, nous les chargeons de valeurs et d'affectivité qui, sans rien leur ajouter, les rendent différentes d'elles-mêmes : en elles nous nous regardons. Et pourtant en elles ce n'est pas cela qui nous regarde.

On ne voit ce qui nous regarde qu'à l'œil nu. Il faut donc au préalable s'être débarrassé de tout ce superflu qui encombre la vue. Qu'est-ce que l'œil nu ? Peut-on imaginer un regard que ne porterait ni le corps individuel, ni le corps social qui le façonnent et lui donnent, en substance, sa chair ? Un regard libéré de l'horizon de sa propre histoire, s'ouvrant dans l'instant de la vue à ce qu'il voit *et par lui*, sans le replier immédiatement sur la grille de sa conscience et de sa culture ? Sachant que nous voyons trop souvent au-dehors un miroir de nous-mêmes, Fernando Pessoa rêvait, au spectacle de Lisbonne, d'un regard ouvert au pur avènement, à la seule révélation de ce qui est : « Combien je voudrais – je le sens en ce moment – voir ces choses sans avoir d'autre rapport que de les voir, simplement – contempler tout cela comme si j'étais un voyageur adulte arrivé aujourd'hui même à la surface de la vie ! Ne pas avoir appris, depuis le jour même de ma naissance, à donner des sens reçus à toutes ces choses, être capable de les voir dans l'expression qu'elles possèdent elles-mêmes, séparément de celle qu'on leur a imposée[4]. » Il faudrait être sans souvenir pour voir ainsi, et c'est bien sûr impossible. Mais telle est la vertu du dehors de surgir parfois dans une proximité fabuleuse qui met à nu la chair du regard lorsque celui-ci voit les choses telles qu'elles sont, dans l'énigme d'être ce qu'elles sont.

Il faut être capable de soutenir le regard de ce qui dénude le nôtre. La peinture nous y oblige qui se montre telle qu'elle est, sans rien de plus en elle qui n'y soit déjà, et qui pourtant ne cesse de simuler ce qu'elle n'est pas. Elle nous regarde sans nous voir comme le fait aussi l'écriture en qui une voix parle qui ne nous répond pas. En l'une et en l'autre, il y a ce mutisme dont Platon se méfiait : « Ce qu'il y a sans doute de terrible dans l'écriture, disait Socrate, c'est, Phèdre, sa ressemblance avec la peinture : les rejetons de celles-ci ne se présentent-ils pas comme des êtres vivants, mais ne se taisent-ils pas majestueusement quand on les interroge[5] ? » Ce silence n'est pas la substance de nos seules lacunes. Il accompagne aussi cet avènement des images dont rien ne nous permet de croire que leur vue n'inspira pas à leurs auteurs et à leurs premiers destinataires un trouble égal et pourquoi pas supérieur au nôtre. Un tel silence est ce que rien n'annonce, il est ce qui n'a pas de précédent : il est la surprise à laquelle répond ce laps sans mots en nous qui a nom *l'étonnement*. L'étonnement : non la stupeur qui évide et laisse hébété (comme lorsqu'on est « interdit ») mais la mutité grosse de ce qui bruisse, de ce qui *tonne* en elle d'être sans forme encore mais seulement en formation. Non le plein des réponses qui rapportent fallacieusement ce qui n'est pas encore à ce qui est déjà, mais l'ampleur virtuelle des questions et de ce qu'elles engendrent : un devenir.

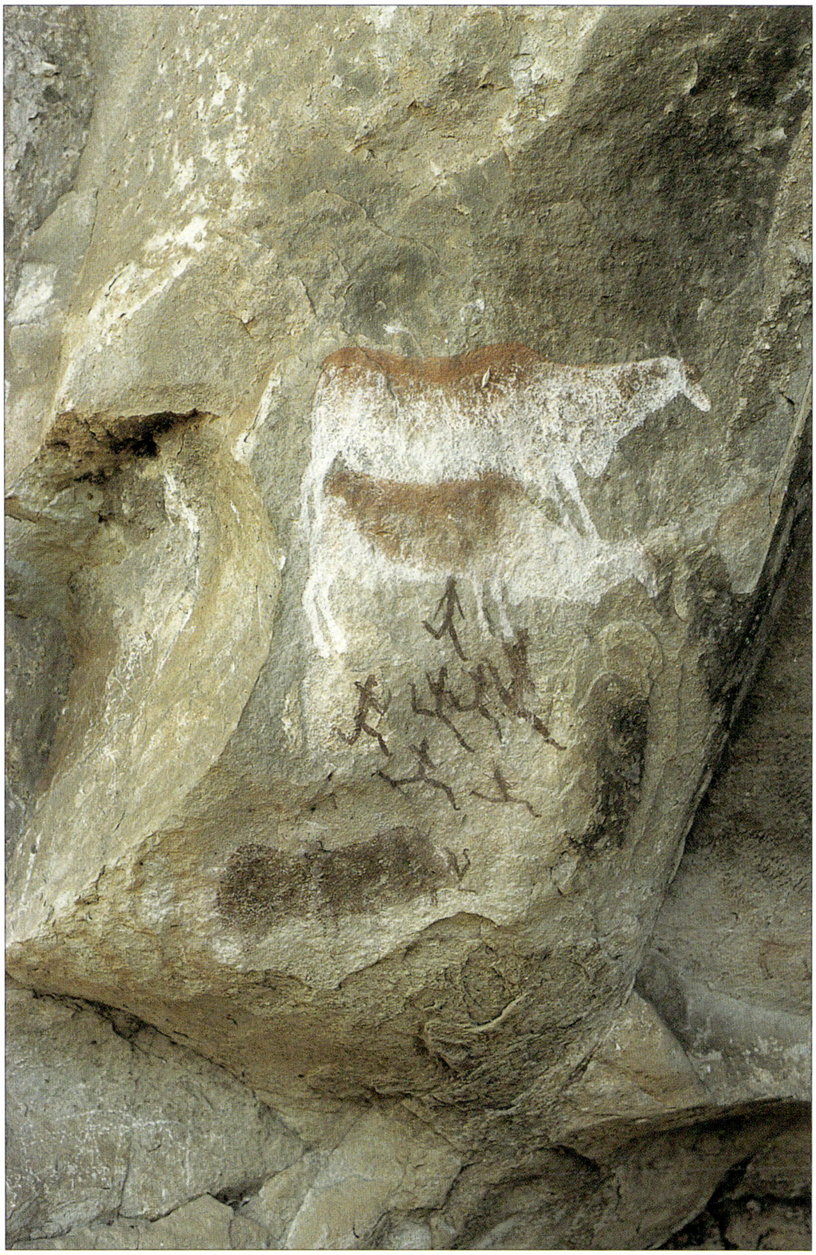

[n° 10] Brotherton

… de petites taches d'un rouge pâle que l'œil n'identifie pas au premier regard.

Nu est cet œil grand ouvert par les questions qui le dilatent quand il regarde ce qu'il ne voit pas encore et se tient *à l'orée de lui-même*. Pour parler de ce regard, il faudrait disposer d'une langue qui ne s'enveloppe pas de ce parfum d'autorité dont la science couvre bien souvent le soupçon de ses incertitudes, et au contraire s'abandonne au désir d'inconnu qui la requiert – une langue qui soit à chacun de ses mots le prolongement infini de la surprise qui la vit naître. Ce voudrait être la langue de ce livre.

Entrelacs et fragments

Longtemps la peinture demeure enveloppée de voiles. Passé la surprise de son apparition nous nous égarons en elle. Derrière la diversité de ses motifs, nous voyons se répéter certains d'entre eux; mais le retour de ces thèmes, où il nous semble apercevoir le début d'un ordre mis dans cette confusion, se dissout aussitôt dans la variété des agencements, l'unicité de chaque fresque. Des régularités ou des différences, lesquelles sont des leurres ?

À Ko-Shikophoco, un petit abri, surplombant une vallée et le très mince filet d'un ru, est orné de quatre ou cinq figures tout au plus, dont deux personnages : l'un est assis, une jambe repliée, une main portée à son visage, l'autre est debout et tous deux allient la petitesse de leur taille (quelques centimètres) à la minutie du trait et au souci du détail dont témoigne le dessin délicat de leur équipement (arc et carquois). Qu'est-ce que cette peinture, splendide miniature que l'immensité de l'espace tout autour rend plus *déplacée* encore ? De l'autre côté de la vallée où coule la Ncidibwane, un rocher à mi-pente est orné d'une fresque touffue où des centaines de motifs sont assemblés – figures animales et humaines, dont nombre ont été effacées par la lumière, l'eau, et écaillées comme une pellicule de peau morte. Les superpositions abondent, les tailles diffèrent selon autant d'échelles de perception distinctes. On reconnaît un éléphant, des élands, des antilopes, en troupeaux ou en figures isolées, etc. qui produisent un effet de nombre, un effet de foule avec ce qu'il induit de fourmillement de sens. Gardons-nous de lui prêter un ordre qui trahirait avant tout

Ill. n° 11

Ill. n° 12

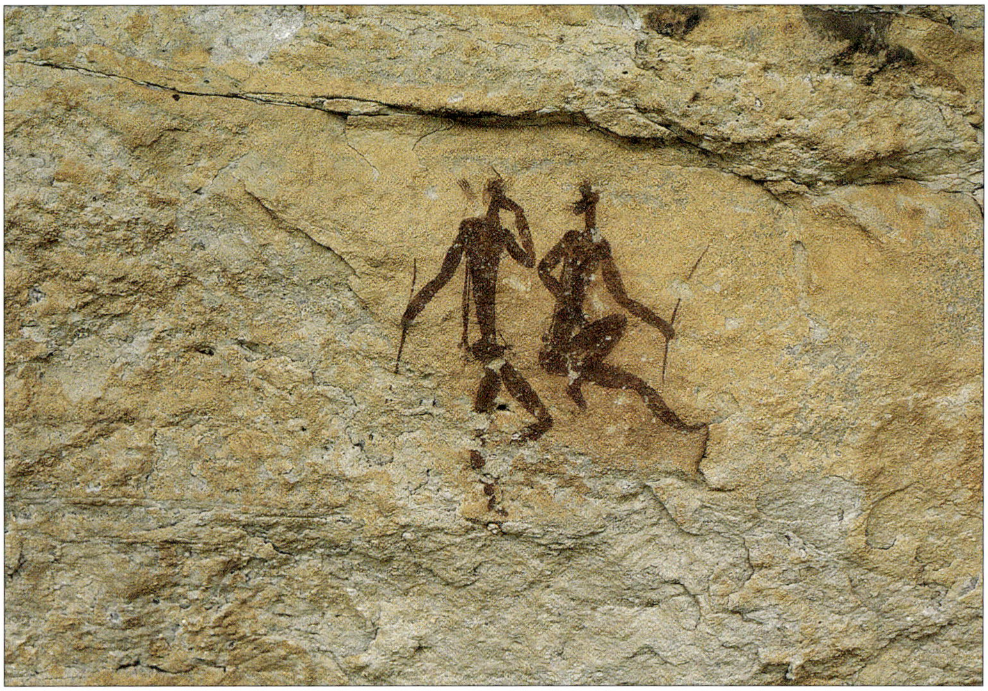

[n° 11] Ko-Shikophoco

Deux personnages miniatures, 12 cm de haut. Environs de Giant's Castle.

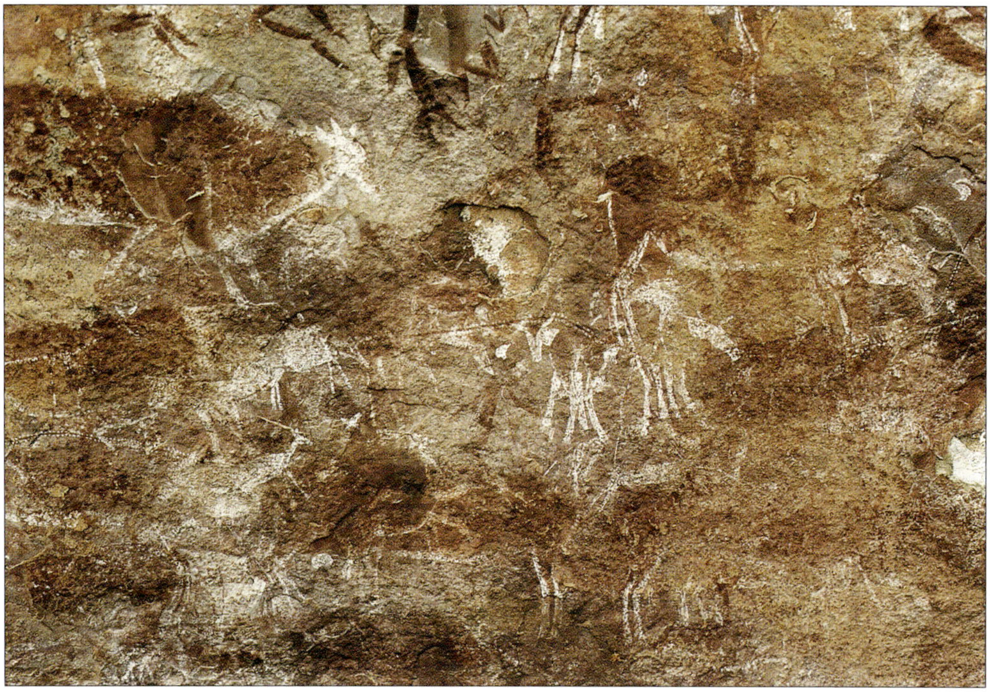

[n° 12] Roche de Fulton

Un palimpseste de motifs superposés, où la confusion apparente des images induit un possible fourmillement de sens. Vallée de la Ncidibwane, environs de Giant's Castle.

notre désir éperdu de ne pas être perdu. Une procession – ou disons (afin de ne pas lui prêter une sacralité qui est avant tout celle dont notre regard la doue), une file en marche de personnages hybrides avec des corps d'hommes et des têtes d'antilope – jouxte ce qui semble être une danse (Ill. n° 57,62).

Des groupes que le regard distingue et juxtapose sont, à y être plus attentif, pénétrés l'un de l'autre. Leurs bords ne sont pas des limites étanches mais des membranes poreuses diluant le sens immédiat des figures, les insérant dans un jeu d'associations visuelles. Liberté est donnée au regard de circuler et d'établir entre elles des couplaisons inattendues qui se défont et se reconstruisent. Mouvance du monde, chocs des rencontres, surface active d'entrelacs, de réseaux, de liaisons que, à tort, on fixe en isolant des motifs et en les privant ainsi de la vitalité de sens que leur confère cet agencement particulier. Il faudrait ici s'interroger sur la valeur de ces intervalles, de ces laps entre les choses qui, loin de les séparer, les mettent en relations (et le pluriel a ici son importance) tout en les tenant à distance selon un jeu d'associations, et d'analogies : il y a là une poétique de *l'être ensemble*. Qu'est-ce en effet que cet entre-deux, sinon l'espace commun, l'archipel d'un « entre nous » qui importe davantage peut-être que la singularité des choses ? Réfléchissant à la parole fragmentaire de René Char, Maurice Blanchot nous invitait déjà à penser la valeur originale de l'éclatement, et avec lui nous pourrions évoquer devant ces panneaux où la confusion et la dislocation des parties sont l'essence même d'une apparition singulière « un arrangement qui ne compose pas mais

Ill. n° 65

juxtapose, c'est-à-dire laisse *en dehors* les uns des autres les termes qui viennent en relation, respectant et préservant cette *extériorité* et cette distance comme le principe – toujours destitué – de toute signification[6]. » Il faudrait réussir à regarder un tel panneau dans le fourmillement des relations qui se nouent entre ses parties et s'ouvrir à l'intelligence de cet archipel ainsi ouvert, quand notre pensée abstrait tant de différences pour inventer sa clarté. « Dans le langage, observe Botho Strauss, la compréhension s'opère en supprimant toutes les résonances qui permettraient mille autres interprétations. Il est vain de chercher la racine du brouillard. Tout commencement est écho. L'originaire n'est qu'une superposition de contours, l'ombre domptée d'une éternelle diffusion[7]. » À Fulton, on peut entrer dans le brouillard et finir par s'y sentir bien. On en vient alors à se demander si l'idée même de *scène* n'est pas un artifice du regard, une division arbitraire, tant les unités d'action, de lieu, de temps sont étrangères à cette exposition des choses. L'unité de temps en particulier est minée et disparaît sous les superpositions de figures qui ouvrent la peinture à un sentiment de la durée dont était dépourvu le minuscule
Ill. n° 11 « médaillon » ou « blason » de Ko-Shikophoco.

La paroi, avec sa topographie particulière d'accidents, de méplats, de crevasses, la peinture avec ses temporalités et ses horizons croisés vivent l'une avec l'autre et construisent un univers que nous appelons chaos parce que nous ne le comprenons pas. Or ce chaos est un ordre élémentaire qui ne procède pas de la classification des choses, des espèces par exemple, ni des catégories fondamentales de la raison (avec la mise en espace de ces représentations : haut et bas, avant et après, ici et ailleurs, près et loin, etc.). C'est une « chaosmose », selon la belle formule de Félix Guattari, mais qu'on nommerait mieux une « amniose », non par goût des néologismes mais parce que ces surfaces vivantes, véritables carrefours de sens, fonctionnent comme l'enveloppe amniotique où se façonne l'embryon. Là aussi quelque chose prend forme dans cette soupe première, selon le jeu de parentés inconnues que notre raison juge impossible comme des accouplements contre nature de sens. Ce bord à bord entre les choses, leurs fusions et confusions *sens dessus dessous* organisent un palimpseste où tout se regarde simultanément et successivement, où chaque figure est à la fois une entrée, un passage et un terme. Pippa Skotness – une artiste sud-africaine et l'une des rares personnes à aborder ces œuvres en considérant le langage pictural qui est le leur – évoque le fait que, parfois, « les peintures semblent agir contre les contraintes de la gravité et sont construites selon une composition concentrique et dynamique. On peut dire que ces compositions circulaires agissent contre la pesanteur, et désorientent le spectateur[8]. » Désorienter fait partie de leur propos et il est vrai, comme elle le note judicieusement, que l'organisation même de certains abris, la situation de la peinture interdisent qu'on les voie selon une seule position : elles bougent, tournent, en s'accordant aux mouvements du

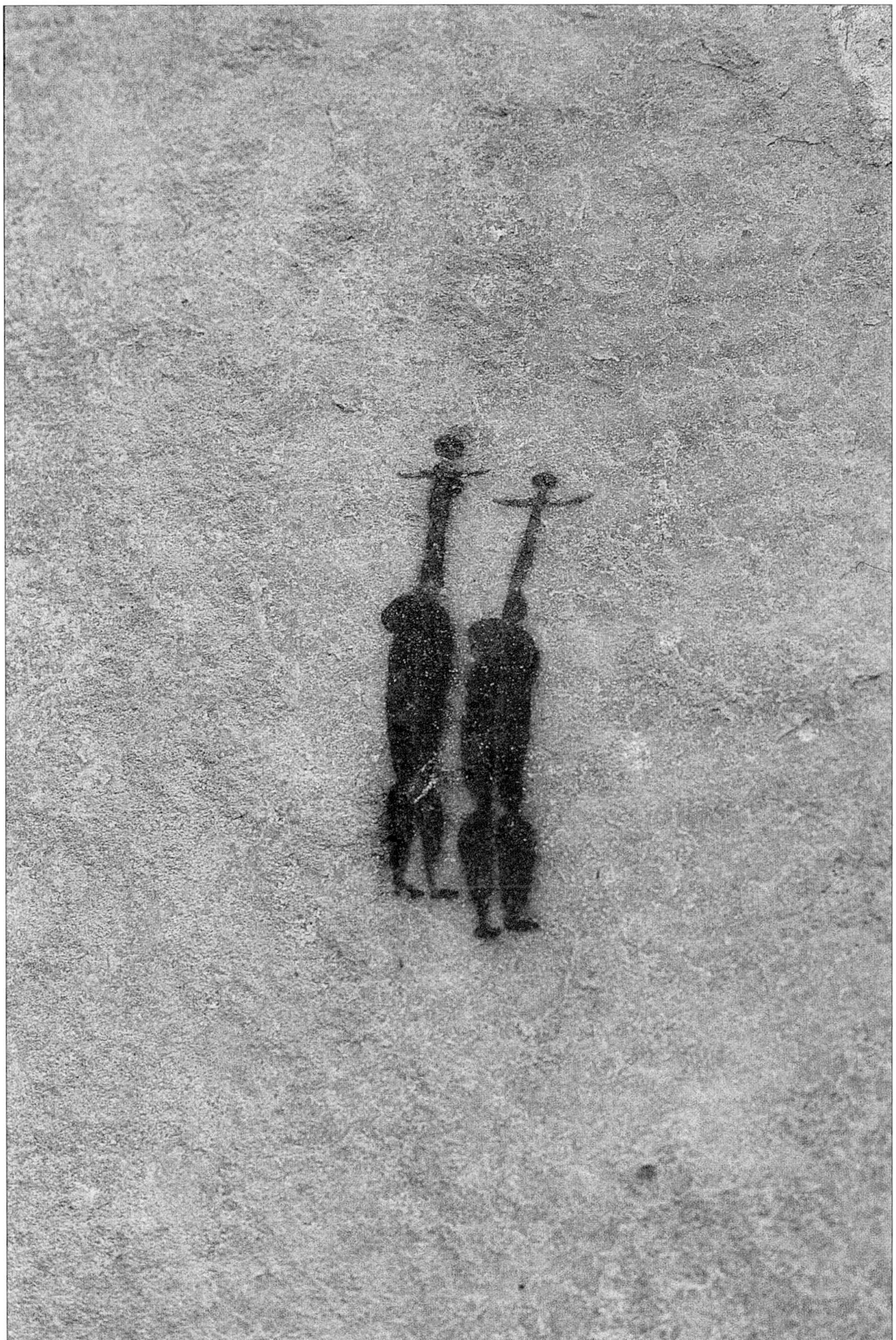

[n° 13] Sevilla

Deux femmes, buste étroit, les seins hauts, aux jambes disproportionnées. Cederberg.

spectateur. La peinture n'est donc pas conçue selon les lois de la géométrie – avec un haut et un bas, une distinction du proche et du lointain, etc. – mais selon une profusion et un volume qui sont la forme donnée au sens qu'elle poursuit. Un être ensemble du monde. Posés, déposés, liés à un même espace, des êtres, des animaux, des anecdotes que nous distinguerions en autant d'espèces et de moments différents sont réunis dans une catégorie étrangère à nos classements : le monde.

Déplaçons notre regard encore une fois, et descendons aussi vers la pointe de l'Afrique australe, dans le Cederberg, au nord de Cape Town. Sur une roche de Sevilla sont dessinées deux femmes. Isolées ou presque sur une paroi très lisse, elles apparaissent, magnifiées par l'espace nu qui les entoure. Leur torse est mince, leurs bras à peine esquissés ; elles sont tout en jambes, en cuisses – en marche ? – bien que figées à la façon de petites statuettes
Ill. n° 13 hiératiques. Buste fin, seins hauts, mollets puissants, elles diffèrent absolument d'autres peintures de femmes, distantes pourtant de quelques kilomètres à peine. Outre d'être beaucoup plus grandes et d'un dessin moins maîtrisé, ces dernières ont une autre découpe du corps. Leur profil souligne leur poitrine volumineuse et presque de façon caricaturale le galbe pro-
Ill. n° 107 noncé de leurs fesses*. Peut-on prêter à des peintures qui semblent avoir un même thème, un contenu identique quand se dit aussi le fossé de leur écriture, ce qu'il faut bien appeler des *styles* ? Ce serait abstraire nombre de différences. Si les ressemblances thématiques dévoilent le *lieu commun* de ces peintures, leur horizon initial de culture et d'expérience, il faut rester attentif aux bifurcations, aux fêlures, aux écarts, bref à ce qui fait de ces images des avènements singuliers, et non les répétitions exactes de mêmes sujets. Toute peinture est en ce sens une naissance : en elle une fiction s'ajoute à un héritage, un avènement prend le pas sur des legs. Y demeurer attentif, c'est en somme ne pas oublier ce qui est à l'œuvre dans la peinture (ce qui fait d'elle une *œuvre*) et agit : elle ne résulte pas, elle engendre.

En fait, l'unité de la peinture ne cesse de se fendiller. Sans même évoquer son objet, ses sujets et ses manières la font s'échapper de toutes parts. L'unité de *la* peinture se dissout et laisse ces images distinctes flotter à la façon d'un mobile dont le centre se dérobe. Des motifs lisibles en apparence comme le sont ces deux femmes ou ces deux chasseurs, et un panneau grouillant de superpositions n'opposent pas de l'ordre à du désordre. Le palimpseste de Fulton est peut-être une écriture savante d'un monde perçu dans sa touffeur, avec ses arborescences de sens. Il pourrait s'agir d'un ordre profus grouillant des relations entre les choses, les espèces, les moments du temps, loin des classifications que leurs auteurs n'ignorent pas mais auxquelles ils n'accordent aucune prééminence.

**Cette caractéristique anatomique des femmes san, appelée stéatopygie, étonna les premiers explorateurs, autant que la petite taille des San.*

L'ordre rassurant des nombres

Devant une telle profusion, quelques chercheurs comme Patricia Vinnicombe et Harald Pager, à la fin des années soixante, ont imaginé que la statistique pourrait y introduire quelque clarté. Au prestige des chiffres, plus grand encore en cette période de structuralisme rayonnant, s'ajoutait le rêve un peu déraisonnable des lumières que ne manquerait pas de révéler cet instrument dont on attendait alors beaucoup : l'ordinateur. Mais la pensée repliée, reclose dans la peinture, défia la puissance des calculs, et comme Patricia Vinnicombe le remarqua, il n'y eut pas de réponse magique[9], sinon peut-être un ordre minimal fait de certaines régularités qu'il n'est pas inutile de rappeler ici.

Il apparaît ainsi que deux sujets ou supports de peinture sont privilégiés : les êtres humains et les animaux. Les premiers, presque totalement absents de l'art paléolithique occidental, représentent une solide moitié dans le décompte des figures. Nombre d'entre eux sont de sexe indistinct, mais certains signes anatomiques ou la présence d'outils – arcs et flèches pour les hommes, bâton à fouir pour les femmes – permettent parfois de les identifier. Ce sont d'ailleurs plus souvent des hommes que des femmes mais on ne peut en déduire pour autant une prééminence des premiers sur les secondes. Dans la plupart des cas, les êtres humains participent à des scènes collectives – marches, danses, combats, chasses – et rares sont les figures individuelles. Les contrastes entre les animaux sont plus marqués encore. Leur figuration

[n° 14] Sevilla

Un motif inexpliqué de lignes parallèles et sinueuses. Cederberg.

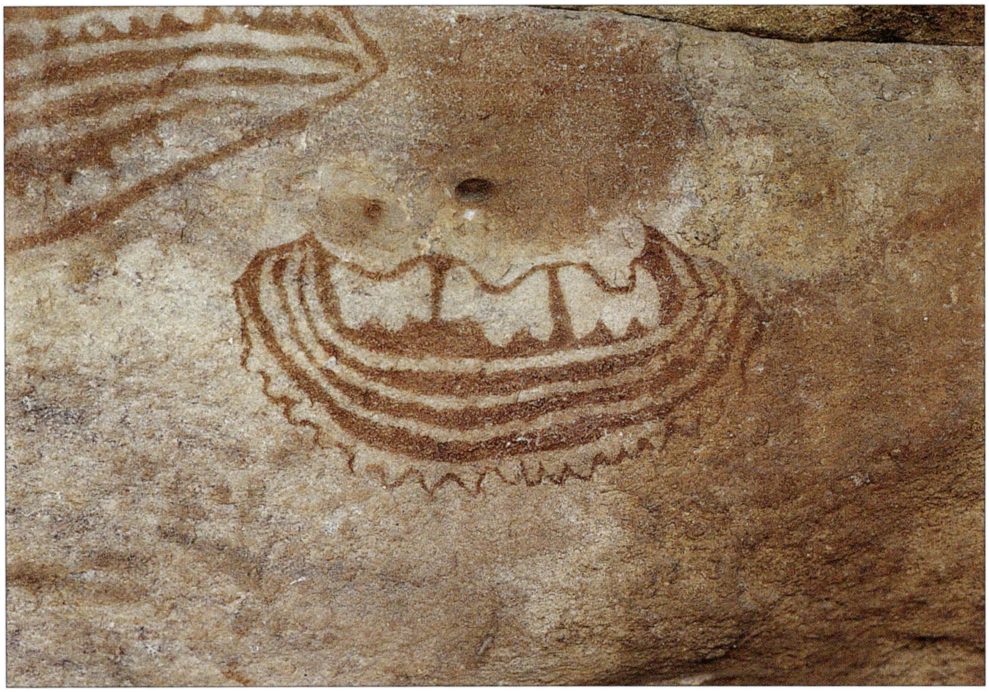

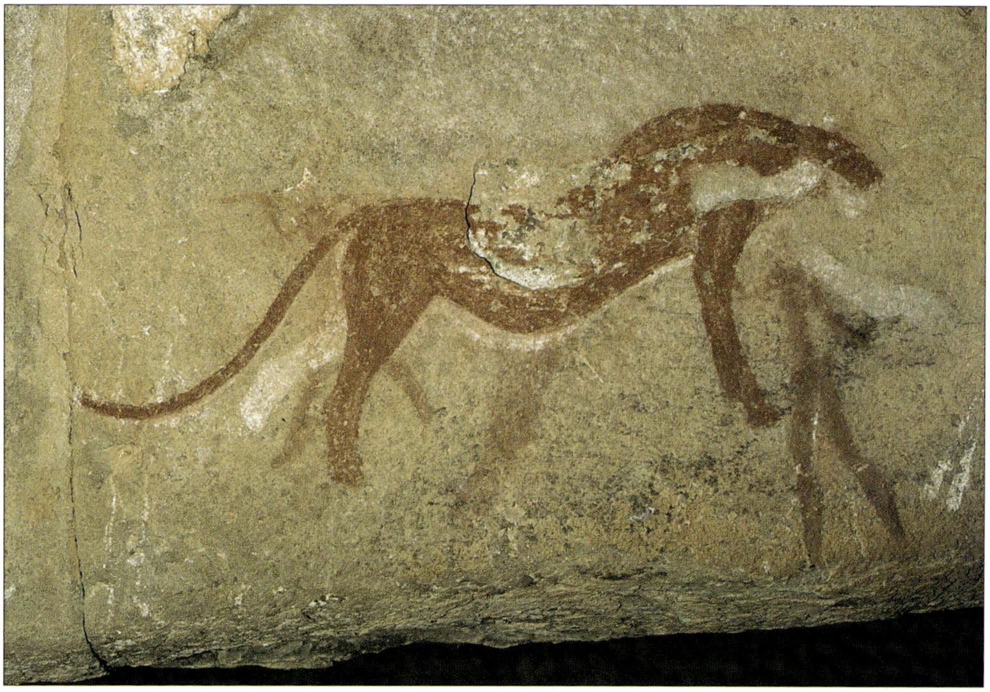

[n° 15] Injasuti

Lionne peinte sur un bandeau de roche en surplomb (environ 22 cm). Région de Cathedral Peak.

n'est ni le reflet de leur abondance relative, ni celui de leur valeur dans l'économie des San. Les oiseaux sont rares, les félins peu représentés, alors que les récits du XIXe siècle les mentionnent souvent, mais les reptiles sont eux assez fréquents. En fait, la plupart des animaux peints sont des ongulés (ce qu'on appelle communément des antilopes) ; parmi elles, l'éland occupe une place centrale. Cette esquisse de hiérarchie connaît de grandes fluctuations selon les régions. Si dans le Drakensberg l'éland représente un tiers ou la moitié des peintures animales*, il est supplanté dans le Brandberg namibien par les springboks, les girafes, et même les zèbres ; au Zimbabwe, les peintures d'éléphants sont plus fréquentes que partout ailleurs en Afrique australe. Derrière ces variations, une présence s'affirme : au centre des peintures pariétales se trouvent toujours des mammifères herbivores.

Ill. n° 15,16,17,25

Ce que la peinture ou la gravure ne représente pas importe tout autant : pas ou peu de végétaux, l'absence presque totale de figures du paysage, à l'exception d'amas qui semblent des nuages, de lignes qui pourraient être des chemins et plus souvent des demi-cercles approximatifs où l'on croit discerner le tracé d'une corniche ou l'évocation schématique d'une grotte ou d'une hutte. Plus fréquents sont les signes abstraits, lignes sinueuses, zigzags et constructions géométriques. Ils sont abondants dans les gravures alors que

Ill. n° 14,21

**Dans la région de Barkly East que David Lewis-Williams a étudiée, l'éland compte pour 62 % des figures animales, suivi par le rhebok (25 %) ; dans la Ndedema et ses environs, Harald Pager a calculé que l'éland représentait 34 % des figures animales, à peu près autant que le rhebok, les autres espèces animales ne représentant que 11 à 15 % du total (Pager, 1971, p. 324).*

les représentations humaines y sont rares, non celles des animaux, sans qu'on se l'explique vraiment : graver, marteler, a-t-on parfois avancé, étaient des techniques moins appropriées à la délicatesse du motif qu'à la vigueur de l'entaille et à l'expressivité du trait. C'est une explication que dément la finesse des gravures de Twyfelfontein. Ill. n°6,16,97,98

Ces régularités s'avèrent toutefois décevantes. Elles acceptent trop d'exceptions pour avoir la valeur d'une règle : ce sont des indices partiels. Les chiffres nous masquent peut-être l'essentiel. La diversité stylistique des peintures, la variété infinie de leurs agencements viennent troubler l'ordre que semble induire la répétition des mêmes thèmes. L'obscurité où se tient la main demeure malgré l'éclat vacillant de la peinture. Peut-on avec elle remonter jusqu'à ceux qui laissèrent là leur empreinte? Nous manque la chair du geste qui disposa sur les parois de grands abris rocheux ces motifs d'hommes et d'animaux. Mais de même que dans un mot reste présente et polie par le temps sa racine, l'étymon primitif sur lequel s'est peu à peu agrégé un réseau complexe de significations, à la façon d'une concrétion de proches échos, de même pouvons-nous apercevoir dans ces traces un âge qui ne nous est pas étranger. Un âge des campements légers, des clans mobiles habitant l'espace au gré de déplacements saisonniers dictés par la pluie, les migrations des hordes d'antilopes ou la germination des baies, des fruits et des agrumes. Il y a là un répertoire lacunaire de la vie sociale que nous pouvons recomposer, nous apercevons des hommes et

[n° 16] Twyfelfontein

Un panneau d'autruches au milieu de diverses empreintes animales gravées.

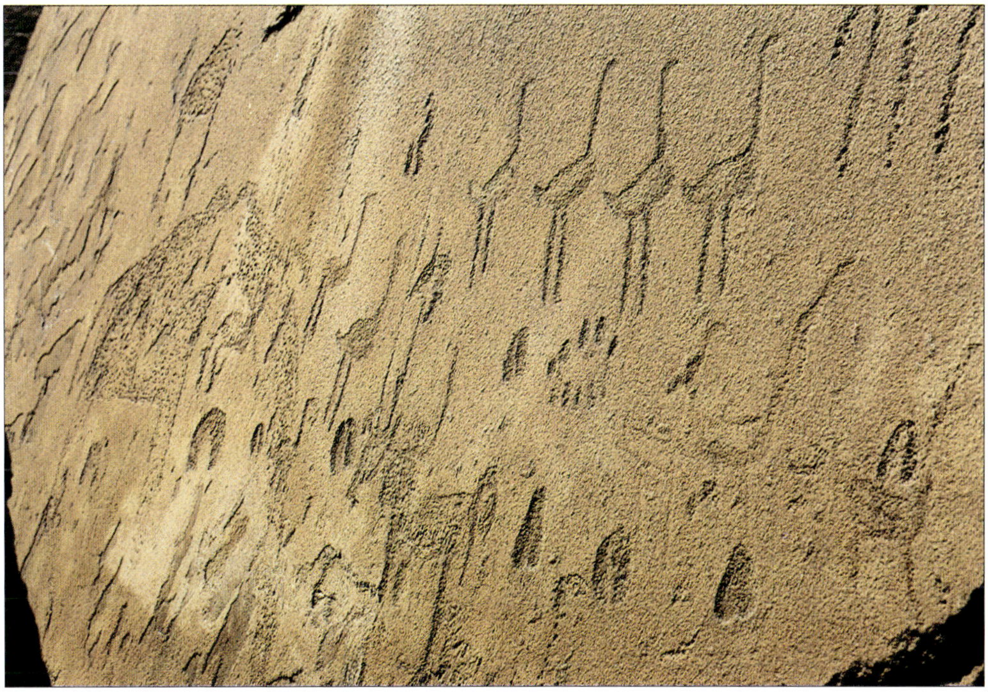

Ill. n° 5,30,93 des femmes avec leurs outils, arcs, lances ou bâtons à fouir ; nous entrevoyons des huttes de branchages érigées au voisinage d'une vie sauvage ; des silhouettes apparaissent avec leurs manteaux de peau qu'on appelle des *kaross*, leurs sacs portés en bandoulière ou sur le dos et nous nous découvrons des affinités avec la vie que ces fresques composent. Même si nous n'avons jamais creusé la terre, nous comprenons ce qu'est la fouir à la recherche de tubercules, et même si nous n'avons jamais pisté un éland, nous pouvons imaginer l'excitation que sa traque dut susciter. Nous remontons jusqu'à cette époque qui ne fut pas un éden, bien sûr, ou alors précaire, mais un temps moins tourmenté que les années qui y mirent fin. Voilà ce que, par sympathie, par intuition et identification immédiate, nous pouvons voir dans les peintures. Nous nous en faisons « une idée ». Or, il est impro-
Ill. n° 38 bable qu'elles aient été cela et qu'une scène de chasse par exemple (au demeurant très rare) ait été la simple relation descriptive d'un événement.

De l'omniprésence de ces incertitudes on peut tirer au moins une méthode, une précaution du regard. Contemplant pour la première fois cette paroi aux motifs d'antilopes et de chasseurs, de hordes sereines ou affolées, j'ai tenté de taire en moi cette volonté de savoir qui obscurcit la plus essentielle faculté de voir – de voir à l'œil nu. Dans la rumeur des questions suscitées par ces motifs lisibles en apparence et la légère intranquillité où me plongeait mon ignorance, je me suis tenu à la liberté visible de leur disposition, avant de supposer une structure secrète à ces peintures, ou d'en quêter la signification. Mais dessaisi, vidé de ses repères, l'œil cherche toujours à reprendre contenance en meublant d'un contenu la béance qui s'ouvre dans la vue : il cherche à *identifier* les motifs et leur superpose une grille de concepts, restaure ainsi le sol qui se dérobait sous lui, retrouvant ainsi le confortable sentiment de ce qui est familier, comme s'il fallait à tout prix apprivoiser ces images qui ensauvagent le regard et combler l'intimité de la différence qu'y a ouverte leur absence de sens préalable. Mais cette familiarité est dangereuse, tant elle donne l'illusion de voir ce qu'on ne fait que reconnaître. Reconnaître n'est pas voir, et pour voir il faut encore se libérer de la peur de l'inconnu afin de se tenir à l'orée d'où l'on aperçoit le jamais vu qui palpite. N'est-ce pas là d'ailleurs que la peinture elle aussi débuterait ? Dans l'exigence vague et troublante d'une vue qui, ne se satisfaisant pas d'elle-même, se découvrant incomplète (ou se découvrant un au-delà d'elle), chercherait à s'accomplir *autrement*, et requerrait pour cela le secours de la main ? Il est vrai que, au moment où elle pose un trait, « la main voit », comme m'a appris à en faire l'expérience le peintre Florence Gillet. Étrange est ce qui appelle le regard là où il ne s'est jamais avancé. Là où le trait et le regard se portent l'un l'autre où aucun d'eux ne s'est encore aventuré. Dans l'avènement de la peinture.

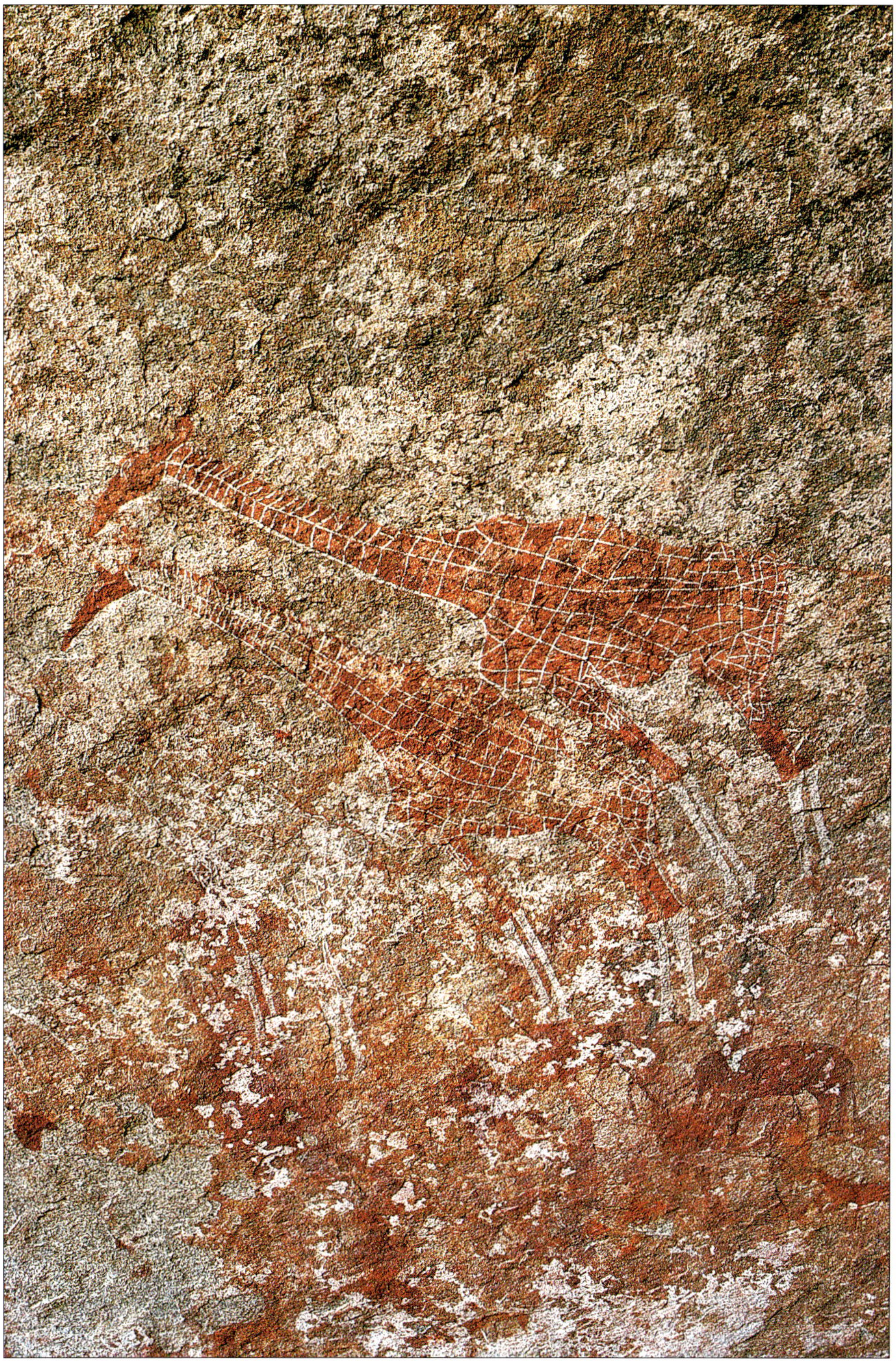

[n° 17] Abri du géant rouge

Trois girafes à la robe figurée par un motif de « grille ». Brandberg.

Esprit des lieux, lieux de l'esprit

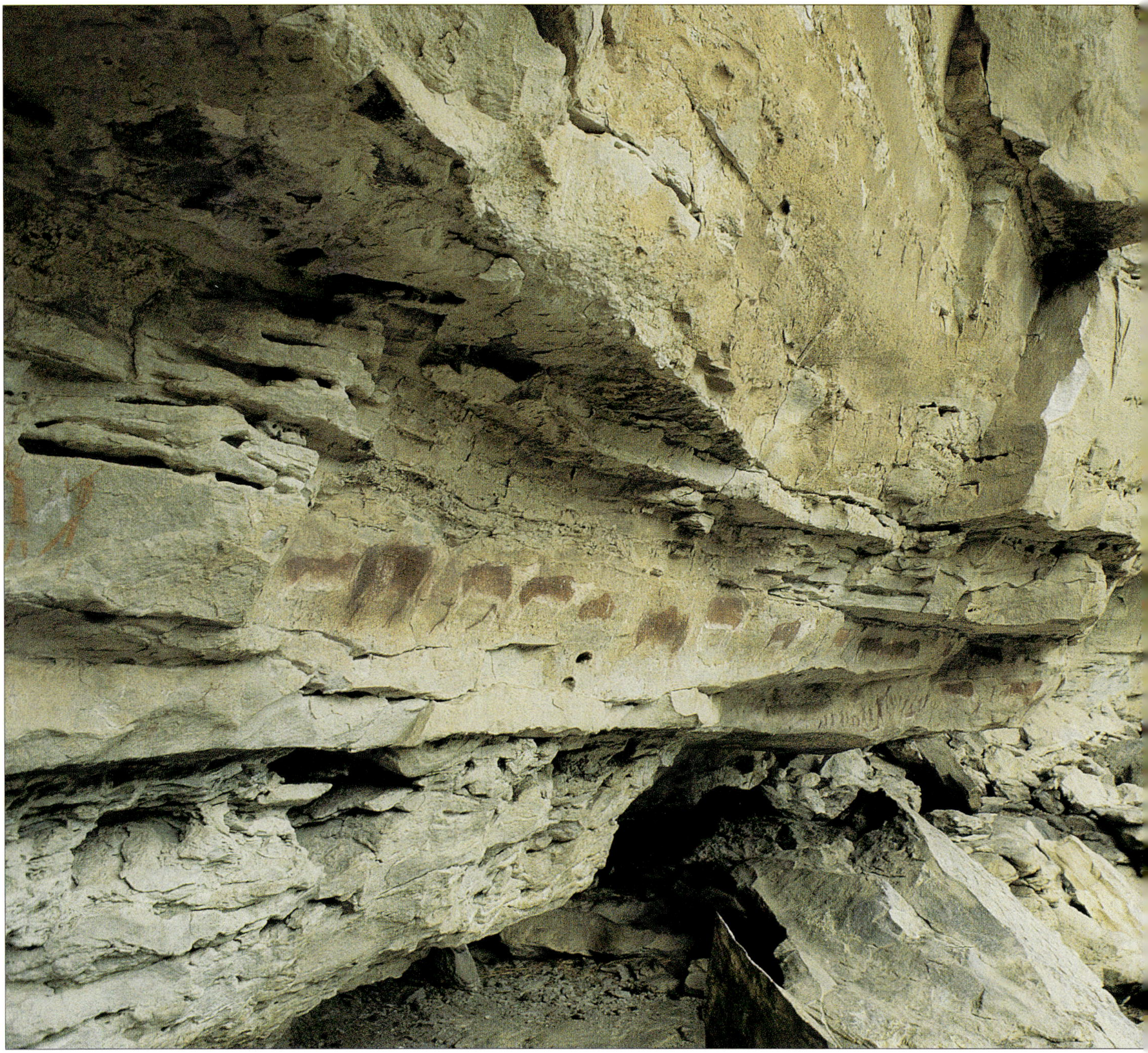

[n° 18] Abri de Krantze
Les blocs effondrés qui jonchent le sol témoignent de la vie double, tectonique et humaine, qui anime de tels lieux. Environs de Mooi River.

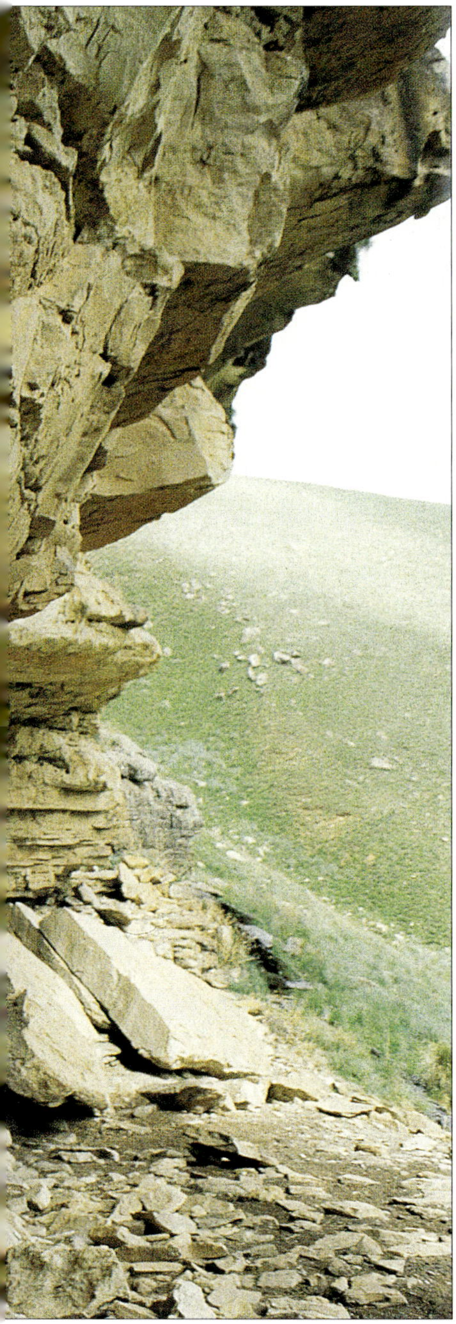

L'horizon ouvert de la grande plaine sud-africaine, qui en dira le vertige ? Tout accident, toute montagne, tout ravin y serait un aimant pour le pas. Qu'un escarpement brouille cette ouverture sans limite, et la stupeur prend aussitôt d'autres visages. Une montagne, c'est un froissement de l'horizon. D'une ligne, celui-ci devient courbes, chocs, bifurcations, pans d'ombres, découpes mobiles de lumière, angles intimes et précipices. D'un plan pur, elle fait une géographie éloquente, la peuple de ses propres formes, y accueille la prolixité de sens, y loge aussi la vie dans une plus grande diversité qu'ailleurs.

L'espace est un récit de formes riches en significations, en symboles, en histoires. Seulement, ils ne sont jamais univoques. Bachelard disait ainsi que la fonction du rocher était de semer la terreur dans le paysage. On pourrait ajouter qu'elle est aussi d'introduire de l'intimité. Terreur, intimité : presque des contraires, mais alors quoi ? Du sens, dirons-nous, une forme donnée de sens qui peut être aussi un appel à le surcharger de signes et de figures qui s'accordent à lui. Peintures et gravures sont un art de l'espace. Elles sont aussi un art *dans* l'espace et il est préférable de prêter à ce dernier une somme arbitraire de significations plutôt que de l'en priver comme le fait la géométrie au profit de simples dimensions. Si les géographies diverses où la peinture et la gravure ont lieu nous paraissent essentiellement vides, c'est au regard d'une pratique des lieux différente, ne le perdons pas de vue. Pour les San, il s'agissait d'un territoire intime, cartographié de parcours précis, de déplacements médités, un territoire habité dont le périmètre était dilaté aux dimensions d'une province. Essentiellement abstrait et illisible à nos yeux, cet espace devait leur être pleinement sensible.

La falaise et la plaine

Sensible ne signifie pas seulement lisible, mais vécu, habité, et déjà par l'esprit des lieux. Peut-on l'entrevoir, à travers la localisation des peintures et gravures ? Où sont-elles dans cette géographie ? Où sont ce qu'on appelle par commodité leurs sites ? Eh bien, ils sont partout, c'est-à-dire également nulle part, car l'immensité de l'espace et la diversité de leur localisation interdisent toute typologie, sauf à souligner une répartition assez générale qui introduit peu de clarté. Gravures et peintures s'inscrivent pour l'essentiel dans des géographies distinctes et il est rare qu'elles se côtoient. Les gravures sont disséminées dans les plaines d'Afrique australe ou au pied d'escarpements

Ill. n° 3 rocheux quand les peintures, elles, se rencontrent surtout dans les montagnes : dans le Drakensberg, au Lesotho (qui en est le sommet), dans le Cederberg, dans le Brandberg namibien, etc. Peut-on alors considérer les gravures comme un art « de plein air », quand les peintures seraient davantage un art d'abris ? Pour l'essentiel seulement. Là encore, on rencontre partout dans le Brandberg des peintures posées à même des roches de plein vent, exposées à la lumière, à l'eau, soit aux intempéries. Deux lieux richement peints dans le Drakensberg, Fulton et Ikanti, sont d'énormes
Ill. n° 25 rochers éboulés d'un crêt et dressés à la façon de stèles.

La morphologie des lieux n'est pas non plus d'un grand secours. Il y a autant de formes quelconques ou remarquables qu'il y a de gravures ou de
Ill. n° 8,19 peintures. Dans le Brandberg, les abris sont souvent des amas d'énormes rochers de granit effondrés les uns sur les autres en de fantastiques agglomérations de pierre, ménageant entre eux des vides plus ou moins vastes et confortables. Mais certains abris – qui comptent aussi parmi les mieux décorés – ressemblent davantage à des cavités ou a des failles protégées d'un seul tenant par un auvent. Dans le Drakensberg, en revanche, les abris sont presque toujours des cavités creusées dans les couches de grès sur les coteaux des vallées que l'érosion fluviale a dégagées. Roche friable, assez tendre, le grès s'évide ensuite sous l'effet de la pluie, ménageant ainsi des anfractuosités qui peuvent devenir parfois de véritables grottes. Le sol est même souvent encombré de roches arrachées aux parois ou au plafond, dont certaines, peintes au préalable, témoignent de la vie double, à la fois tectonique et humaine,
Ill. n° 18 dont ces lieux étaient habités.

Ni l'espace libre au sol, ni la proximité d'une source, ni la protection offerte contre les intempéries ne sont des indices convaincants, même s'ils sont nécessaires. L'explication matérielle, une fois encore, s'avère décevante : tel abri, très vaste et profond, sera vide de peintures quand à proximité, une roche ou un amas de roches n'offrant aucune qualité d'habitat sera densément peint. Lieux de peintures et lieux de vie ne coïncident pas toujours. Si des sites ont possédé une valeur, elle fut donc singulière, non reproductible, liée à un « esprit du lieu », dont la pierre, dans sa dureté même et son immobilité, qualifia certains d'entre eux à devenir des « lieux de l'esprit ». C'est que les pierres sont assez riches de formes immédiates et, comme le dit Roger Caillois, « d'avertissements discrets, ambigus, qui à travers filtres et obstacles de toutes sortes rappellent qu'il faut qu'il existe une beauté générale antérieure, plus vaste qu'elle dont l'homme a l'intuition, où il trouve sa joie à son tour. » Ainsi, « même s'il néglige ou dédaigne la beauté générale ou profonde qui émanait dès l'origine de l'architecture de l'univers et de qui toutes les autres sont issues, il ne peut faire qu'elle ne s'impose pas à lui par quelque chose de fondamental et d'indestructible qui l'étonne, qui lui fait envie, et que résume bien, dans sa brutalité, le terme de minéral [10]. » Dans le Brandberg,

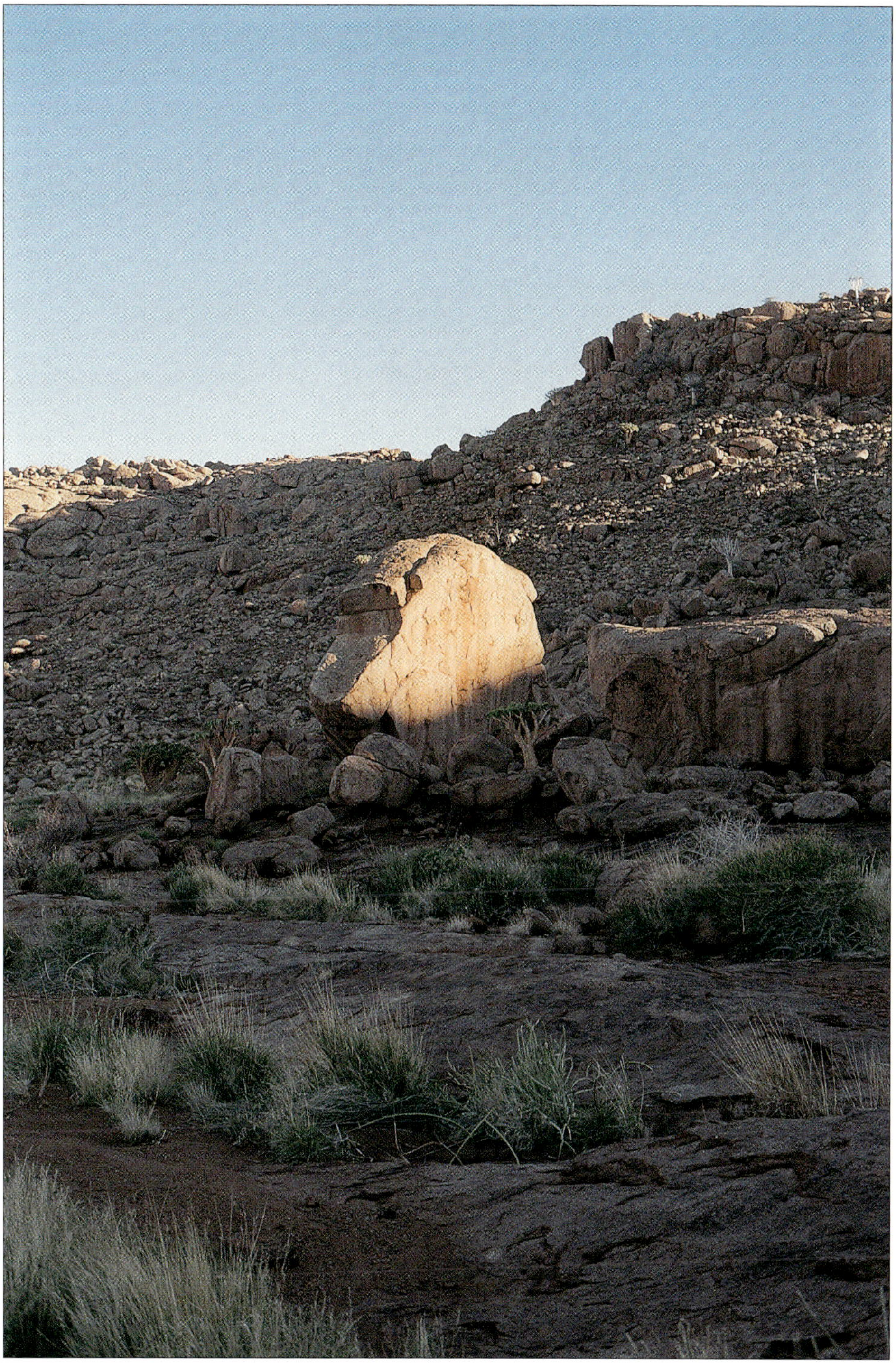

[n° 19] Amis

Est-ce parce qu'elle se dressait à la façon d'une stèle que cette roche fut peinte ? Brandberg.

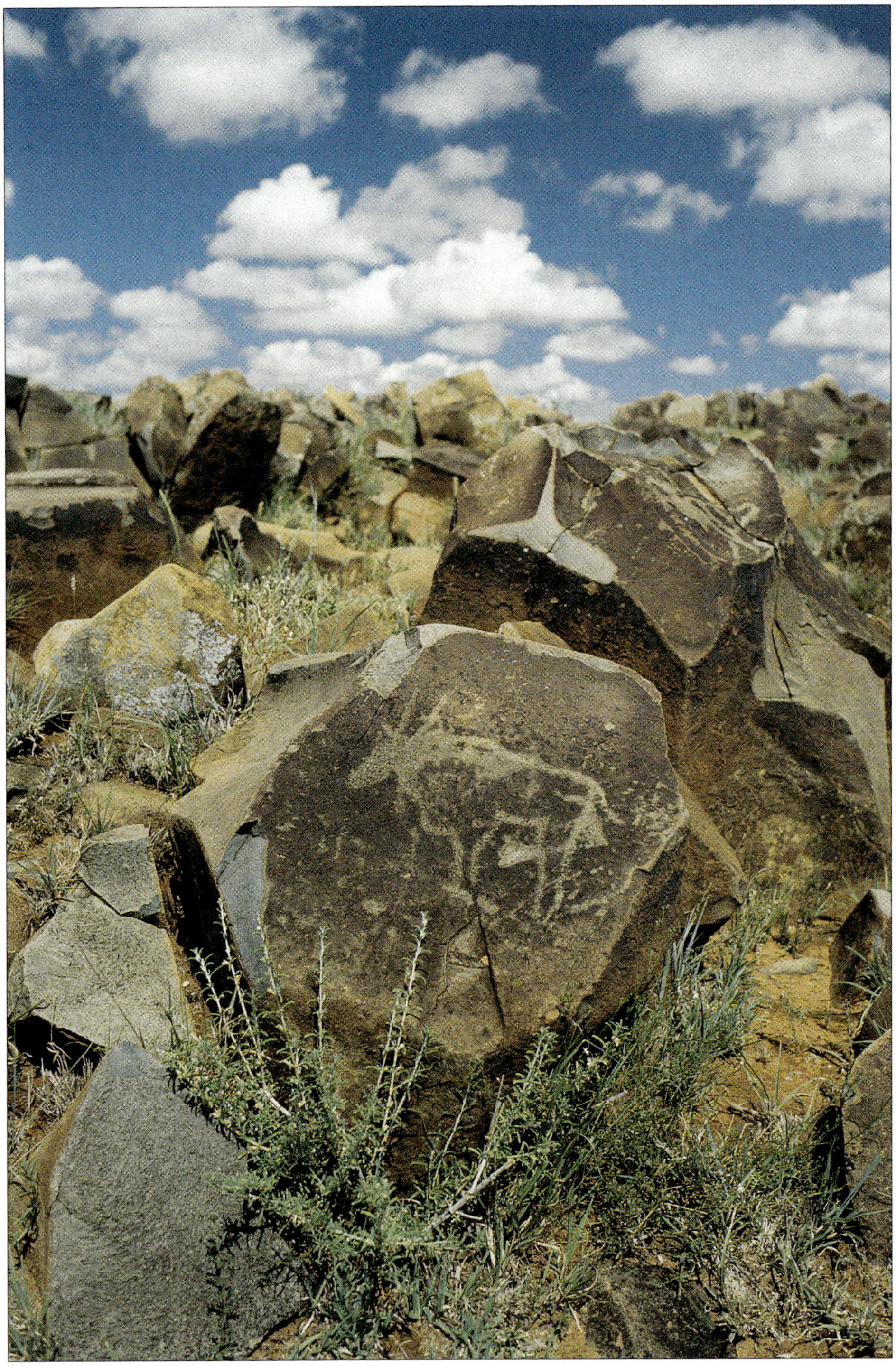

[n° 20] Wildebeestkuil
Pierres gravées dans l'immensité monotone de la plaine sud-africaine. Ici rien d'autre que le lieu n'a lieu.

quelques-uns des abris les mieux décorés sont aussi des architectures naturelles remarquables : l'un, au sommet de la gorge Amis, a des qualités d'intimité et d'accueil que rend plus sensibles encore la roche lisse qui le compose ; un autre, baptisé Snake Rock, est une architecture imposante, et tous deux sont situés à proximité d'une réserve d'eau. Mais cet « esprit du lieu » put ne rien devoir à ces qualités formelles. Souvent les sites gravés sont absolument quelconques. Wildebeestkuil, non loin de Kimberley, est à peine une inflexion montueuse au-dessus de la ligne d'horizon, un mamelon de faible hauteur, et pourtant les quelque deux cents pierres gravées (en particulier de rhinocéros et d'élands) qui en couvrent le sommet témoignent de la valeur qui fut la sienne, bien qu'il fût impropre à une occupation prolongée. Ce qui a eu lieu ici s'est retiré avec le départ des graveurs.

Ill. n° 104

Ill. n° 20

À Thaba Sione en revanche, un espace semblablement ouvert et où sont dispersées quelque quatre cent cinquante gravures, Sven Ouzman a reconstitué une genèse plausible de ce site [11]. Ce lieu était fréquenté par des rhinocéros, et de nombreux rochers ont été polis par les bêtes venues s'y frotter. Les San ont alors surchargé de leurs propres signes un lieu qu'affectionnaient les animaux et les roches qui semblaient vivre énigmatiquement de leur contact. Un tiers des pierres polies sont ainsi gravées, notamment de rhinocéros. Or, ce dernier est lié à une créature mythologique, un animal-pluie auquel il prête parfois sa forme, et dont la capture et le sacrifice favorisaient, dit-on, les précipitations. Il est donc probable que ces effigies ont été associées à quelque invocation de la pluie. Aujourd'hui encore, les communautés tswana qui habitent à proximité de Thaba Sione utilisent ce site lors de cérémonies propitiatoires dédiées à la pluie, perpétuant ainsi un usage et une mémoire initiés par une autre culture que la leur. Peut-on alors voir dans le pavement glaciaire de Driekops Eiland, lui qui est gravé de signes géométriques et baigné par la rivière, un lieu vivant de nourrir lui aussi un dialogue avec l'eau ? Pourquoi pas, mais force est de constater que la signification de ces signes nous demeure inconnue.

Ill. n° 21

En définitive, ce qui se passe dans de tels lieux c'est l'art lui-même. Mais les sites portent l'art de façon différente. Certaines roches exemplaires par leur architecture le mettent en lumière, à la vue de tous, car elles ont une valeur de repère. D'autres, à l'opposé, ont des qualités d'ombre, d'obscurité, d'intimité, de repli dont ils chargent les œuvres. L'abri du Sorcier dans la Ndedema, Veg en Vlug dans le Cederberg sont soustraits aux regards. Ils préservent, ils cachent les figures. On a peint là pour enfouir, au seuil de l'obscurité. S'ils furent chargés d'une valeur initiale, liée à l'espace environnant ou à quelque qualité morphologique ou symbolique qui faisait d'eux des sites, l'art l'a activée, réactivée et aujourd'hui où celle-là a disparu, il la perpétue. Seules échapperaient à ce constat les pierres peintes ou gravées, dites « portables », qui, même si elles ne furent jamais déplacées,

Ill. n° 80

possédaient cette capacité de s'affranchir du lieu qui était le leur. À cette exception, on peut dire que *là où l'art a lieu est le lieu.* Au contraire du tableau qui ne rend pérenne que son sujet, la fresque pariétale, elle, ouvre à sa durée la roche qui lui a elle-même donné la profondeur de son temps.

L'atelier

Le lieu où la peinture et la gravure se produisent est aussi celui qui les produit. Ils se réalisent l'un l'autre, rendant caduque la séparation de l'œuvre d'avec son espace originel, je veux dire l'atelier. L'abri pour la peinture, ou la roche de plein vent pour la gravure, sont l'espace où l'œuvre se fait. Ici, le chevalet et la cimaise, le tour et le socle se confondent.

Des artistes, de leurs outils et de leurs matériaux nous savons peu. Les œuvres seules nous enseignent, avec, ici ou là, quelques éclats d'histoire qui rendent à peine moins fantomatique la figure de ceux dont nous ne connaissons pas les gestes. Ainsi cette apparition fugitive : « Le dernier artiste bochiman fut tué dans le Witterberg, où il avait été surpris après avoir volé plusieurs chevaux. À l'évidence, c'était un homme de grand prestige parmi les siens. Il avait, pendus à une ceinture, dix petits pots de corne contenant chacun une couleur distincte. » Le témoin de cet épisode qui se déroule vers 1866 et que George Stow rapporte, ajoutait qu'il avait vu lui-même « la ceinture, où aucune des couleurs n'était semblable à l'autre, mais se distinguait au contraire par la
Ill. n° 22 vivacité marquée de sa teinte [12]». Cette palette qu'il eut été si heureux de conserver a disparu mais nous savons que, pour l'essentiel, les pigments étaient tirés de l'ocre, un colorant naturel composé d'argile et d'oxyde de fer appelé encore hématite ou ferret. De couleur jaune, l'ocre prend des teintes variées allant du rouge vif au brun, quand il est passé à la flamme, grâce à une technique de chauffe déjà utilisée à l'époque aurignacienne, c'est-à-dire il y a 15 000 ans. Du kaolin et du gypse fournissent le blanc, tandis que le noir est obtenu à l'aide de manganèse et surtout de charbon. Plus fragiles que l'ocre, ces pigments n'ont pas toujours duré ; aussi il n'est pas rare de voir une antilope privée de ses cornes et de ses sabots car ceux-ci étaient peints en noir, et même des élands auxquels manquent la tête et l'encolure quand elles étaient faites de blanc.

Broyés, réduits en poudre, les pigments étaient mélangés à un liant d'origine animale, graisse, sang ou sérum sanguin. Marion How rapportait avoir rencontré dans les années trente un vieil homme basutho du nom de Maputo qui disait avoir appris la peinture avec des San, alors qu'il était enfant, aux alentours de 1860-1870 donc. How lui ayant demandé de réaliser une peinture et lui ayant procuré de l'ocre, Maputo lui demanda « du sang d'un éland fraîchement tué [13] ». La nature « sacrée » de l'éland, ou tout au moins sa valeur dans le réseau des symboles des San, a conduit David Lewis-Williams a voir dans cet ajout de sang le signe de la puissance effective dont les peintures auraient ainsi été animées. Mais ce témoignage est fragile [14], il ne semble pas

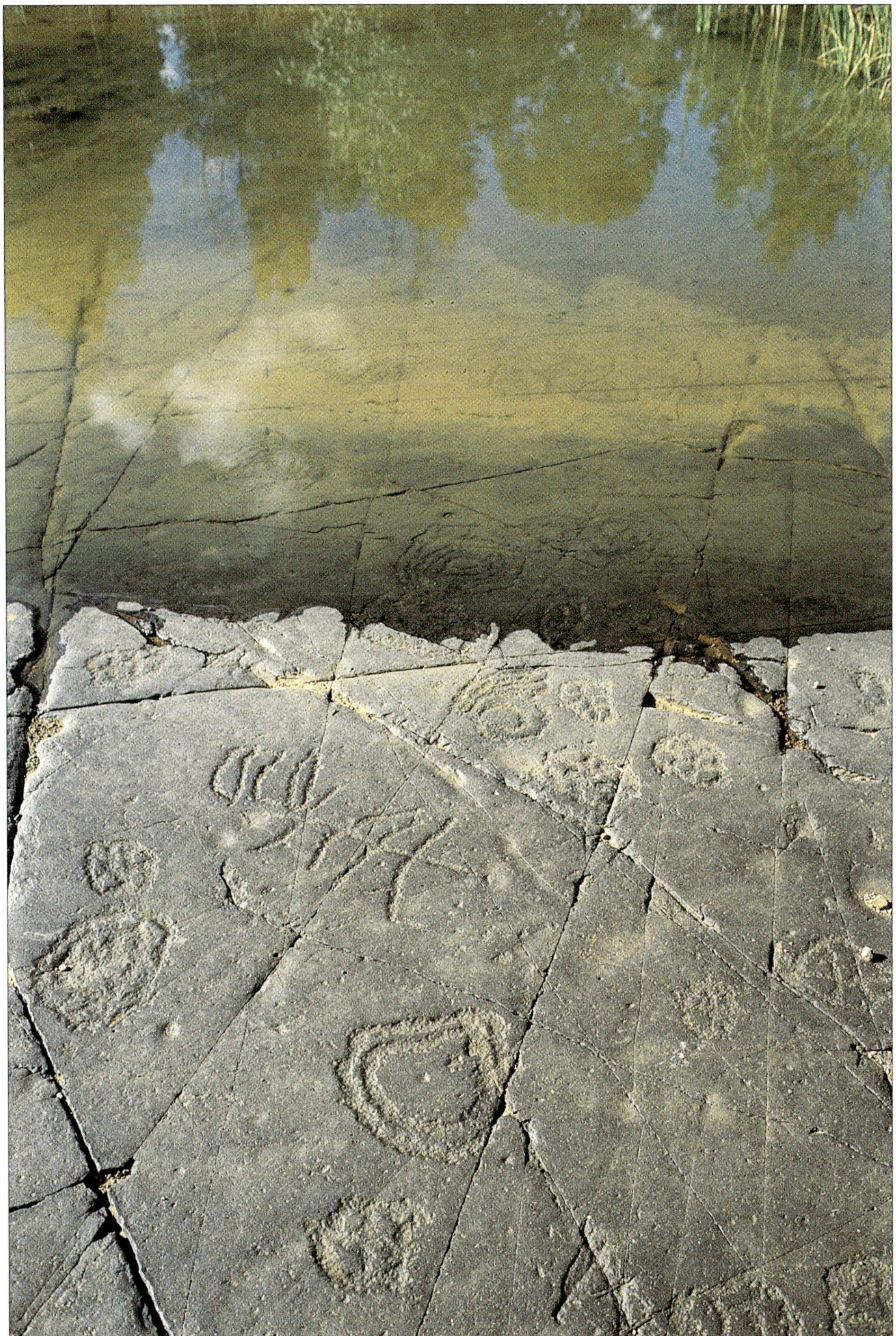

[n° 21] Driekops Eiland

Un pavement gravé baigné par une rivière.
Région de Kimberley.

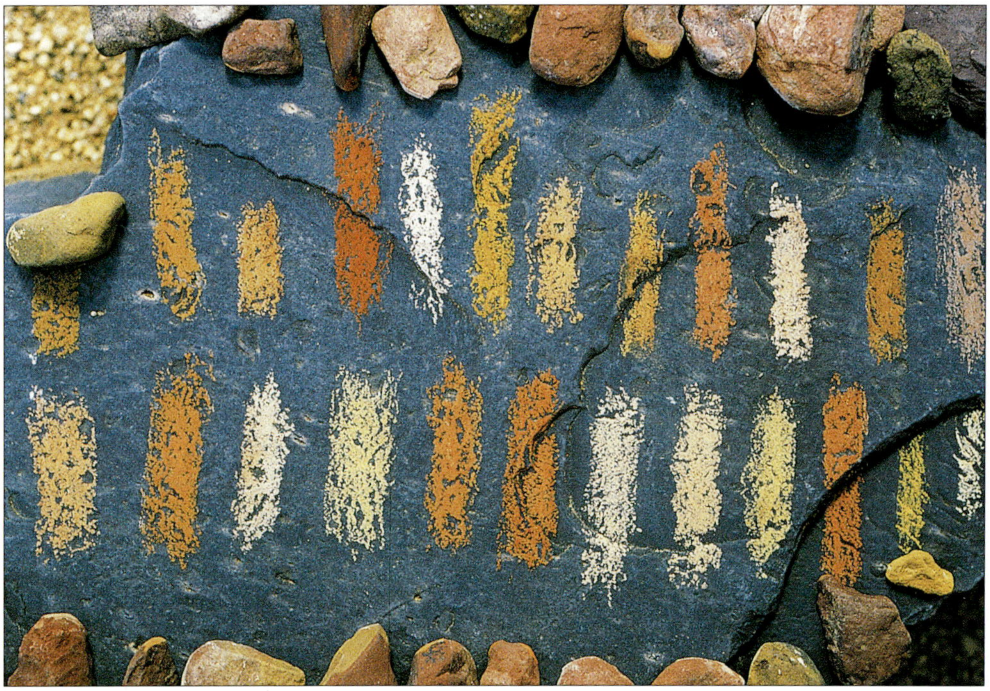

[n° 22] Couleurs
Palette obtenue à l'aide de pigments minéraux et de leurs mélanges.

avoir été confirmé ; de plus, le sang vire au noir en séchant, et il est donc probable que d'autres substances, comme la graisse, le blanc d'œuf, la résine aient servi de liant. Au début du XXe siècle, on aurait même trouvé des mortiers contenant de l'ocre pulvérisée mélangée à de la graisse animale.

Les outils manquent également à l'appel. Incisées, les gravures ont été réalisées à l'aide du tranchant d'une lame quand, martelées, elles le furent à l'aide de percuteurs et de polissoirs. La diversité et, souvent, la précision des glyphes sont le signe que les graveurs disposaient de véritables outils, et non d'instruments de circonstance. La délicatesse de trait des peintures prouve aussi que de véritables pinceaux furent utilisés et que la peinture fut également chauffée pour être ainsi fluide et posée en lignes d'une extrême finesse. Piquants de porcs-épics, os taillés, petites brosses composées de plumes, de poils ou de soies ? Il n'en fut jamais découvert, signe de leur fragilité ou de leur rareté comme si leur possession avait été réservée à un corps restreint de praticiens du regard. Peindre était-il un métier de spécialistes ? La faible division des tâches dans les sociétés san ayant survécu au Botswana où, par exemple, chacun peut être un « homme-médecine » et où, de fait, la moitié ou les deux tiers des membres du clan se prévalent des pouvoirs associés à cette fonction, n'incite pas à le croire. Mais la qualité des fresques, la rareté des esquisses ou des peintures inachevées, l'existence certes de dessins malhabiles, mais où il en est si peu de balbutiants, montrent que l'art devait être considéré avec gravité, et qu'on ne se risquait pas à peupler de formes les parois sans posséder la maîtrise qu'exigeait cet appel du monde.

Lieux d'ici, lieux d'ailleurs

La vigueur des gravures demeure avec les entailles nettes de leurs figures dont la chair s'ouvre à la texture de la roche. Celle des peintures étonne tout autant. À l'aide de matériaux rudimentaires s'élabore une palette subtile de violets et de roses, de rouges, d'orangés, de jaunes, de bruns et de terre d'ombre ; la complètent les tons intermédiaires obtenus par ajout de blanc ou mélange de couleurs entre elles, ainsi que la coloration naturelle de la roche parfois utilisée comme telle, selon une conjugaison exemplaire du motif et des qualités de la pierre. Du minerai broyé pour pigment, peut-être passé à la flamme, quelque substance animale pour liant, du bois ou de l'os empennés de soies pour pinceau, et parcourant ainsi les quatre éléments, la peinture faisait retour à la paroi et à la pierre d'où, par la couleur, elle venait. Resterait à imaginer quelle exigence, qui n'excluait sans doute ni la jubilation de l'inconnu, ni la légèreté du regard, portait les San au geste de peindre ou de graver, pour que munis de matériaux *élémentaires*, ils aient cherché à pénétrer les apparences du monde et réussi parfois à en ébruiter le pouls, par ces contours exacts d'enveloppe carnée, par ces suggestions de profondeur données aux volumes des anatomies opaques, par l'immensité de l'espace suscitée dans la petitesse même des figures humaines, en somme par le jeu de formes animées.

Qu'il y ait eu ici bien davantage qu'un passe-temps, un loisir, comme on le croyait à l'époque où balbutiait la préhistoire, ces roches peintes ou

[n° 23] Vallée de Ga'aseb
Deux girafes peintes sur un bandeau de roche suspendue, de manière à signifier leur dimension aérienne (environ 60 cm de long). Brandberg.

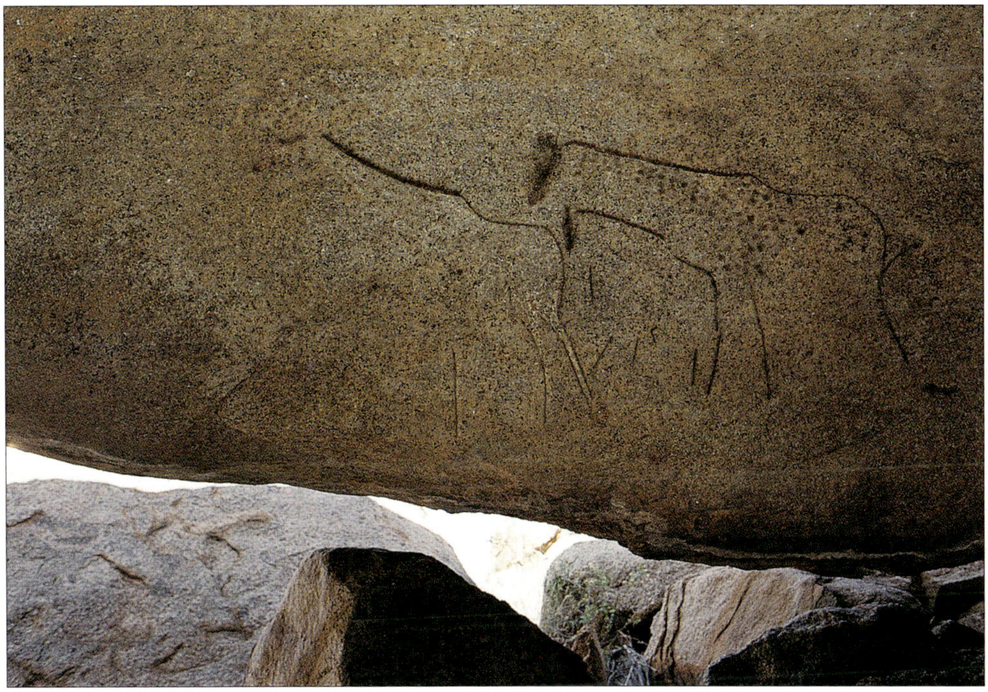

gravées nous le rappellent. Ce sont les lieux d'une apparition extraordinaire, celle de figures qui sont et ne sont pas là et qui, au contraire des choses, ont le pouvoir de s'absenter. Dans les sociétés san (comme dans toute autre culture d'ailleurs), il existait des lieux à part, circonscrits dans l'espace, à la fois ici et hors d'ici pour permettre un événement singulier. Il en allait ainsi des simples huttes de branchages où l'on plaçait les jeunes filles à l'apparition de leurs premières règles [15], et autour desquelles les femmes dansaient, dessinant par un cercle mobile l'espace d'un *passage* de sens. D'une façon différente, mais qui n'est sans doute pas éloignée de cet exemple, il me semble que des abris devenaient, par le simple fait d'être peints, les lieux d'une apparition singulière, celle d'un abîme de temps ou d'espace surgi hors de toute géographie, hors de toute histoire, pour se tenir dans les peintures. Michel Foucault évoquant de tels « lieux qui sont hors de tous les lieux, bien que pourtant ils soient effectivement localisables dans l'espace », les appelait des « hétérotopies », parce que, disait-il, « ils sont absolument autres que tous les emplacements qu'ils reflètent et dont ils parlent* ».

Absolument autres, oui, les abris peints ou gravés le sont, qui surchargent d'un signe temporel l'immobilité de la pierre, ou plutôt font entrer le temps minéral dans les images d'un monde fugitif. Espaces vivants dans la pierre, immobiles et obscurs, et espèces vivantes aux chairs fugitivement aperçues échangent leur substance dans un accouplement de sens. Que des choses périssables survivent à leur apparition fugace dans le paysage et surmontent leur propre disparition, voilà qui les douait d'une force qu'elles tiraient des parois lourdes, atemporelles, auxquelles en retour elles apportaient les signes de leur vitalité. À leur façon d'être ici sans y être, les lieux de l'art me paraissent eux aussi être de telles hétérotopies, à la fois ici et ailleurs, ouvrant leurs sites à la différence infinie de leurs signes. Ne pourrait-on trouver dans la forme même de l'abri, une qualité générique qui s'accorde à cette hésitation de
Ill. n° 18,23,24
lieux qui, par le prestige même des peintures, sont *en partance*? Me retient tout de même l'ambivalence essentielle de l'abri, à la fois ouvert et fermé, accueillant l'horizon du dehors et créant par un fond un espace du dedans; et pour les plus profonds d'entre eux, ménageant un jeu permanent de l'ombre et de la lumière et réalisant ainsi dans leur forme une rencontre constante de l'ici et de l'ailleurs : c'est un seuil, une entrée vers l'intériorité de la terre. Un peu du monde caché s'y expose ou y est invoqué quand un peu de l'univers visible y pénètre sous la forme d'images. Masse opaque à l'origine, la paroi est devenue poreuse. Sa surface s'est agrandie de l'espace de la vue.

**Ce concept esquissé par Foucault dans l'introduction de* Les Mots et les Choses *a été développé ensuite dans une conférence prononcée en 1967, « Des Espaces autres »,* Dits et écrits, *t. IV, p. 755 et suivantes.*

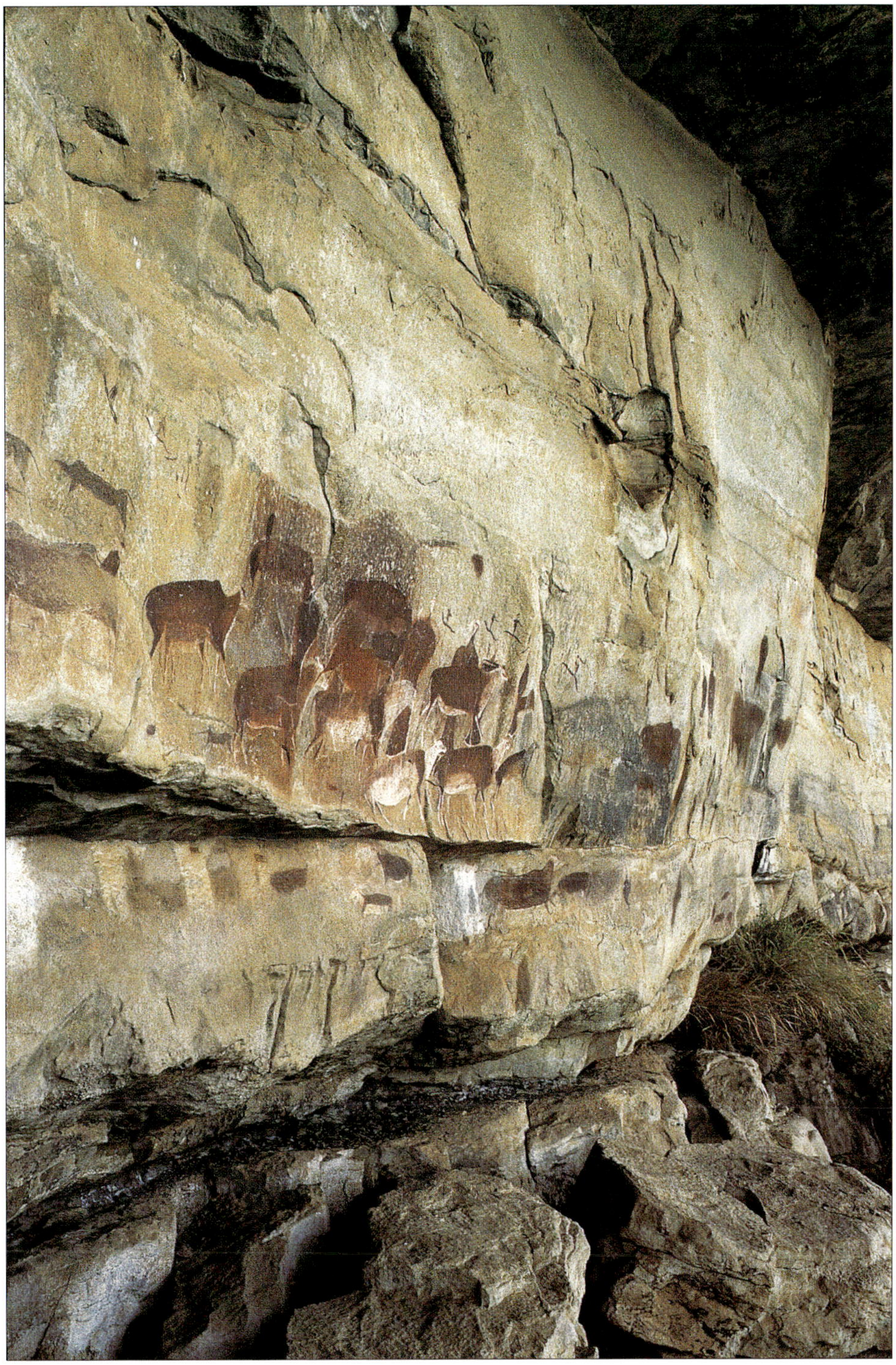

[n° 24] Game Pass
La paroi est le lieu où temps minéral et temps humain échangent leurs substances. Environs de Kamberg.

Mouvements, parcours d'espaces

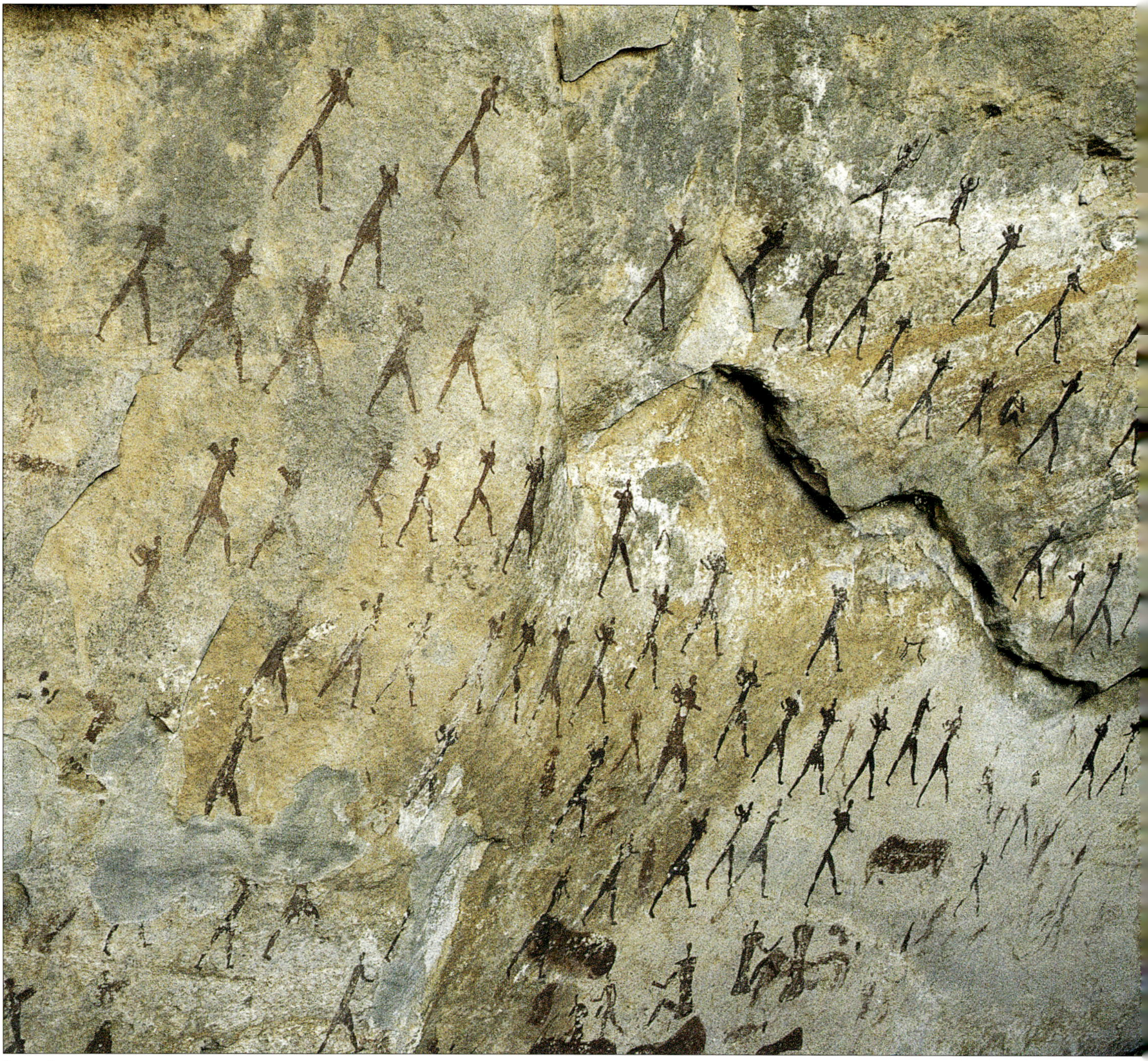

[n° 25] Roche d'Ikanti

Migration ou procession, l'énigmatique marche des quelque cent cinquante figurines de la roche d'Ikanti. Région de Sani Pass.

HENRI MICHAUX

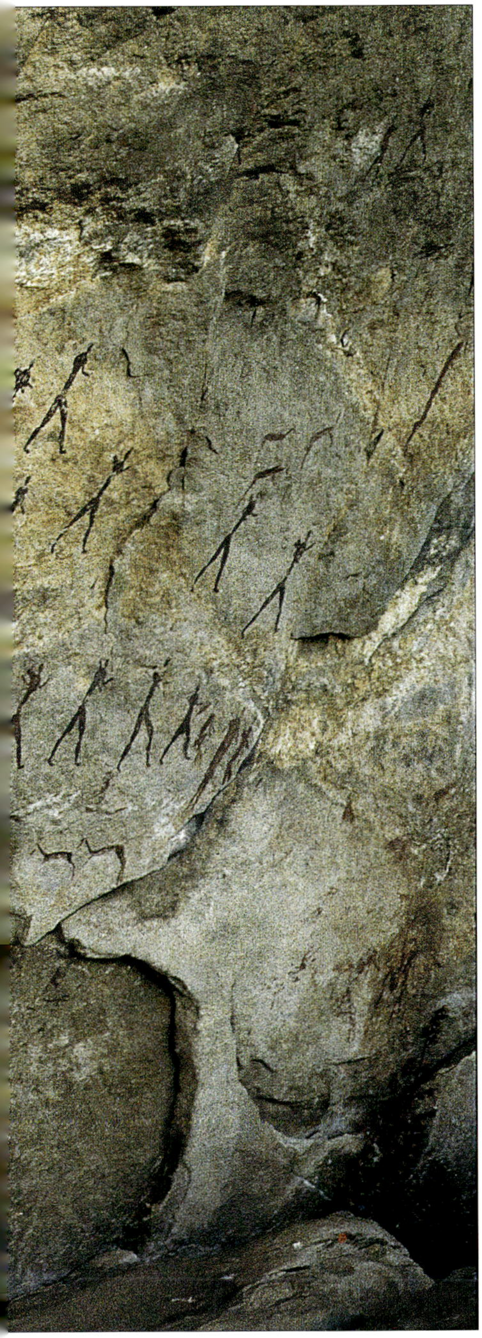

Ikanti est un rocher triangulaire d'une dizaine de mètres de haut, qui s'est détaché de la montagne avant de s'immobiliser, l'une de ses arêtes dressées vers le ciel, dans une position qui évoque un impossible équilibre, menacé à tout instant de s'interrompre par une chute dont il semble être le suspens momentané. Sur sa face la moins exposée sont peints quelque cent cinquante personnages. Ils marchent, la plupart dans la même direction, mus par un « *en avant!* » silencieux mais entendu, et la répétition de leurs pas anime cette horde d'un mouvement où se dit l'accord simultané de tous, leur présence à l'espace par la marche. Rien d'une cadence militaire, ni de l'ordre trop sévère d'un défilé, au contraire; disposés sur plusieurs horizons imaginaires et irréguliers, ils s'avancent en files qui se croisent dans un jeu de lignes mouvantes, comme la portée d'une fugue dont ils formeraient autant de notes. Ici, l'espace est musicalement su. Ill. n° 25

Le mouvement qui anime cette peinture, l'énergie qu'elle véhicule et qui la véhicule (cette extension excessive du pas comme le serait celui d'une marche décidée), plus encore la légèreté que confère à l'ensemble leur commune suspension au-dessus de la roche claire où ils ne prennent appui sur aucun accident de la paroi, j'y ai vu un mode d'être à l'espace, mais aussi, et c'est extrêmement troublant, le pressentiment du congé définitif auquel seraient contraints ceux qui habitaient ainsi la vie de plein vent.

Être en chemin

Devant la fantastique architecture de pierre qui sert de logis à cette peinture, devant les lieux parfois plus quelconques où les gravures ne sont pas déposées avec moins de soin, il m'est arrivé de voir un paradoxe. Qu'un art habité de la sorte par l'esprit du mouvement, et où se lit partout la mobilité de ses auteurs, de leur regard comme de leur pratique de l'espace, s'ancre dans les théâtres immobiles de grands crêts de pierre, voilà qui me déconcertait. Mais regardé autrement, ce paradoxe cesse d'en être un : ainsi confié à la pierre et réalisé *à demeure*, cet art libérait les San de son transport alors que leur vie, rythmée par de constants déplacements, était aussi guidée par une nécessaire légèreté. Les migrations étant saisonnières et nombre de lieux réinvestis à chacune d'elles, les peintures accompagnaient ces parcours. Seulement, au lieu de les emporter, on allait au-devant d'elles ou on les laissait derrière soi ! Ainsi avaient-elles lieu.

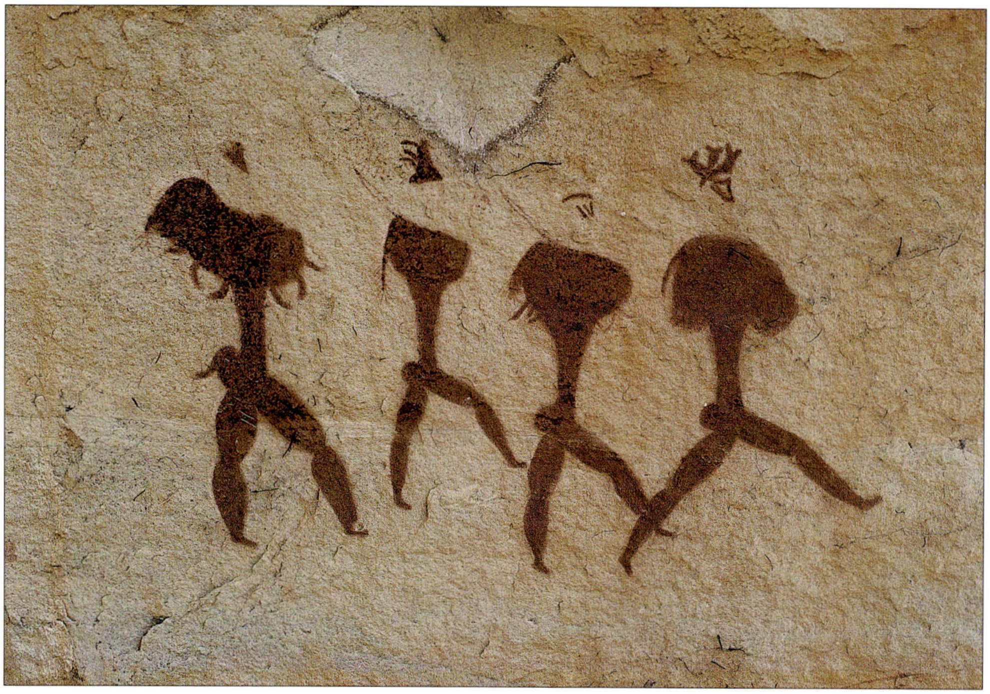

[n° 26] Bamboo Hollow
Figures en marche chargées de sacs. Région de Giant's Castle.

Le nomadisme est fondamentalement lié à l'économie de la chasse et de la collecte. En l'absence de moyens de conservation des aliments, la recherche de nourriture impliquait ces déplacements qui permettent de surmonter les déséquilibres saisonniers, quand la germination des fruits, des légumes, des tubercules, les migrations des troupeaux d'ongulés sont commandées par des rythmes climatiques. Un vieux Basutho disait ainsi que les San arrivaient au Lesotho à la suite des mouvements d'élands et disparaissaient en même temps que ces animaux [16].

La légèreté est une modalité du mouvement, elle en est un peu la substance. Posséder peu est une ascèse autant que l'exigence d'une vie désencombrée – parce qu'elle ne peut s'encombrer. Et comme sur cette peinture où certains hommes portent un sac léger à l'épaule, il faut imaginer cette vie où les maisons sont des abris de roche et parfois rien qu'un écran de branches dressées dans la plaine, quand les lits sont un creux dans la terre nue où l'on se couche enveloppé d'une couverture de peau qui le jour servira de manteau. Ne rien avoir et ne manquer de rien, il y a là un savoir-vivre dont notre opulence ignore tout. Les biens des San comportaient en effet le strict nécessaire, des ustensiles mais aussi quelques éléments de parure que seules les civilisations matérialistes jugeraient superflus dans un bagage réduit à l'essentiel. Les San avaient donc des coquilles d'œufs d'autruche pour conserver l'eau, ou des outres faites d'estomacs d'antilope, quelques outils (couteau, polissoir, baguettes de bois pour le feu) et, selon que l'on était un

Ill. n° 26

homme qui chassait ou une femme chargée de la cueillette, un bâton lesté d'une pierre pour creuser le sol à la recherche de racines, ou un arc, un carquois et une fiole de poison dont enduire les pointes. Guère plus. Ill. n° 113
Ajoutons à cela des ornements comme des colliers ou bandeaux confectionnés à l'aide de fragments de coquilles d'œuf percés et montés comme des « perles », peut-être un instrument de musique, comme le *gwashi**, ou Ill. n° 86
un pendentif fait d'une carapace de tortue où conserver cet onguent aux propriétés multiples qu'on appelle le *buchu*, et voilà réunie la totalité ou presque des biens de chacun. C'est peu, mais le strict nécessaire est aussi la chance donnée d'avoir l'essentiel. Pour les San, il semble que ce fût de raconter des histoires**, de danser, et peut-être aussi, comme l'atteste l'abondance des œuvres, de peindre – plaisir qui, s'il n'était poursuivi pour lui-même, ne saurait pour autant être ce tiers exclu négligeable, indigne d'être pensé auquel l'a réduit le regard anthropologique moderne. Aussi me plaît de constater que les peintures rupestres sont par essence, dans cet usage du monde qui requiert que l'on s'avance à mains nues, dans cette économie où le commerce est rare et le partage entre membres du clan, une règle, ce qui s'offre à tous sans pouvoir être accaparé par aucun : la paroi où personne ne se tient est l'espace auquel tous accèdent, à la façon d'un sol *verticalement déplié*, dans la dimension collective et ouverte qui est le signe de l'usage que les San font de l'espace. Elle est le symbole d'une permanence dans une vie sans lieu véritablement stable.

Rythmes visuels

L'espace est un territoire concret, minutieusement arpenté et personne dans le clan ou les clans qui en ont la jouissance n'y a plus de droits que d'autres. Le grand panneau d'Ikanti et quelques autres fresques l'évoquent par une métaphore visuelle, qui montre au passage combien les peintures inventent leur langage, *produisent* leur réalité au lieu de l'illustrer sous la forme de transpositions mimétiques. Cette métaphore visuelle, c'est le rythme. Qu'est-ce que le rythme ? La décomposition d'un mouvement (ou d'une durée) en intervalles réguliers, qui suppose, même dans ses modulations les plus complexes, une unité de mesure. Dans les peintures, les membres du clan sont cette unité de mesure, et la coordination de leurs mouvements crée ce rythme qui devient ainsi un principe de composition. Le rythme visuel symbolise l'être ensemble d'un peuple, sa communauté de destin, dans des figurations de l'espace où des transhumances ont lieu. Il naît de la répétition et Ill. n° 25,28,31,33
de la variation d'un même dessin, au graphisme très simple, synthèse des

**Un instrument fait de cordes ou de petites lamelles vibrantes montées sur une calebasse.*
***Lorna Marshall, qui a séjourné plusieurs années parmi les !Kung du Kalahari, disait que « la conversation dans un campement !kung est un bruissement permanent comme l'est celui d'un ruisseau »,* The !Kung of Nyae Nyae, *1976, p. 289.*

lignes essentielles permettant de figurer un corps en mouvement. Les San y apparaissent sous la forme d'un Y inversé qui conjugue le fait d'être debout et en chemin. Selon des gradations subtiles, la position des jambes
Ill. n° 30,32,34
exprime une marche lente, une marche rapide, une foulée, une course.

Or, à bien les regarder, j'observe qu'ils ne sont pas identiques. Chaque personnage est à la fois singulier et indistinct, je veux dire en cela qu'aucun d'eux n'est la réplique exacte de l'autre mais aucun ne possède pour autant des traits qui permettent de l'identifier. Équilibre entre la similitude et la différence, cette légère variation est le symbole graphique de l'égalité entre les membres du clan où l'identité individuelle, sans être ignorée, a moins de valeur que l'appartenance de tous à un milieu et à un groupe. Elle produit aussi une scansion, un rythme avec son chatoiement, sa chair vivante semblable à la battue d'un chef d'orchestre dont les infimes ébarbures, les modulations, ralentis et accélérations font vivre une matière sonore comme la régularité mécanique d'une boîte à rythmes en serait incapable. Ce détour par l'univers de la musique est moins fortuit qu'il ne semble : Lorna Marshall, qui a longtemps séjourné parmi les !Kung de Nyae Nyae, au Botswana, disait qu'ils « étaient vivifiés en corps et en esprit par la musique [17] » qui accompagnait les danses où la communauté se reformait. Stow évoque l'émoi que suscita chez deux vieux San l'évocation de telles danses.

Mais il est un point au-delà duquel le mouvement ne relève plus de la distance franchie ni du déplacement, mais d'un sol dont on s'est affranchi et du *transport* qui l'accompagne. Ni la vitesse ni le chemin parcouru n'importent plus devant l'intensité de l'espace. C'est pourquoi demeure à mes yeux très émouvante, dans l'énigme absolue de son apparition, de sa solitude, de sa délicatesse,
Ill. n° 27
une peinture monochrome : sept figurines filiformes sautent d'un même pas un obstacle invisible, ou plutôt accomplissent de concert le même bond suspendu. Bras levés, dans une posture de ballet où la concordance des gestes dit une concorde plus essentielle, et l'infime différence des silhouettes, la résonance d'un même accord, il me semble voir en elle graphiquement épelé le mot « légèreté » quand le suivent ceux de « liberté » et de « grâce » qui en sont les proches échos.

Des perspectives mobiles

L'espace, écrivait Michel de Certeau, est un lieu pratiqué, qui « serait au lieu ce que devient le mot quand il est parlé [18] ». Habité, il ne relève pas de l'idée qu'en donnent les lois de la géométrie, soit d'un ordre stable, mais se déploie selon les usages et perceptions intimes de ceux qui le façonnent à leur image : c'est un prolongement du corps. Traversé, sillonné, parcouru en tous sens, il ne saurait avoir l'unité d'un espace centré comme le conçoit la pensée agraire, qui est sédentaire.

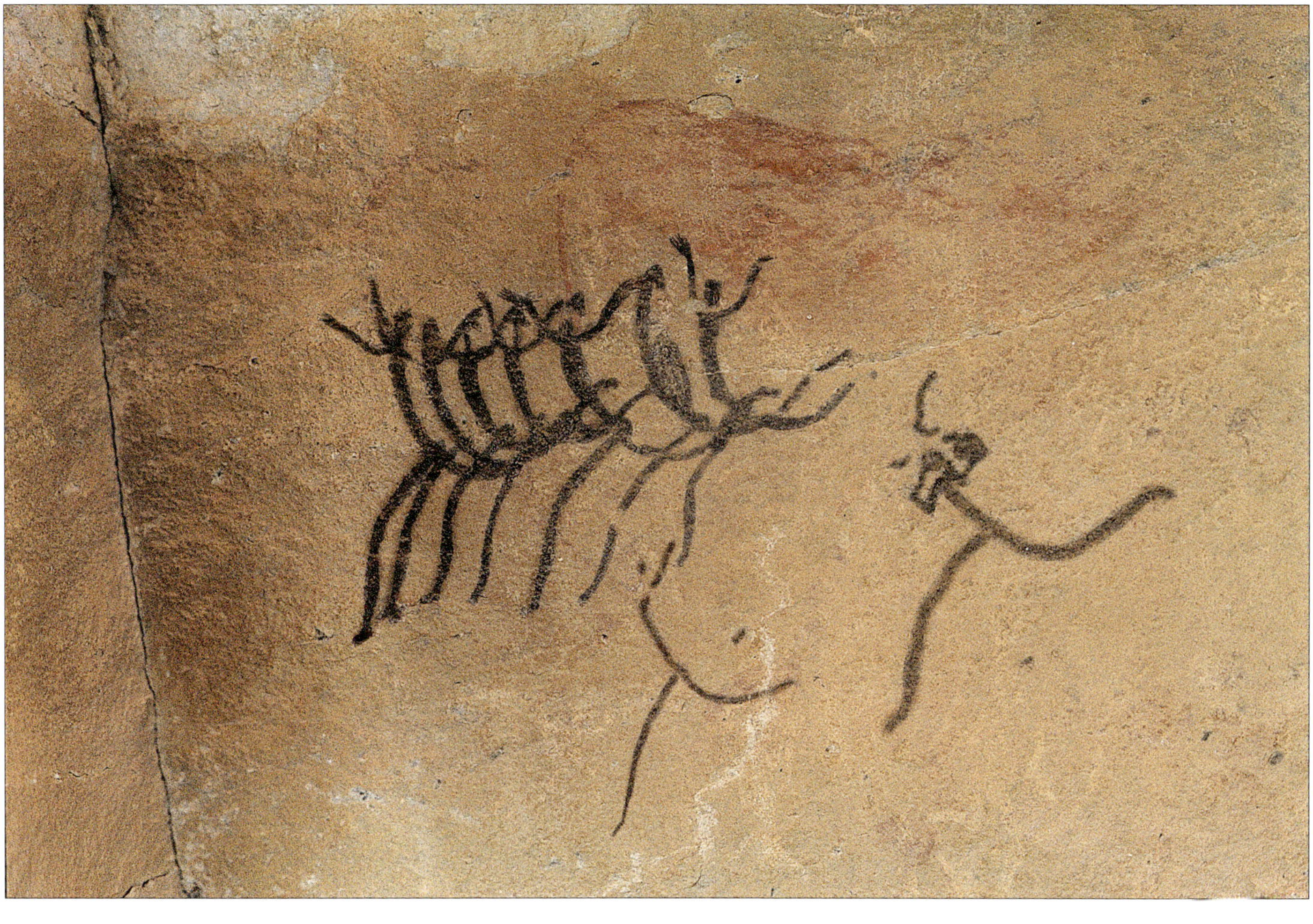

[n° 27] Mweni

Sept figures « dansantes », aux attitudes coordonnées. Nord du Drakensberg.

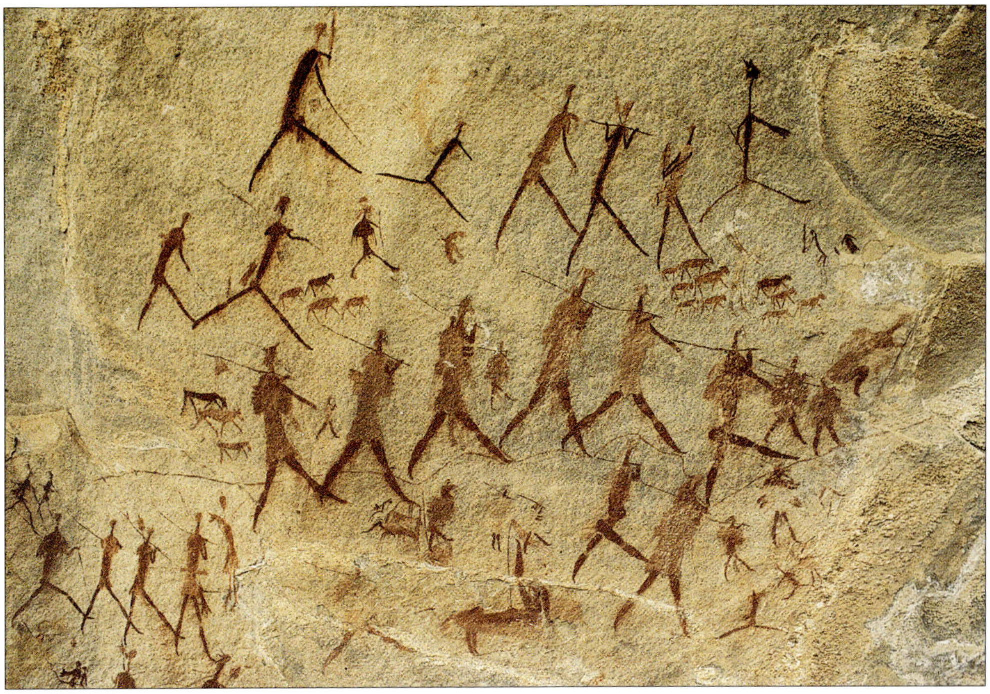

[n° 28] Liliekloof
Hommes en marche accompagnés de chiens et de moutons.

La mobilité des San l'a élevé à la dimension d'un territoire mobile et décentré. Si j'évoquais précédemment cette « amniose » première où tout se superpose, se confond et semble ainsi avoir lieu *en même temps*, je voudrais désormais considérer la signification de *ce lieu commun* où les êtres, les animaux, les esquisses de scène adviennent ensemble, comme si la différence des lieux et des temps qui furent les leurs était abolie au profit d'une autre unité de sens.

Nombre de peintures en effet se construisent par la juxtaposition de figures qui, à nos yeux, paraissent étrangères les unes aux autres. Un tel procédé existait dans la peinture occidentale, notamment dans les représentations de la Passion qui associaient dans le même espace pictural des scènes différentes de la vie du Christ. Mais la perspective occidentale, elle, fut l'invention d'un point de vue et la construction d'un espace défini par la position du sujet, synthèse de la géométrie euclidienne et du temps historique. Un tel point de vue ouvre la peinture au temps intime dont chaque spectateur va pouvoir la réanimer, en se déployant à son tour sans heurt dans la vue du peintre. Les peintures rupestres des San, elles, relèvent d'un autre ordre mental où une conjonction d'éclats de temps se substitue à une vue à *un instant donné*. L'homme n'y est pas cette mesure de toute chose qui organise la perspective occidentale, tout en étant situé à l'extérieur de ce qu'il regarde, il est *parmi* les choses. La peinture n'y est pas ordonnée par un point de vue fixe, mais par des points de l'œil mobiles – une perspective mobile qui plie la mémoire et la géographie à une vision ouverte, étrangère à nos usages. En elle, il y a pourtant une fluidité semblable à celle que nous retrouvons dans le rêve, avec ses raccourcis, ses analogies, ses sauts, ses « coq-à-l'âne » qui nous permettent de nous déplacer, librement, semble-t-il, dans notre pensée : dans les peintures des San, se déploient un espace de temps simultanés et un temps des espaces distincts.

Ainsi m'apparaissent ces figures qui se meuvent dans des plans libres faits d'horizons différents. Dans l'abri de Willem, plusieurs antilopes sont réunies dans un même espace abstrait où toutes sont à la fois solidaires et autonomes. Elles sont saisies selon des vues distinctes qui forment tout de même une communauté de pensée. Affranchies de la pesanteur, elles flottent dans un espace à *n* dimensions simultanées. L'une est vue de profil, la seconde, d'une échelle différente, est saisie de dos (grâce à un raccourci, soit dit en passant, remarquable), tandis qu'un éland de grande taille se tient dans un plan vertical étranger aux précédents. Les personnages aussi se meuvent librement dans cet espace pictural. Au-dessus d'un chasseur (comme semble l'indiquer son carquois) de profil et de haute stature flottent trois figurines filiformes, dont la tête déformée, allongée, pourrait signaler des danseurs en transe, j'aurai l'occasion d'y revenir. Rien n'est vrai ou vraisemblable dans ces relations d'échelles ou dans ces positions ; les plans de la peinture n'y reproduisent

Ill. n° 29

Ill. n° 122

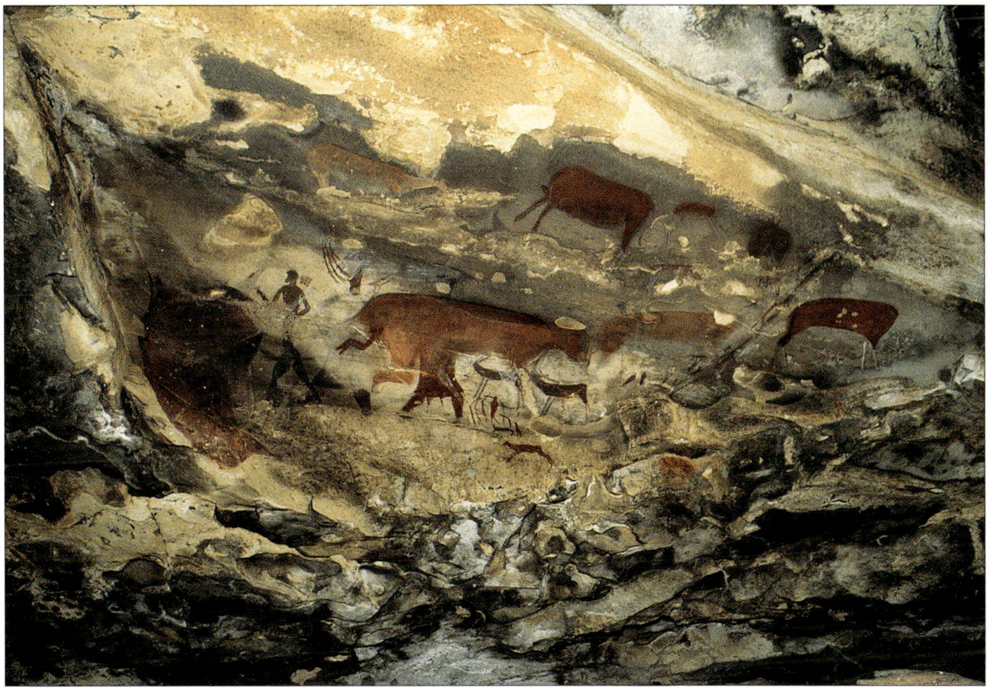

[n° 29] Abri de Willem

Ensemble de figures animales et humaines saisies selon un jeu de perspectives mobiles. Région de Kamberg.

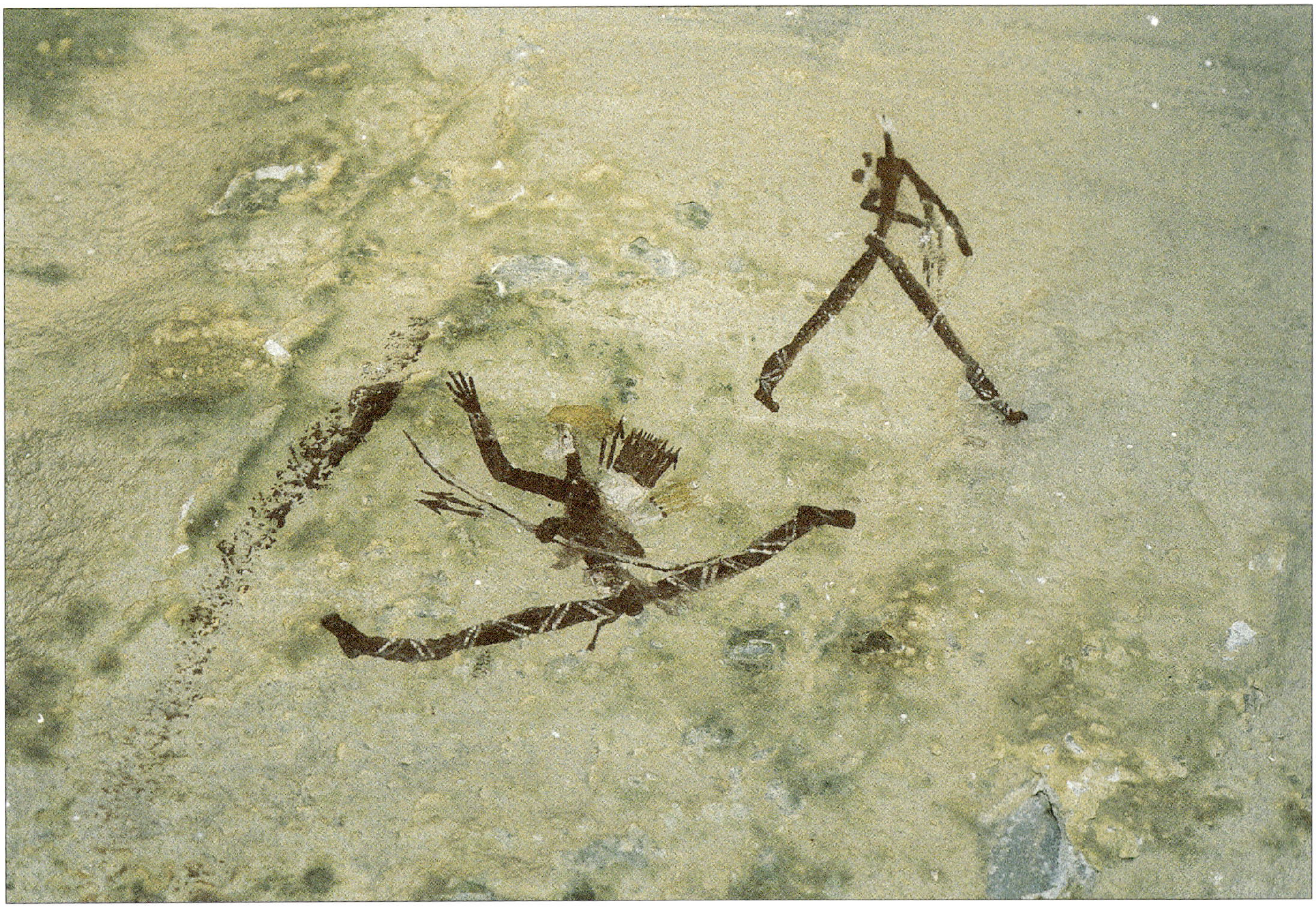

[n° 30] Injasuti

Un guerrier aux décorations et à l'armement finement détaillés. Sa course est figurée par l'extension remarquable de ses jambes. Région de Cathedral Peak.

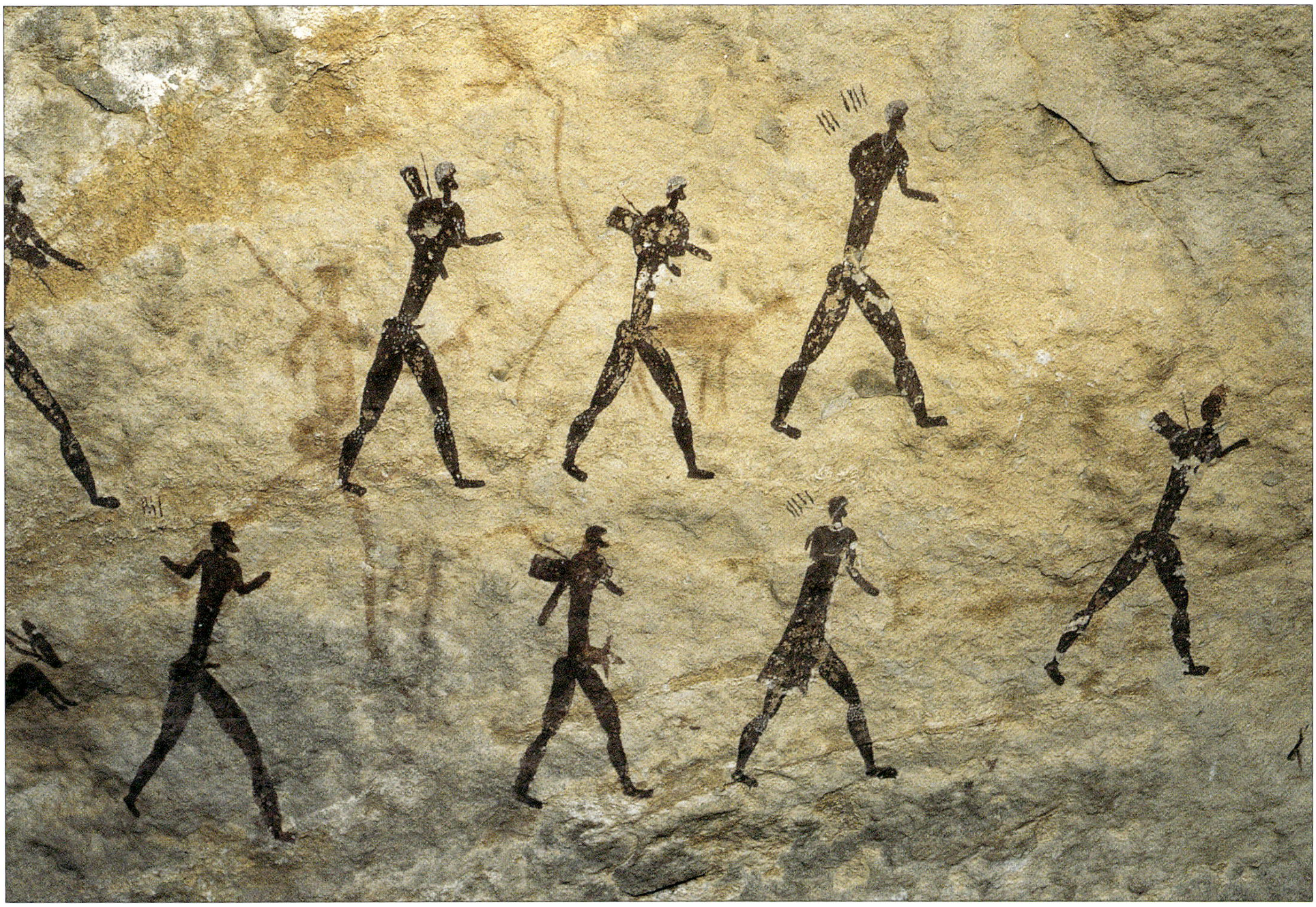

[n° 31] Ikanti

Hommes en marche, portant sacs ou carquois. Chaque personnage fait 15 cm de haut environ.

pas un quelconque lieu réel où ces élands et ces chasseurs auraient évolué au même moment, mais l'unité d'une pensée où le temps et l'espace sont autrement présents l'un à l'autre et consubstantiels de leur apparition. Seules les incarnent une durée où un long aujourd'hui jouxte un « il y a longtemps », et une géographie mouvante qui n'existe pas en tant que telle, mais seulement en fonction des positions relatives qu'on y occupe. « L'ici » et le « là-bas » échangent leur valeur. Articulations de plans distincts, échelles de perception différentes qui semblent la conjonction d'une vue lointaine et d'une vue proche, perspectives mobiles où tous les points coexistent témoignent que le moment de la peinture et le lieu de la paroi élaborent un univers singulier qui n'est pas la vue du monde, mais sa pensée recomposée.

Des espaces énoncés

Que le monde ait lieu pour ceux qui le pratiquent, les San ne cessent d'en témoigner par la connaissance exceptionnelle qu'ils ont de leur milieu, par leur « science du concret ». Reflet d'une écologie nécessaire ou attachement indéfectible d'une culture à un mode de vie auquel la révolution pastorale et agraire du néolithique offrit il y a bien longtemps une alternative, le nomadisme habite profondément l'esprit des San, à la fois comme un mode d'être dans le monde et comme une pensée de la mobilité.

Au-delà des éléments anecdotiques des récits des San, sur lesquels il est difficile de s'appuyer (car sans doute ils étaient l'objet des variations les plus importantes accompagnant la transmission orale d'une telle tradition), plusieurs aspects, relevant de la structure de ces récits ou de leur énoncé, rendent dicible et visible cette culture de l'espace : des faits de langage, des situations de discours, des constructions d'images l'attestent à la façon d'« espaces énoncés* ». Le verbe est l'homologue du corps. Dans ces récits, le temps et l'espace sont unitaires. La disposition dans le temps selon une succession est assez étrangère aux San [19]. Pour eux tout se déroule dans un vaste aujourd'hui que borne, d'un seul côté, un passé flou composé de deux orbes. Dans le premier se situent les êtres et les choses dont les hommes ont la mémoire, c'est-à-dire des événements qui ne remontent pas à plus de deux générations. Dorothea Bleek remarquait à cet égard que chez les /Xam

**Reprenant une intuition de Roland Barthes pour qui « nous parlons notre ville [...] simplement en l'habitant, en la parcourant, en la regardant », Michel de Certeau écrivait que « l'acte de marcher est au système urbain ce que l'énonciation est à la langue et aux énoncés proférés ». Il appelait cela des « énonciations piétonnières », (*L'Invention du quotidien*, t. I, « Arts de faire », p. 148). Ce que j'appelle « espaces énoncés » en est naturellement un prolongement, mais aussi son contraire. Si Certeau entendait une langue dans les usages de l'espace, je vois quant à moi des conceptions d'espace dans les structures de la langue.*

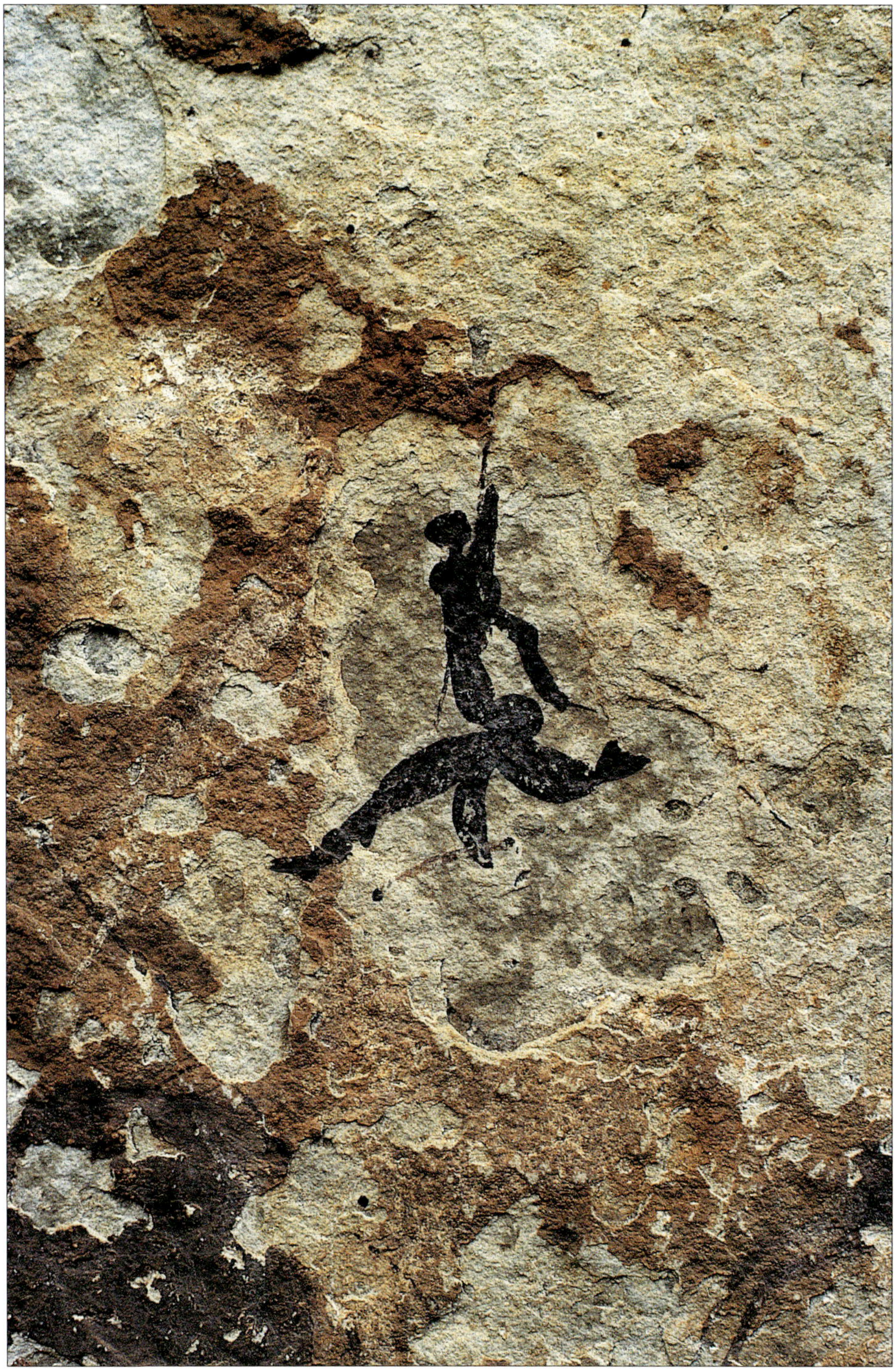

[n° 32] Abri de Botha

Homme en course mis en valeur par un « médaillon » naturel de la roche. Vallée de la Ndedema.

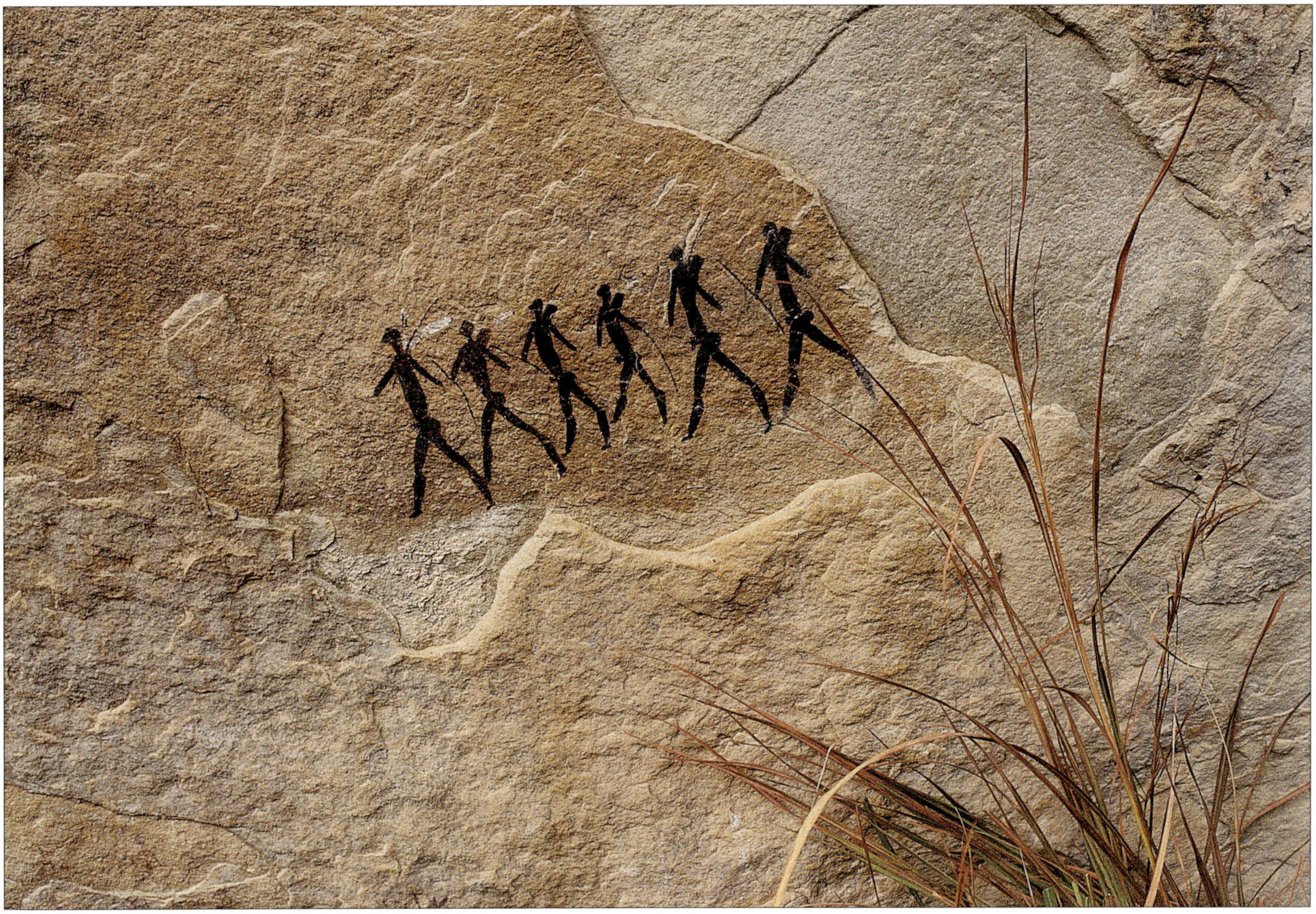

[n° 33] Hunter's Rock

Six figurines en file indienne. Les plus grandes d'entre elles font 13 cm de haut. Vallée de la Mhlwazini.

l'aïeul était le degré d'ancestralité le plus grand. Ce passé est en fait un espace limitrophe, peu distinct du présent, puisque les choses vivent encore de pouvoir être remémorées. Au-delà s'étend l'orbe d'un temps immémorial, d'un « il était une fois », d'un « il y a longtemps » – passé atemporel et séparé ayant tout de même une présence à laquelle on peut accéder par la pensée, en particulier par la transe. Le futur quant à lui n'est que l'avènement du présent.

De même que l'espace est ouvert à l'ailleurs, le temps l'est à ce qui advient dans le présent. Le futur n'y est pas exprimé sous la forme d'une action virtuelle, encore séparée, mais sous des formes où *l'avenir a déjà lieu*. Par exemple à travers les pressentiments, quand ce qui va arriver s'annonce dans le présent avant de s'effectuer. Ainsi, un homme ressent une douleur en un lieu précis de son corps qui correspond à une blessure que reçut un jour son père, et il sait alors que celui-ci ne tardera pas à venir. Ce qui va arriver est aussi déjà contenu dans les règles propitiatoires qui visent à effectuer ce qui n'est pas encore. Par exemple, les enfants doivent demeurer silencieux à l'approche de la pluie [20]; à parler d'elle, à l'ébruiter, ils risqueraient de la faire fuir ou de la transformer en orage, c'est-à-dire en une pluie dangereuse. Pareillement, après avoir blessé un éland, le chasseur observe nombre de règles strictes qui doivent concourir à la mort de sa proie : il feint d'ignorer l'animal et sa blessure, afin que ni l'éland ni les forces spirituelles qui lui sont attachées ne l'apprennent et que, de la sorte, il ne guérisse pas [21]. Ses actes sont autant de métaphores performatives. Ainsi se dessine un univers mental peuplé de *lignes de forces* et de passages connectant tous les lieux, les époques et les êtres.

Une telle conception du temps construit un espace tissé de nervures qui permettent d'y circuler. Les mouvements qui le traversent lui donnent Ill. n°71
en retour une mobilité qui est celle de la pensée que les peintures composent. Ainsi, un sorcier s'étant transformé en chacal pour le suivre, l'un des narrateurs de Bleek, Diä!kwain, écrit : « Ceux qui sont à la maison ne savent pas qu'il marche avec nous. Ils voient son corps, son corps d'homme qui est resté à la maison, mais ne voient pas le corps avec lequel il voyage avec nous [22]. » L'espace est fluide et mobile en raison des mouvements qui le constituent, et du pouvoir des choses d'être ici et ailleurs. L'expriment selon moi les occurrences innombrables de formules comme « errer », « se déplacer », « bouger » (*to walk about*) dans les récits des /Xam, ou encore cette métaphore de la pluie décrite comme un corps immense qui se déplace, avec ses cheveux, lorsqu'elle tombe en harpes, et ses jambes qui lui font parcourir l'espace. D'ailleurs les /Xam s'adressaient à elle en ces termes : « Ô galopeurs, galopeurs, est-ce que vous m'ignorez, vous semblez ne pas connaître ma cabane [23]. »

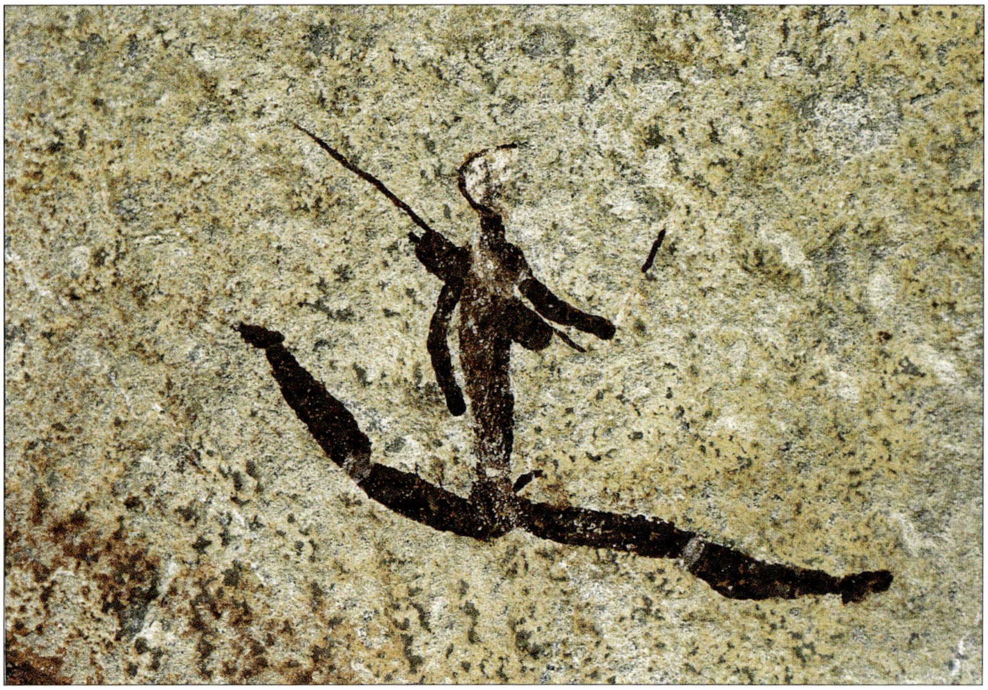

[n° 34] Game Pass

Hésitation prolongée entre la course et le vol. Région de Kamberg.

Mieux encore, dans deux mythes de la création de l'éland, le pas semble être la mesure du monde, de sa *marche* ou tout au moins de la création de son animal le plus respecté, l'éland. /Kaggen – un personnage mythologique de la pensée des San qui tour à tour est un héros vicieux ou généreux, un « Bochiman rêvé » comme le disait Dorothea Bleek, voire leur ancêtre originel et créateur – donne forme à l'éland à partir d'une chaussure qu'il jette dans l'eau, celle de Kwammang-a*. Un autre mythe dit que « /Kaggen s'était fabriqué une paire de chaussures dont il était très satisfait mais celle de droite était un peu dure et lui irritait le pied. Aussi il demanda à sa fille, le pic-vert, de plonger sa chaussure dans la rivière afin d'en assouplir le cuir. Le grand Serpent d'eau était furieux que /Kaggen ait mis sa chaussure sale dans l'eau ; c'est pourquoi cette nuit-là, il fit geler la rivière ; au matin, la chaussure était prise dans la glace. Quand il s'éveilla ce jour-là, /Kaggen demanda à sa fille d'aller rechercher sa chaussure mais elle la rapporta sertie dans un grand morceau de glace. /Kaggen en fut si dépité qu'il lança sa chaussure. Le pic-vert, qui connaissait très bien l'oiseau du vent, appela ce dernier : "Oiseau du vent, oiseau du vent, prends cette chaussure et emporte-la haut dans le ciel que nous puissions avoir de la lumière

**D. Bleek [1923] explique que Kwammang-a n'est identifié à aucun animal mais à l'arc-en-ciel à l'intérieur duquel on le verrait. Mais selon Ansie Hoff [1997], les Griqua voient en l'arc-en-ciel un serpent d'eau.*

la nuit." La chaussure sertie de glace devint la lune.* » Ce récit est remarquable car il associe dans une conjonction surprenante la marche et le regard. Par la chaussure le mouvement devient cette condition de la vue qu'est la lumière (et non l'inverse comme on aurait pu l'attendre), mais après avoir été plongée dans cette source de vie, l'eau, de surcroît mobile, d'une rivière. Le déplacement physique porte la naissance d'une vue surplombante : la vue même de la peinture plongée dans l'obscurité du dehors, inventant ses lieux qui n'existent pas ?

La miniature et le sens de l'espace

Je ne sais si l'espace a jamais été perçu par les San comme une menace. Qu'il ait été peuplé de créatures dangereuses, quelques peintures le montrent où des chasseurs poursuivis par des félins fuient à toutes jambes. Mais qu'il ait été par sa taille source d'adversité, je ne le crois pas. Le dehors se charge de périls quand il devient une catégorie séparée du dedans, mais quand une culture comme celle des San vit *au milieu* du monde, quand l'espace et le temps sont ouverts à ce qui vient, alors dehors et dedans se fondent, le proche et le lointain ne sont plus séparés

Ill. n° 36

**Recueilli par Von Wielligh (1919-1922) et rapporté par Roger Hewitt, p. 217. Dans un autre récit rapporté par Dorothea Bleek, « /Kaggen, gêné par l'obscurité, enleva une de ses chaussures et la jeta au ciel, lui ordonnant de se transformer en lune ».*

[n° 35] Seepongweni

Trois femmes miniatures, au profil stéatopyge. De couleur orange, elles sont sans doute assez récentes. Environs de Cobham.

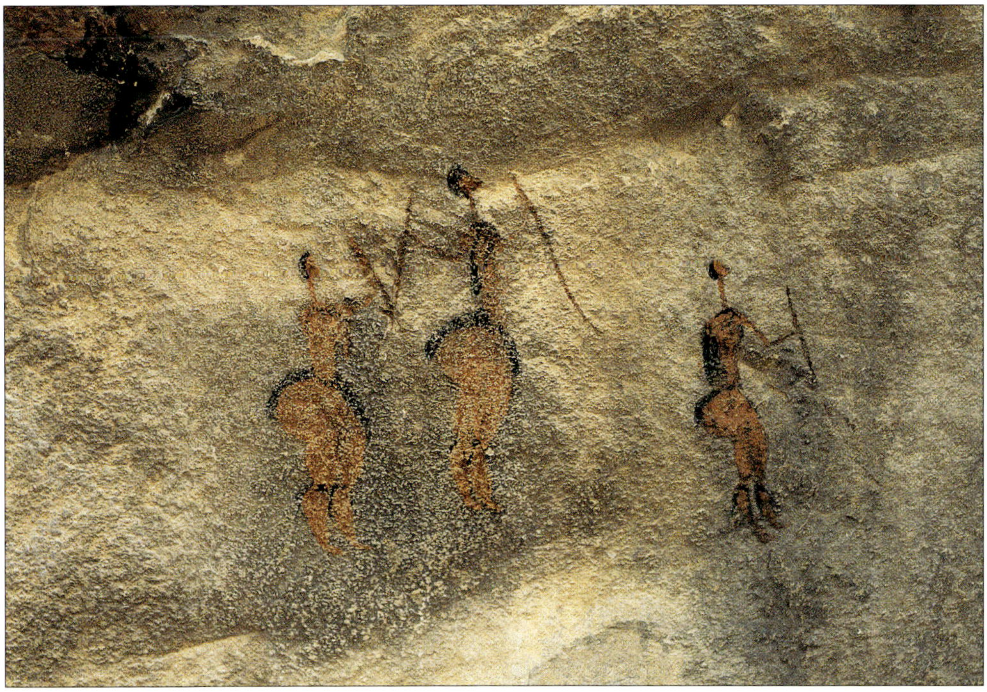

par la distance, mais appartiennent à un même lieu où tout circule. Les différences d'échelle entre des motifs réunis dans un même panneau renvoient peut-être à cette coexistence dialectique du proche et du lointain, qui ne sont somme toute que des situations relatives au
Ill. n° 42,67,88 sein d'un univers mobile.

La taille des figures ne saurait exprimer la seule valeur qui leur est accordée, leur éloignement ou leur proximité. Un autre sentiment anime ces représentations miniatures, si fréquentes pour les hommes et les femmes, et ce sentiment me semble être une intimité avec l'immensité de l'espace. Bachelard évoque dans *La Poétique de l'espace* ce sentiment de l'étendue qui est en nous et qu'il appelle fort justement « l'immensité intime ». Mais il en fait une catégorie de la seule rêverie, quand elle est en fait une donnée immédiate de l'expérience sensible. Il y a plus qu'une proximité sonore entre « l'infime » et « l'infini ». Ainsi exposées sur des parois sans limites réelles et qui, par transitions successives, s'intègrent à la nature environnante, des figurines minuscules,
Ill. n° 35,43 de quelques centimètres de haut accueillent en elles la totalité de l'espace, lui qui est à la fois ce qui les prolonge et ce qui leur est étranger. Le dehors entre au-dedans par la vue, il y creuse et crée une intériorité comme la pensée, elle, se déplie au-dehors, selon un double et permanent échange qui est le sens de la *mise au monde*, et, dans la peinture, l'une des mises en espace du sens.

[n° 36] Hungorob Mulde

Chasseur poursuivi par un félin. Plateaux du Brandberg.

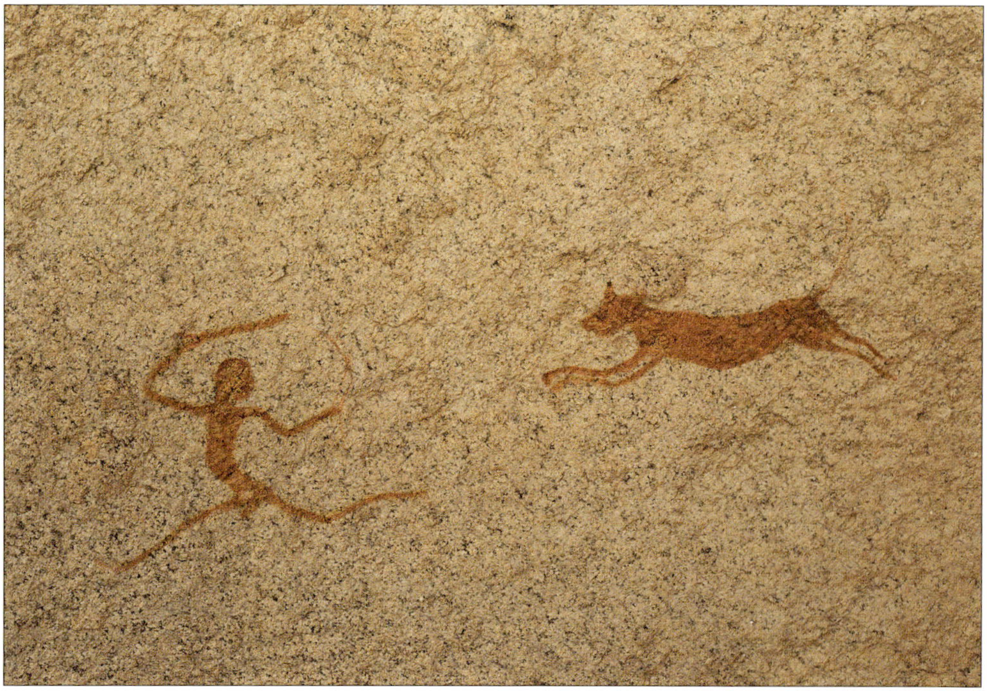

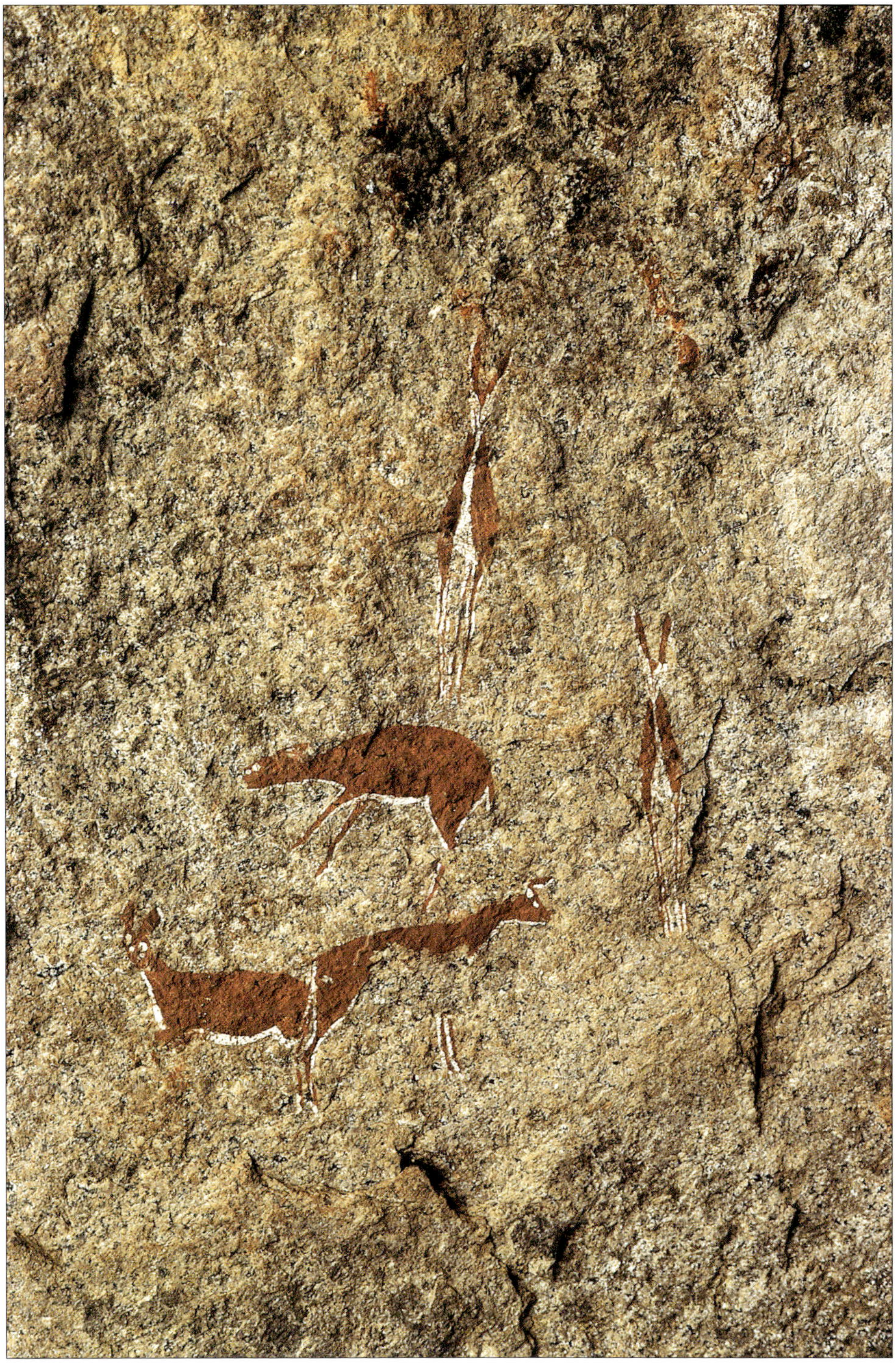

[n° 37] Amis

Cinq antilopes sur des horizons imaginaires distincts, dont deux figurées selon une rare vue de face. Brandberg.

Éclats d'un portrait dans un prisme animal

Si la géographie du Brandberg est un labyrinthe dont les chemins, à peine parcourus, se referment comme des sillages, les peintures y sont elles aussi des « jardins aux sentiers qui bifurquent », avec leurs secrets ouverts sur d'autres secrets, leurs codes perdus s'ils furent jamais pleinement accessibles à leurs auteurs, remarquables d'avoir ainsi créé des œuvres dont je suppose qu'elles les dépassaient eux aussi, et les comblaient de leur offrir une profondeur dans laquelle s'avancer. Ainsi m'apparaît encore, dans sa simplicité apparente, la peinture d'un okapi qui orne la base d'un rocher dans une gorge du Brandberg qu'on appelle la Weyersbrunne. Le site est en lui-même admirable (un escarpement de granit en bordure d'un plateau), impressionnant par ses dimensions. Au pied de la fresque toutefois, l'espace est trop chichement accordé pour que s'assemblent plus de quelques personnes, et l'absence d'eau aux alentours n'en fait pas un lieu propice à un séjour prolongé. Plus étrange est donc cette peinture de surgir ainsi dans une désolation immobile. La voici :

Ill. n° 39,40

Une femelle okapi, grosse semble-t-il et proche de mettre bas, est entourée de neuf figurines humaines. La bête est arrêtée; bras levés, les personnages l'entourent peut-être pour la fêter, l'accueillir, alors qu'elle s'apprête à pénétrer dans l'ombre d'une faille naturelle... Ainsi se construit le premier regard. Pourtant, il ne tarde pas à se troubler : les hommes ne seraient-ils pas des chasseurs? Ne porteraient-ils pas d'ailleurs des lances, comme pourrait le suggérer une fine ligne noire, presque effacée, dans le prolongement de la main de l'un des personnages? La fête serait-elle alors une capture et la vie nouvelle portée à flanc de roche et fleur de peau, un suspens avant la mort? La sarabande, une danse macabre, et la faille, propice il y a un instant, le signe du territoire séparé de la mort? La proximité de la bête et des hommes est plus symbolique que réelle, comme me le suggérait Tilman Lenssen-Erz. Sans doute l'unité de mouvement et de posture des personnages signale-t-elle une danse, un rituel, une cérémonie, mais il serait difficile d'en préciser l'objet. Un regard attentif n'y change rien. La peinture conservera entière l'hésitation de son sens comme étant l'un de ses effets de moire.*

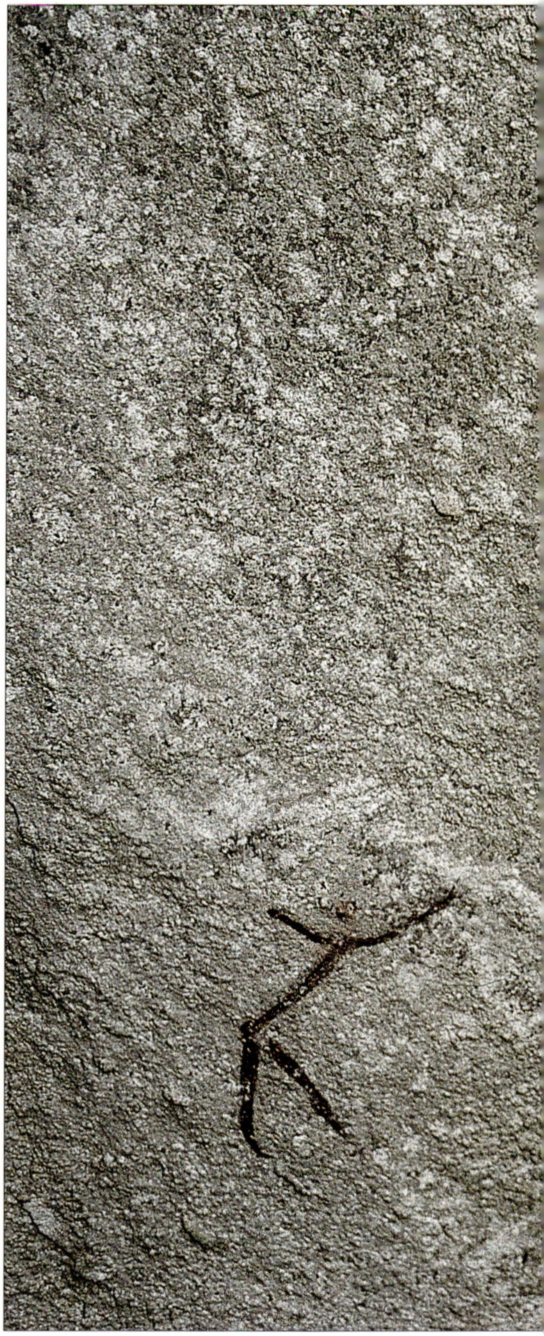

**Observons toutefois l'analogie formelle de cette peinture avec celles de l'Atlas saharien, du Fezzan et du désert de Nubie que Léo Frobenius avait déjà rapprochées en 1930, en remarquant que « aucune de ces images ne constitue la description d'une cérémonie car nous trouvons aussi de semblables "adorations" autour d'éléphants et de girafes. Il s'agit probablement, comme dans toutes les images de ce genre, non seulement d'une consécration de l'animal mais aussi de la consécration d'hommes qui ne sont pas réels, ou plutôt qui ne trouvent leur réalité que dans l'idée. »* Histoire de la civilisation africaine, *1933, p. 112-113.*

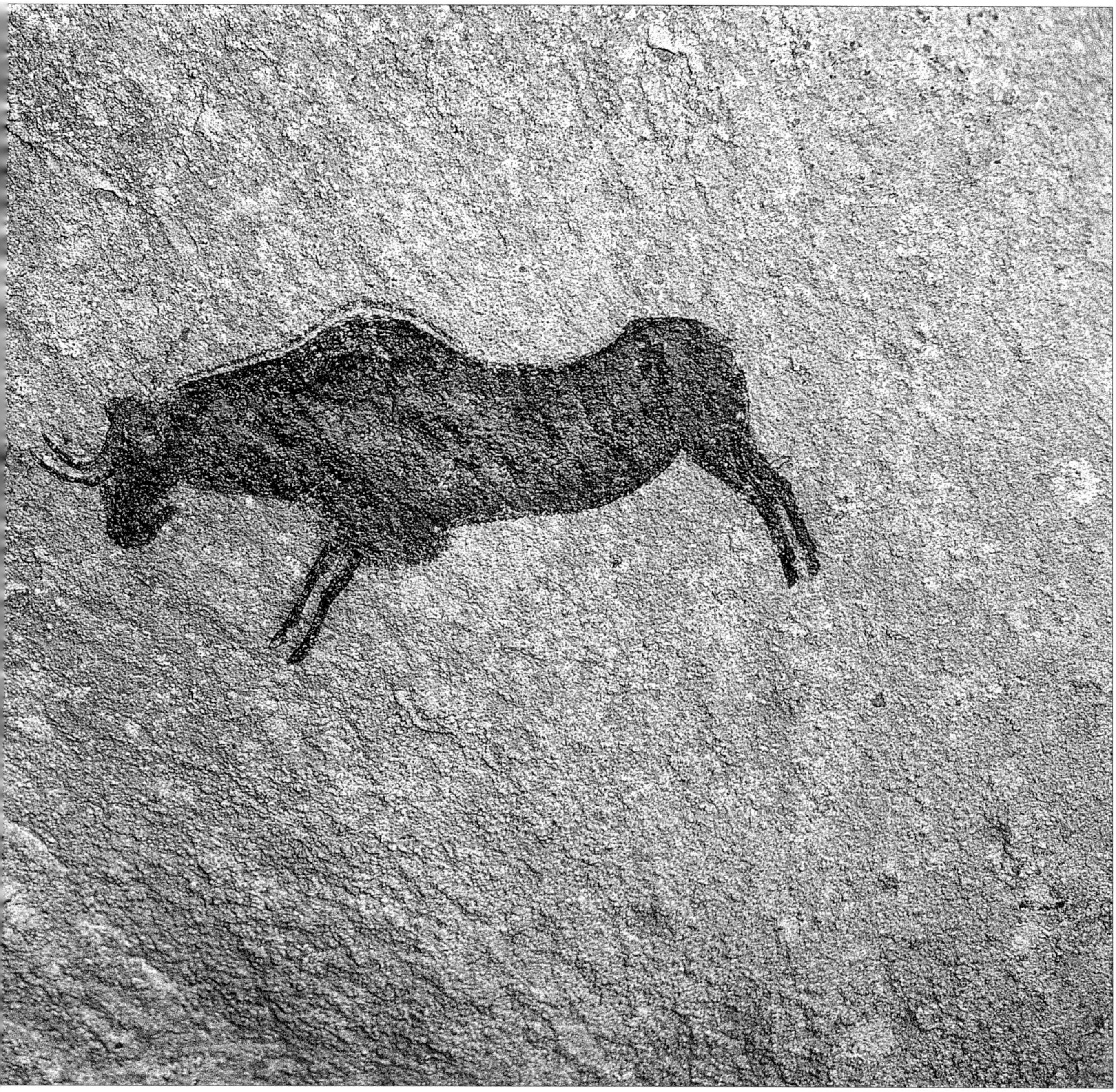

[n° 38] Cat Cave

Face-à-face d'un gnou et d'un chasseur. À noter, l'intensité suggérée par la disproportion des figures. Le gnou mesure environ 42 cm de long. Vallée de la Mhlwazini.

Une autre dimension me retient, plus essentielle de se répéter si souvent d'une peinture à une autre : c'est le contraste entre le soin mis à représenter l'animal et le schématisme des figurines humaines. L'okapi a été réalisé avec beaucoup d'attention. Il est peint de trois tons différents, du rouge, du noir, un beige, auxquels s'ajoute la couleur naturelle de la roche qui a servi de teinte intermédiaire pour les contours de l'encolure et une partie de la tête. Certains détails ont été soulignés, comme la proéminence de la lèvre supérieure, la torsade des cornes, l'attache du sabot à l'extrémité du jarret, témoignant d'un souci de précision dans le dessin dont les hommes sont dépourvus.
Ill. n° 39 Eux sont de simples esquisses, des silhouettes noires dont la tête, grossièrement figurée, est rouge. Un autre contraste les distingue. Si les couleurs de l'okapi sont fraîches, brillantes, celles des personnages sont effacées ; or, l'érosion n'explique nullement cette différence de conservation, quand leur position équivalente sur la paroi les expose pareillement au soleil ou au ruissellement. Soit l'okapi a été mieux « préparé », soit il a été repeint, retouché à travers le temps. Pourquoi ce traitement presque opposé des uns et de l'autre ? Quelle intention anime cette attention différenciée ?

Léo Frobenius avait remarqué que « dans presque toutes les images de ce genre, les animaux sont exécutés avec le plus grand soin alors que les hommes sont à peine esquissés [24] ». André Leroi-Gourhan avait lui aussi observé « la variation considérable de la qualité plastique des figures humaines
Ill. n° 38 par rapport à celle de la majorité des figures animales [25] ». La qualité d'exécution, dont la polychromie et la justesse de trait sont l'expression, est le sceau graphique de la valeur accordée à certains animaux. S'ils sont moins souvent peints que les êtres humains, l'attention avec laquelle ils le sont signale leur prééminence. Les peintures où ils apparaissent sont à la fois de plus grande taille, plus richement décorées, et colorées avec plus de luxe, au contraire des hommes qui pour la plupart sont monochromes. Les élands dans le Drakensberg, les girafes ou les springboks dans le Brandberg, qui sont des prismes de symboles, sont plus souvent polychromes encore que toute autre créature. Il y a donc une emphase, une insistance de la peinture qui, par le dessin, la taille, la couleur, exprime le souci de regarder ceux-ci plutôt que d'autres, parce qu'ils sont « bons à penser » et non pas « bons à manger », selon la distinction célèbre de Claude Lévi-Strauss. Il y a du sens dans la forme de la peinture. Il n'y a même que cela, c'est un truisme, mais il faut le rappeler, tant le langage visuel a été négligé dans l'étude des peintures des San, au profit de significations extérieures dont elles seraient le réceptacle passif.

Les anthropologues, il est vrai, ont pu dégager des strates de sens attachées à des animaux auxquels les San semblaient liés par d'infinies attaches, intimité première dont témoignait déjà un âge où hommes et bêtes n'étaient même pas réellement distincts. Les hommes étaient alors des créatures insignifiantes, stupides et potentiellement dangereuses, puisque selon Diä!kwain,

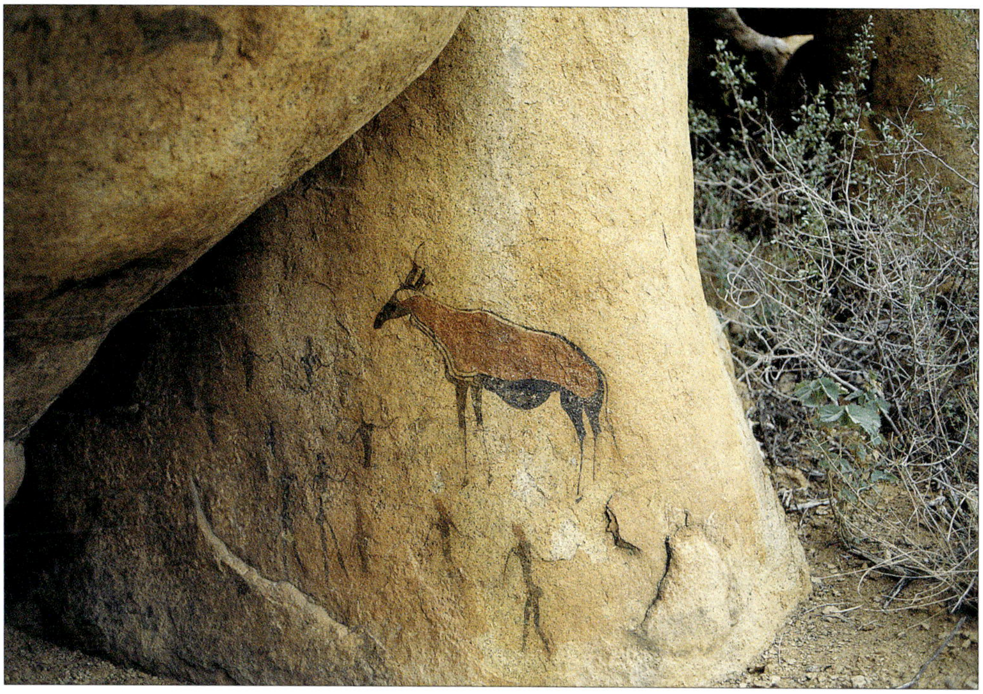

[n° 39] Weyersbrunne

Une femelle okapi (environ 50 cm) entourée de neuf personnages. À noter, l'intégration de la faille naturelle à cette scène. Brandberg.

les anciens San « tuaient les gens » quand les bêtes, elles, étaient douées de parole, signe que les frontières entre les espèces étaient poreuses, les contenus et les formes attachés aux races, mobiles. Puis il y a eu une seconde création instaurant l'ordre actuel des choses, sans que disparaissent ces proximités, ces sympathies entre les espèces. Leur distinction et la relative clarté introduite dans la création n'ont pas mis fin aux correspondances entre elles : les sauterelles ont leurs sorciers, les lions sont encore capables d'imiter le langage humain, etc. Tous participent d'un jeu de miroirs où l'homme se réfléchit. L'univers animal est un prisme où se recompose l'ordre du monde tel qu'il est, surpeuplé d'énigmes signifiantes.

La parenté des apparences

De tous ces prismes, l'éland est sans doute celui qui diffracte le plus de significations, au moins pour ceux qui vécurent dans le Drakensberg et que Patricia Vinnicombe appela pour cette raison « le peuple de l'éland ». C'est aussi la créature préférée de /Kaggen. Voici d'ailleurs comment Qing raconte la création de l'éland (/Kaggen étant appelé ici Cagn) :

Ill. n° 41

« Cagn était le premier être. Il était le créateur de toutes choses et ordonnait à toutes les choses, le soleil, la lune, les étoiles et les animaux. Sa femme s'appelait Coti. Il avait deux fils, Cogaz l'aîné et le cadet Gewi. Un jour Coti prit le couteau de son époux afin de tailler un bâton à

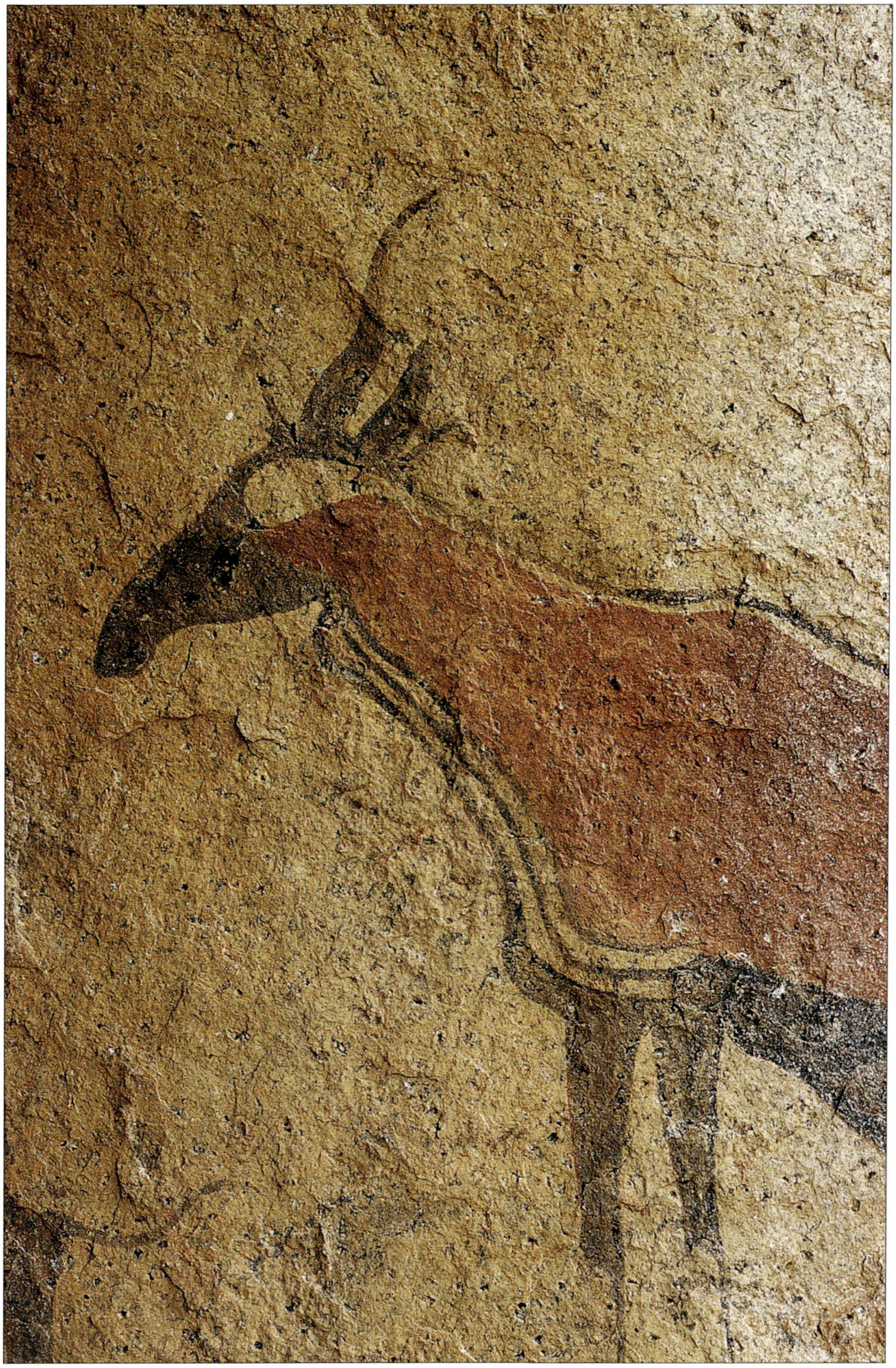

[n° 40] Weyersbrunne

Détail de la tête. La couleur naturelle de la roche a été intégrée au dessin de la robe de l'animal. Brandberg.

fouir et elle partit à la cueillette de racines. Quand Cagn découvrit qu'elle avait abîmé son couteau, il la gronda et lui dit que de mauvaises choses arriveraient. Sur ce elle conçut et mit au monde un petit faon d'éland et l'annonça à son époux, lui déclarant qu'elle ne savait de quelle sorte d'enfant elle venait d'accoucher. Cagn courut voir l'enfant et à son retour il dit à Coti de moudre de la Canna afin qu'il puisse savoir. Et Coti fit ainsi et Cagn retourna vers le faon et l'enveloppa de ses charmes et il lui demanda : "Es-tu tel animal ?", mais le faon resta silencieux et il demanda : "Es-tu un éland ?", et le faon répondit : "Aah !" Alors Cagn le serra dans ses bras et le conduisit jusqu'à un enclos bordé de montagnes et de précipices afin qu'il grandisse.*

C'était l'époque où il créait toutes choses, les animaux et les éléments, les faisant bonnes pour l'homme, inventant les perdreaux et les souris et les filets et les armes, et le vent aussi pour que les animaux hument l'air et sachent fuir. Cagn tailla trois javelots, il lança le premier en direction du faon et celui-ci s'enfuit, il le rappela puis de nouveau lança les autres javelots et le manqua à chaque fois et chaque fois le rappela. Puis il se rendit chez son neveu, prit du poison pour ses flèches et partit trois jours.

En son absence, Cogaz et Gewi chassaient quand ils arrivèrent à l'enclos de l'éland. Ils ignoraient tout de lui. C'était un jeune adulte. Ses cornes venaient juste de pousser, et ils tentèrent de l'acculer pour le poignarder, mais toujours l'éland réussissait à s'échapper et retournait se coucher à la même place. Enfin, alors qu'il dormait, Gewi le tua et ils le découpèrent en morceaux pour rapporter au camp la viande et le sang. Mais à peine avaient-ils terminé qu'ils découvrirent les pièges et collets de leur père. Alors ils comprirent que l'éland était sa créature et prirent peur.

De retour le troisième jour, Cagn vit les traces de sang et il devint furieux et arrivé au camp demanda : "Qu'as-tu fait, Gewi ?", et il allait lui arracher le nez pour le punir mais se ravisant lui dit : "Maintenant essaye de réparer ce que tu as fait, toi qui as rendu sauvages les élands quand je cherchais moi à les rendre bons pour l'homme."
Aussi il dit à Gewi de prendre du sang d'éland et de bien le touiller, et de chaque goutte versée naquit un serpent et Cagn n'en fut pas satisfait et Gewi recommença, touilla, versa et de chaque goutte naquit un bubale, mais Cagn n'en était pas content non plus. Alors il recommencèrent, et cette fois Coti mélangea du sang et de la graisse du cœur de l'éland, et ils touillèrent et des gouttes naquirent de grands élands mâles qui les entourèrent aussitôt et les menacèrent de leurs cornes. Alors Cagn dit : "Regarde comme les élands sont devenus sauvages par ta faute."

* *La canna est une herbe. Il pourrait s'agir du haschich appelé en Afrique australe* dagga.

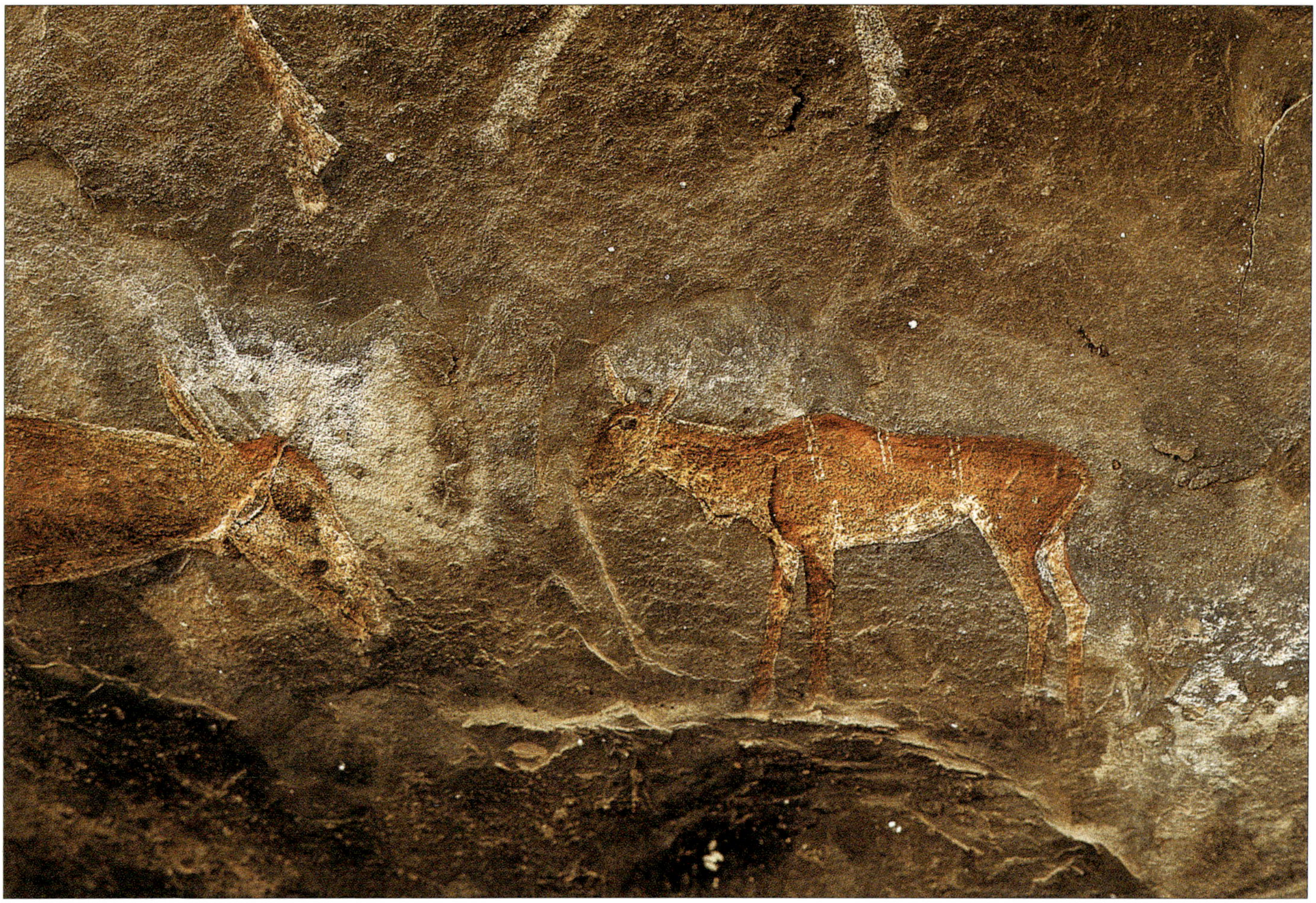

[n° 41] Barneveld

Femelle éland avec son faon, représentés dans une disproportion signifiante. Environs d'Ugie.

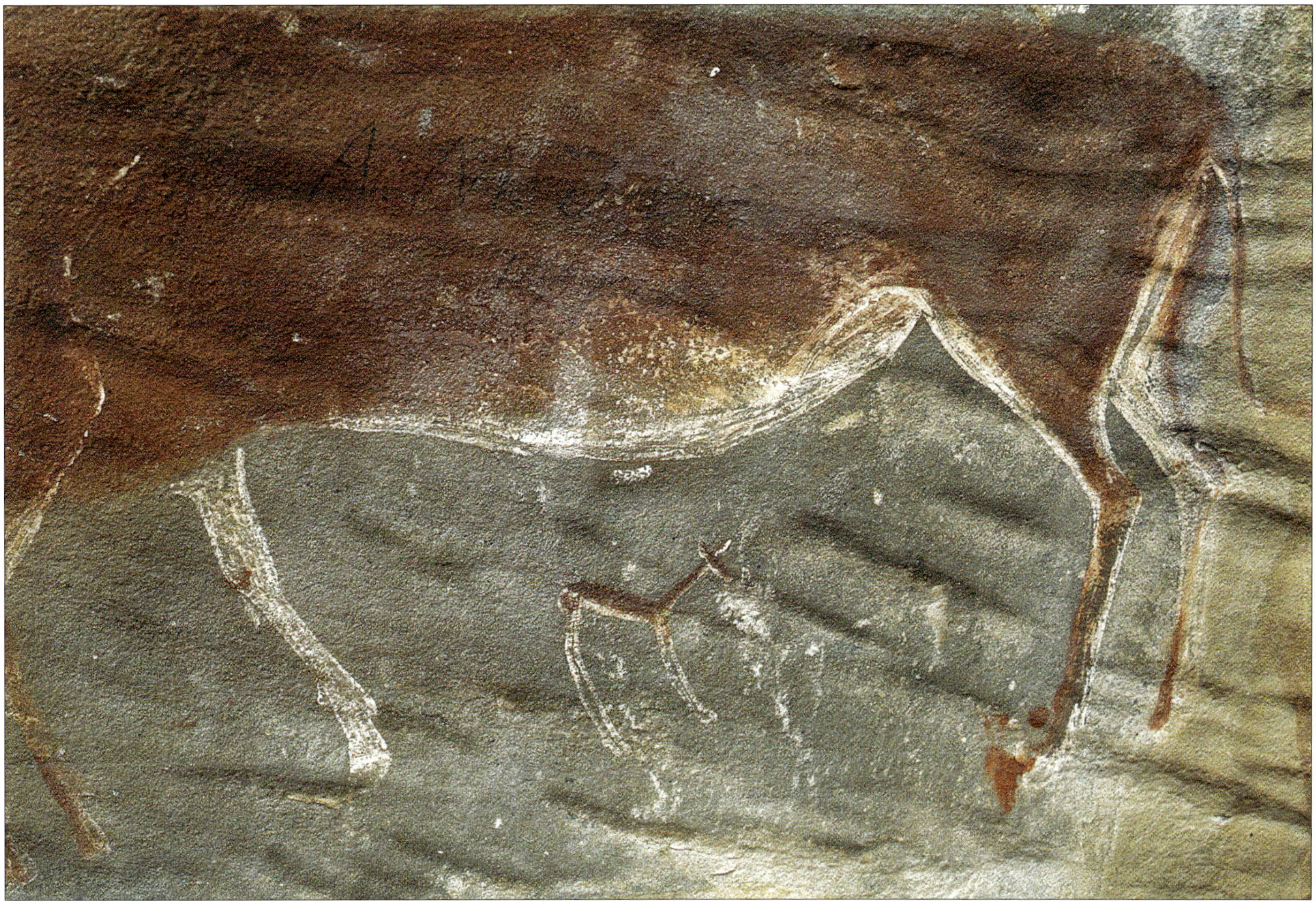

[n° 42] Seepongweni

Faon nouveau-né entre les pattes d'un éland. À noter là encore la disproportion des figures. Environs de Cobham.

Et ils continuèrent et de chaque goutte naquit une femelle, et bientôt la terre fut peuplée d'élands, et Cagn dit à Gewi : "Va maintenant et chasse", et Gewi partit tout le jour et rentra épuisé, les pieds endoloris, bredouille, et il recommença le lendemain, mais toujours les élands s'enfuyaient car Cagn était en eux.

Alors Cagn demanda à Gewi de rabattre les élands vers lui, et il les appela et ils passèrent à sa portée et il en tua trois. Puis il envoya Cogaz qui en tua deux, et enfin Gewi qui en tua un.

Ce jour-là les élands devinrent une proie, mais ils étaient sauvages car Cagn voulaient que les hommes qui avaient tué sa créature en aient de la peine. »

Ce mythe est remarquable par l'intimité fraternelle qu'il instaure entre les San et l'éland. On peut le lire comme l'invention de cette solitude de l'homme qui accède à la conscience d'être distinct des autres espèces par un crime originel qui a valeur de séparation. Elle le voue à une certaine mélancolie, à un trouble dont le signe est la relation ambivalente, faite de prééminence et de dépendance, qui le liera désormais aux élands. Or, comme cela a été établi*, l'éland est présent en plusieurs occasions essentielles de la vie des San. Chez les !Kung du Botswana, un adolescent devient un adulte lorsqu'il tue sa première grande antilope ; lors de son mariage, il offre le cœur d'un éland mâle à la mère de celle qu'il va prendre pour épouse ; dans les danses de transe, ceux que Lewis-Williams appelle les chamanes chercheraient à acquérir la puissance des élands, puissance qu'ils tiennent de leur relation privilégiée avec /Kaggen. Enfin, lors de l'initiation qui marque l'entrée des jeunes filles dans l'âge nubile, les femmes participent à une danse dite de « l'éland », car, disent-elles, il est la même chose que la jeune fille.

L'art ne saurait être étranger à de tels réservoirs de sens, lui qui en est l'une des « fabriques ». Mais il ne suffit pas de connaître l'existence de telles significations pour supposer, par quelque relation mimétique, que l'art en est empli. On ne saurait même établir de liens directs entre ce corps de pensée – hérité de mythes et récits disparates du XIXe siècle, et de rituels observés au XXe siècle – et la peinture elle-même, mais seulement appréhender la profondeur de sens et la richesse de symboles dont l'éland pouvait être le dépositaire**. « Les peintures, écrivait ainsi Patricia Vinnicombe, ne nous parlent pas seulement de méthodes de chasse, d'armes et d'équipements utilisés par une communauté de l'âge de pierre ; elles

**En particulier par David Lewis-Williams dans* Believing and Seeing, *1981.*

***Dans une moindre mesure, les autres antilopes jouiraient elles aussi d'une position privilégiée. En particulier le bubale et le koudou seraient considérés avec l'éland comme des animaux à viande rouge et seraient chargés de plus de puissance que les animaux à viande noire comme le gnou, ce qui expliquerait que ce dernier soit beaucoup moins souvent peint que les premiers. Quant aux petites antilopes, springboks, rheboks communs ou rheboks gris, on ne connaît pas de récits mythologiques ou de rituels témoignant avec la même assurance de leur valeur, que rend pourtant fort probable la fréquence et le soin de leurs représentations.*

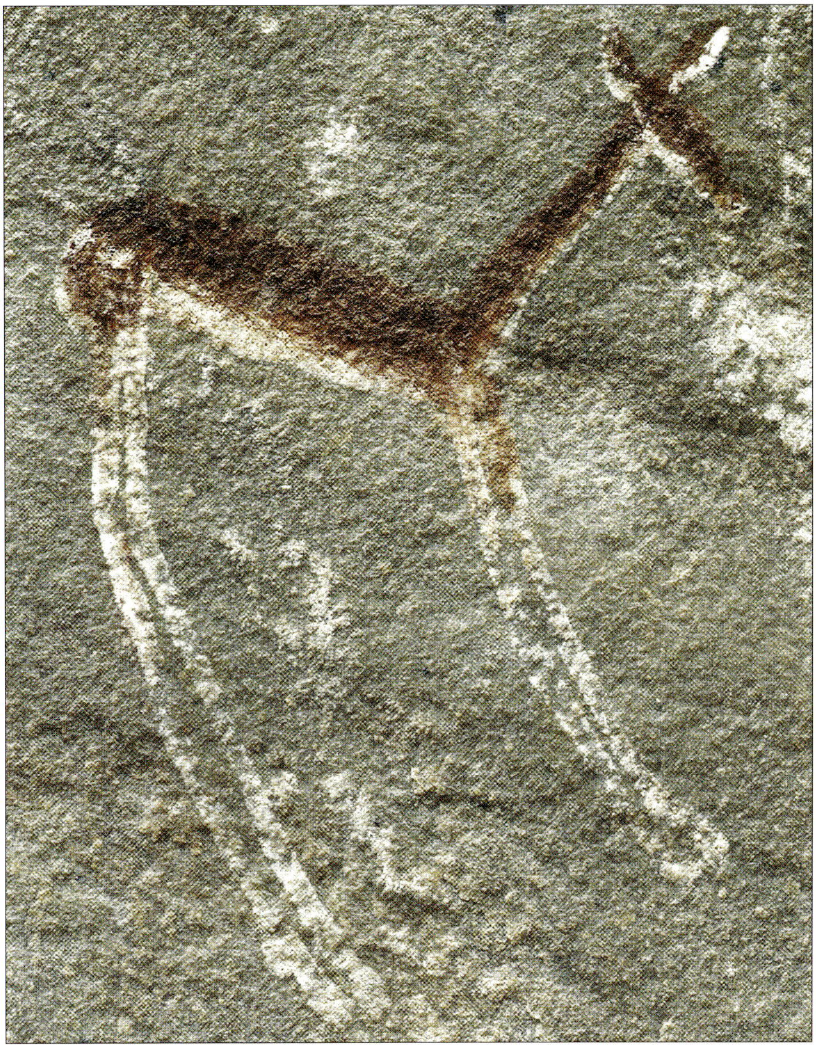

n'évoquent pas seulement la naissance et le développement de techniques nouvelles de peintures, de leur âge et de leur chronologie, elles sont aussi habitées par les valeurs centrales d'une culture dont l'unité dépendait de ses relations avec une puissance cachée. Les canaux de cette force invisible que les Bochimans décrivaient comme des "cordes de pensées" (*thinking strings*) étaient activés par leur symbole le plus puissant, l'éland [26]. » Soit. Mais comment le langage visuel incarne-t-il ce sens? L'art, une nouvelle fois, recule dans le site qui est le sien, *l'univers des formes*. Comment ce réseau de significations innerve-t-il le corps de la peinture ou celui de la gravure, elles qui contribuent à le créer, à le transmettre et à le maintenir vivant ? Il y a un saut tout de même à passer d'une langue à une autre, d'une geste rituelle ou d'une parole mythique à la main qui s'aventure dans le visible. Qu'y fait-elle et comment?

[n° 43] Seepongweni
L'équilibre fragile d'un faon nouveau-né. Le faon mesure 5,5 cm (détail de l'illustration précédente).

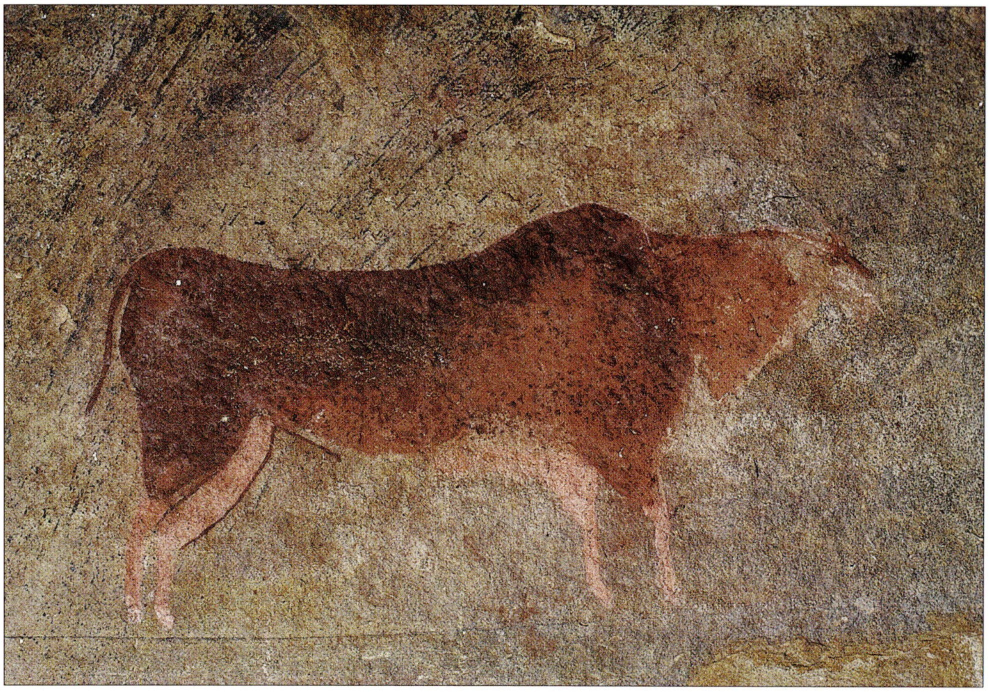

[n° 44] Game Pass
Un éland à la robe peinte selon la technique de la polychromie ombrée (36 cm). Région de Kamberg.

L'incarnat

J'ai esquissé une réponse à ces questions en exposant les indices qui m'avaient mis sur sa voie : les peintures animales, celles des élands en particulier, sont à la fois plus grandes, plus colorées et plus soignées que les représentations humaines. Mais ce n'est pas suffisant. Comment les élands, et les antilopes qui leur sont associées, apparaissent-ils et comment la forme de cette apparition incarne-t-elle un sens ? Entrons dans la main qui les fit naître puisque les images, si l'on y est attentif, ont conservé des indices de son trajet.

Des esquisses (assez rares) qu'il m'est arrivé de voir, l'une montrait bien que la figure débute dans un contour. Le contour : l'enveloppe première, la naissance. Nombre de peintures portent la trace lisible de ce fin liseré, parfois d'une couleur différente, où fut tracée l'enveloppe de chair. Ce contour n'est jamais complet (par exemple les pattes, très fines, sont dessinées dans la couleur elle-même) et le plus souvent seule la ligne de dos est clairement visible. Tête, encolure, épaule, dos : cette ondulation, ce jeu de courbes est la grammaire initiale de la forme animale, presque toujours captée dans une vue latérale. Me frappe surtout qu'il y ait si rarement de repentir dans le tracé de cette silhouette. La forme naît d'une ligne dont l'unité de trait semble essentielle – signe d'une main déliée de toute nervosité, de toute hésitation, mais peut-être aussi d'un enjeu plus grave pesant sur la peinture, comme si la figure

Ill. n° 44,46,50

animale exigeait d'être saisie dans la continuité énigmatique de son être, elle qui ne peut être démembrée sans mourir, et qui pareillement ne saurait être crayonnée ou griffonnée dans des traits mal ajustés sans déserter une effigie venue sans naturel.

La couleur ne constitue pas une autre étape, réellement distincte de la précédente, elle ne sert pas à remplir (colorier) l'enveloppe mais à en compléter le contour et surtout à lui donner son volume. Très souvent deux couleurs sont posées l'une au-dessus de l'autre. Le blanc (ou une teinte claire, comme un rose, ou un ocre pâle) est étendu en une sous-couche sur la totalité de la surface, puis un rouge (ou une autre tonalité sombre) lui est superposé. Il y a là un usage stupéfiant de la *couleur perspective*. Ill. n° 45,52
D'une part, le blanc fait rayonner l'ocre ou l'orange au-dessus de lui, lui apportant une lumière et, ainsi traversé par cette lumière, un volume, selon un procédé semblable à ceux que les primitifs flamands systématiseront. D'autre part, un premier plan est distingué du second au-dessus duquel il glisse. Par convention en effet, les pattes les plus éloignées du spectateur (en vision latérale) sont laissées en blanc, quand les plus proches sont peintes en rouge ou dans la couleur sombre qui a été choisie. Ainsi la chair acquiert une profondeur que suggère l'exposé simultané et différencié de la face intérieure des pattes (de couleur claire) et de leur face extérieure (sombre).

Il existe d'autres moyens de suggérer le galbe de la chair. À Solar Cliff j'ai vu des élands qui avaient cette raideur qu'on associe aux peintures

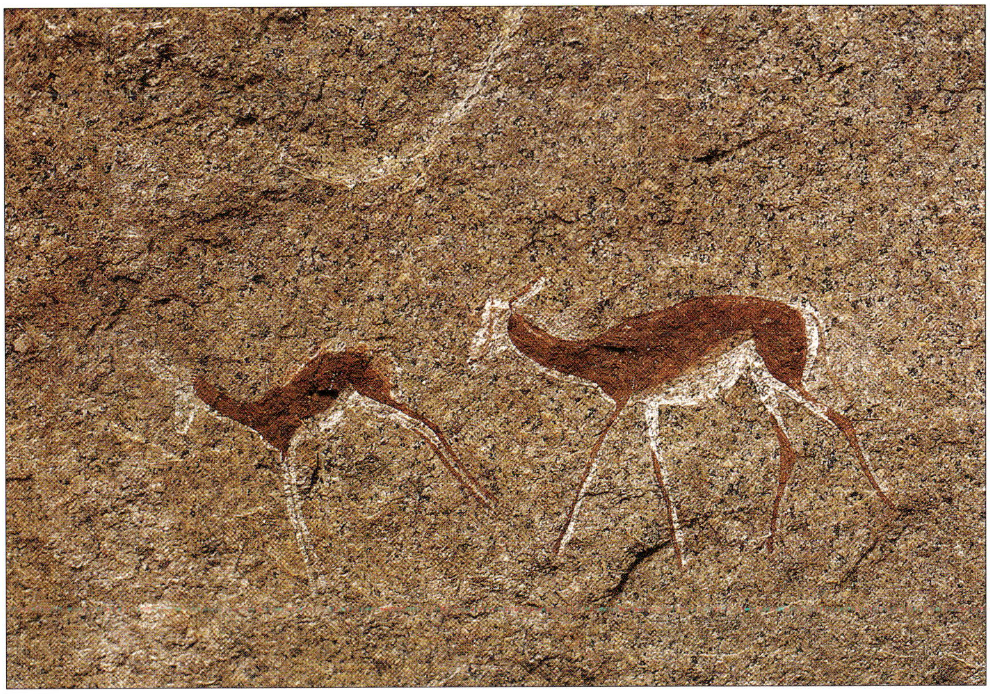

[n° 45] Vallée d'Amis
Deux springbocks bicolores. Brandberg.

primitives ; la robe des bêtes était un rectangle trop allongé au regard des proportions véritables de l'animal, et terriblement lourd pour être porté par des pattes si fines, si minuscules. Ici, la chair était magnifiée dans sa
Ill. n° 47 masse, non dans les modulations de son galbe. À l'inverse de cette raideur, j'ai vu des antilopes aux formes plus assouplies, comme l'extraordinaire
Ill. n° 46 éland de Barneveld dont le naturalisme n'est pas la recherche d'une exactitude visuelle (les cornes, la tête de la bête sont stylisées d'une façon trop personnelle), mais un effort poursuivi pour saisir l'articulation secrète de cette chair palpable, capable de se mouvoir, fuyant la moindre approche et restant sourde à l'appel que le regard lui adresse. De l'un à l'autre est-il possible d'entrevoir une évolution, comme il en existe une entre les kouros hiératiques et héroïques de la Grèce du VIe siècle, et les éphèbes au modelé plus sensuel qui leur succèdent à la période classique ? Le silence des dates ne nous le permet pas ; il nous laisse avec la permanence d'un souci pictural, celui de l'incarnat. Ici, la puissance d'un éland est soulignée par un rehaut de couleur sur le dos et l'épaule ; là, la courbure du ventre est évoquée par des nuances qui ont valeur d'ombres, quand le ventre glisse sous la patte postérieure, etc. : les San ont forgé une science exceptionnelle des dégradés et de la polychromie ombrée pour la figuration des chairs animales. Quels que soient ces procédés, demeure une synthèse de la couleur perspective et de la vue latérale qui permet d'exposer le corps animal dans son mouvement, dans sa plus grande étendue et dans la plénitude absolue de sa chair. En écho, revient cette parole d'une femme !kung à propos de la danse de l'éland pratiquée lors de l'initiation des jeunes filles : « La danse de l'éland, disait-elle, est faite parce que l'éland est bon et a beaucoup de chair. Une fille aussi est une bonne chose et elle aussi est toute chair. C'est pourquoi nous disons qu'ils sont une seule et même chose. » Puis elle ajoutait que la danse était faite « pour que la jeune fille soit bonne et belle ; qu'elle ne soit pas mince et que si la famine survient elle n'ait ni trop faim ni trop soif, et qu'elle soit pacifique, et que les sols soient riches et que la pluie arrose la terre [27] ».

Les San ont ainsi inventé une image de l'éland où s'exposent et se réamorcent les valeurs qui lui sont attachées, la vitalité, la fertilité, la santé. C'est une effigie où l'animal est saisi en majesté : il est solitaire, immobile ou plus souvent au pas, mais d'un pas serein que rien ne vient perturber. La vue latérale célèbre sa chair, plus que son sexe sur lequel l'image reste silencieuse, sauf lorsque l'ampleur du goitre permet d'identifier un grand éland mâle. La répétition de cette image l'élève à la dignité d'une icône, non d'un canon toutefois, car il n'est pas figé dans des codes picturaux stricts*. En elle me touche particulièrement le *détachement*, si

**Pour D. Bleek, la manière de colorier l'éland est stéréotypée (Stow & Bleek, 1930, p. VIII). En fait, le choix des couleurs varie, le seul élément récurrent est de distinguer, par une teinte plus claire, le cou et la tête.*

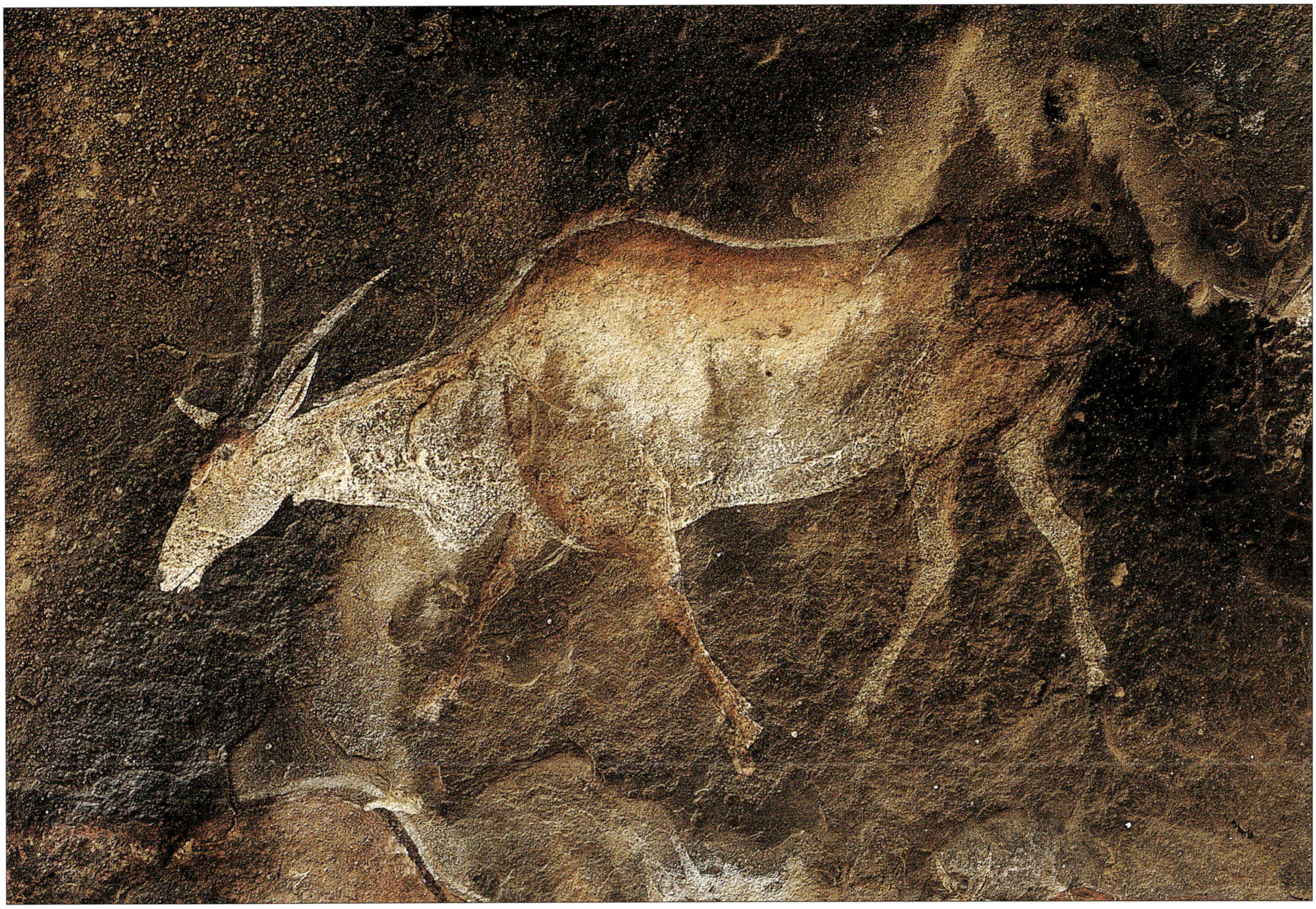

[n° 46] Barneveld

Robe ombrée, fin modelé, lignes souples : une représentation d'un naturalisme exceptionnel (30 cm). Environs d'Ugie.

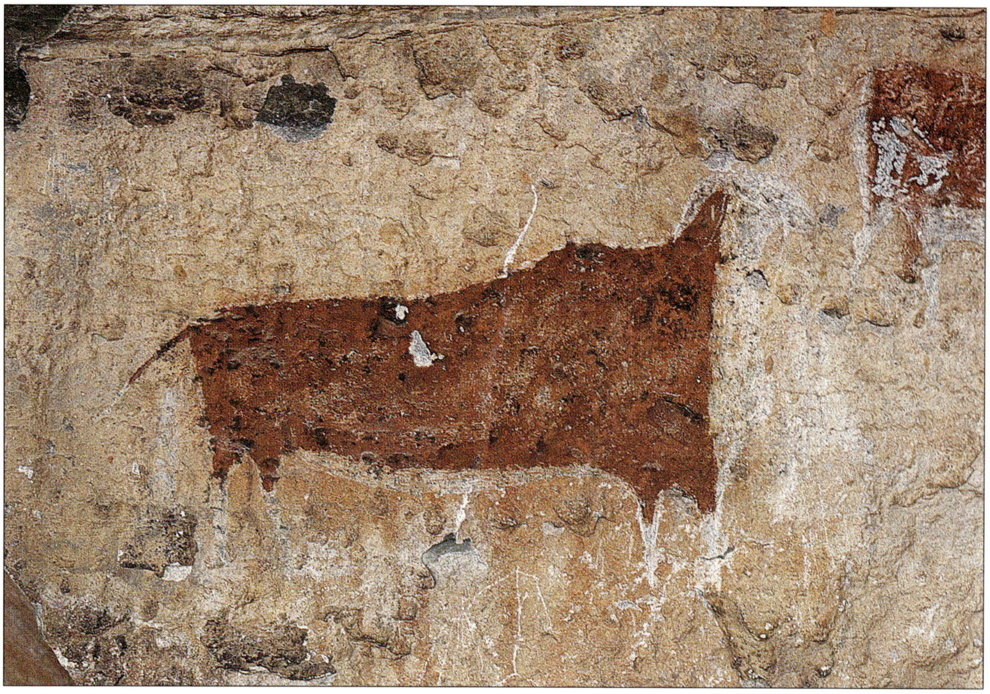

[n° 47] Solar Cliff
Contour schématique et raideur du trait caractérisent cet éland de la vallée de la Mhlwazini.

l'on veut bien entendre par là la puissance calme qui émane de la bête mais aussi sa façon singulière d'apparaître et de se tenir dans une abstraction paysagère glorieuse, quand rien d'autre qu'elle n'est peint sur la paroi, nous rappelant combien la peinture ne montre jamais une vue mais ce qu'il est souhaitable ou nécessaire de voir, c'est-à-dire le désir qui comble la vue...

Il existe d'autres panneaux où le regard est moins aimanté par le dessin d'un animal que par la horde où il prend place. La majesté de la bête s'efface alors devant la splendeur du nombre, et les valeurs individuelles de fertilité, de vitalité et de bien-être que nous voyons en elle – malgré le reproche en nous de mots d'un sens trop précis pour cette gaze de significations diffuses qu'est la peinture – semblent s'ouvrir
Ill. n° 51,53,88
et libérer leurs doubles collectifs, abondance, prospérité, harmonie. Comment faire masse et nombre, ainsi, tout en conservant cette sensation d'intimité qui semble un accord silencieux d'être ensemble ? Eh bien d'abord, par une certaine occupation de l'espace de la paroi. L'agencement des silhouettes et la variété de leurs attitudes importent moins à ce stade que cette façon de faire corps, d'être un corps et d'aller d'un bord
Ill. n° 51
à l'autre de la pierre pour l'emplir et ainsi combler la vue. À Loteni, la roche est un pan naturel bien délimité, presque un cadre, et la horde l'occupe entièrement, sauf vers le haut, comme s'il importait de conserver
Ill. n° 101
à la peinture une quiétude aérienne ; à Game Pass, la horde prolonge

l'étendue qui est la sienne et s'avance en une file qui redouble l'horizon naturel que dessine, dans la pierre, une ligne en saillie sur laquelle les figures prennent appui. À Eland Cave, le troupeau est rassemblé et toute la compacité de sa chair est exprimée par le surplomb de roche au-dessous duquel la centaine d'élands se serre. Ill. n° 88

Alors seulement cette densité s'anime de la vie si diversement saisie dans la profusion de ses postures. Autant les figures humaines dans les scènes collectives sont peu individualisées, autant l'accumulation des animaux s'accompagne ici d'une débauche de formes, d'attitudes, fruits de points de vue ayant au préalable comme dansé autour des bêtes, dans la surprise renouvelée de leur découvrir des apparences si changeantes, et le sentiment d'y voir l'une des formes de leur puissance. Ainsi se multiplient les vues de profil, les vues de dos ou du dessus, et même de rares vues de face, singulières d'introduire dans l'espace de la peinture la présence implicite de celui qui peint. La vue ici est affranchie de ses propres limites. Elle tourne, circule, se déplace, elle est l'esprit de la vue libéré des contingences du corps pour se porter au-devant des mystérieux élands, ce double proche et au-delà des San, qu'animent le bougé permanent des plans où il se tient et la sensation inédite de leur profondeur. Ill. n° 51 Ill. n° 54,84

La couleur ou le sens de la dépense

De ce libre processus, il me semble voir un signe par exemple dans l'usage joueur des couleurs. Libre ne signifie pas arbitraire mais appelé par la composition. Mauves, roses, jaunes ou brunes, orange, grises parfois, les robes d'élands surgissent dans la peinture avec plus de luxuriance qu'elles n'en ont dans la réalité. La vérité des couleurs n'est pas leur exactitude. Mais voici comment la Mante (/Kaggen) les avait données aux antilopes : Ill. n° 48,49

« Un jour l'oryx mangea du miel liquide qui est blanc.
C'est pourquoi il est blanc.
Le bubale est celui à qui la Mante donna un jour à manger
la cire de jeunes abeilles. Étant rouges, le bubale le devint à son tour,
il prit la couleur de la cire des jeunes abeilles.
L'éland est celui à qui la Mante donna un jour à manger du miel
de guêpe. C'est pourquoi il est sombre,
parce qu'il a mangé du miel de guêpe.
Le quagga est celui à qui la Mante donna un jour*
à manger du miel de petites abeilles.
C'est pourquoi il est sombre,

Le quagga, aujourd'hui disparu, était un animal assez proche du zèbre. On le connaît notamment par les photographies qui furent prises au XIXe siècle d'un quagga que possédait le zoo de Londres.

parce qu'il a mangé du miel de petites abeilles.
L'antilope springbok est celle qui but le miel liquide des nids
de jeunes abeilles. C'est pourquoi elle est rouge.
La Mante pressa pour elle les nids et l'antilope but.
Mais ces petites abeilles une fois mâchées sont blanches
comme du lait alors qu'elles étaient rouges et blanches
dans leur nid. Les springboks ont bu le miel liquide
et mangé les nids tout à la fois,
c'est pourquoi elles sont rouges et blanches [28]. »

Un même ingrédient est à l'origine des couleurs dans ce mythe, c'est le miel. Les San en étaient très friands et lui prêtaient des pouvoirs magiques puisqu'il est dit par exemple que l'eau de lune (celle où la lune se reflète) ressemble à du miel et fait revivre les animaux blessés [29]. Il s'agit donc d'un fluide vital dont Claude Lévi-Strauss dit même qu'il est une métaphore du sperme [30]. Émanation de la vie, les couleurs semblent pourtant dépourvues de valeur, et si l'on peut remarquer que certaines figures mythologiques sont plutôt peintes en blanc, le sens profond des couleurs est davantage de n'avoir pas de sens : être la texture apparente où la vie peut s'incarner dans une diversité, une luxuriance qui est l'un de ses attributs. L'usage libre, plus que conventionnel avec lequel sont peints les élands, eux dont la robe est tour à tour

[n° 48] Abri de Steel
Un rare éland jaune (14 cm) sur un plafond noirci de fumée. Environs de Giant's Castle.

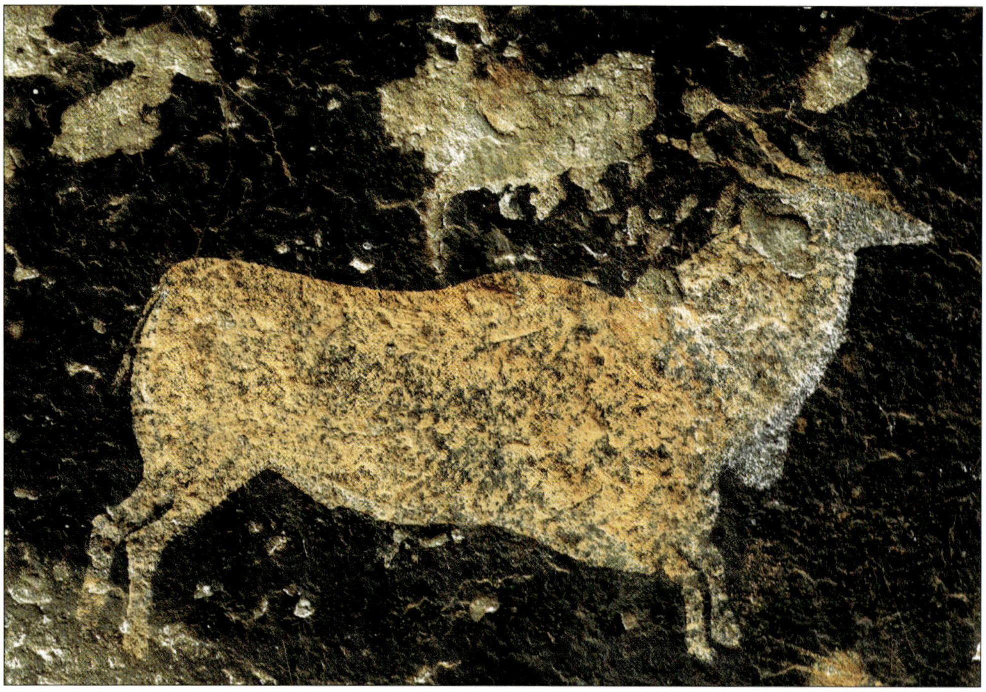

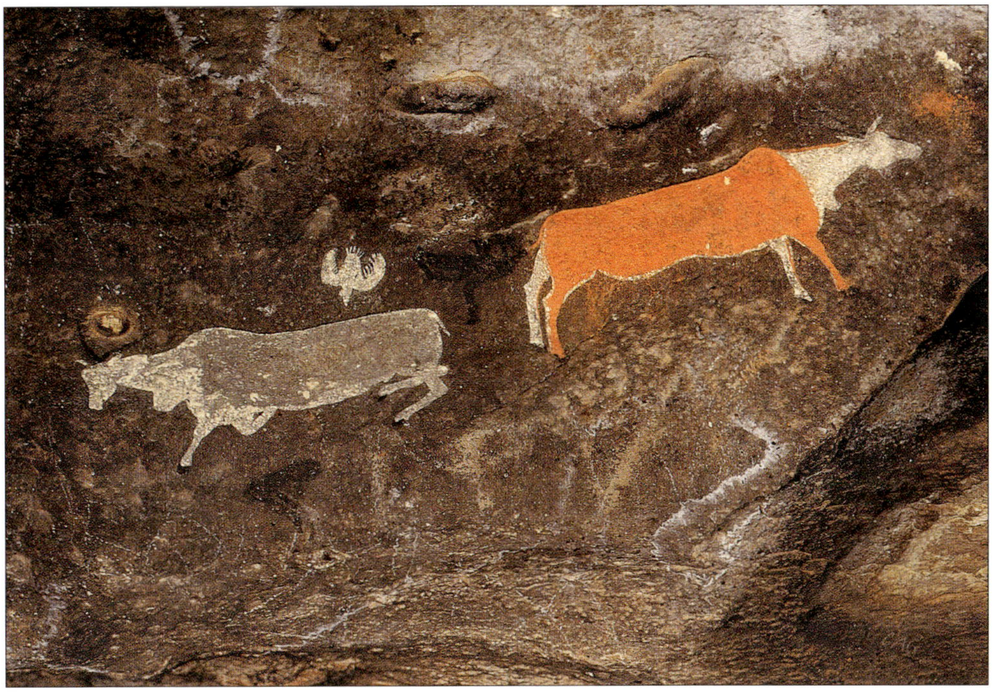

[n° 49] Martindell

La couleur grise de l'éland de gauche pourrait désigner un vieil animal. Sa position, couchée, comme la présence au-dessus de lui d'un oiseau, pourrait signifier qu'il est en train de mourir. Environs de Rhodes.

brune, orange, jaune ou ocre, permet de signifier dans un jeu de modulations la vie dont elles sont une équivalence mystérieuse, comme si les San avaient pressenti, avant Gauguin, que « la couleur étant énigmatique, elle ne peut être utilisée qu'énigmatiquement ».

Comme la diversité des postures, le luxe des couleurs est un attribut de la richesse de sens. Il signale le prestige d'un être ou d'un animal capable d'apparences multiples sans cesser d'être lui-même – un prestige qui n'est pas étranger à une plus essentielle métamorphose, intérieure celle-là, qui fait d'un éland plus qu'un animal, un faisceau de symboles. Ces modulations sont une saveur du regard mais aussi un goût particulier du sens, une modalité singulière de son apparition. Prenons deux hordes, l'une à Loteni, réalisée à l'aide d'une palette monochrome, l'autre à Eland Cave, d'une palette beaucoup plus colorée. Ill. n° 53,88 Dans la première, la horde est assez lâche, chaque animal est relativement isolé, détaché, dans un espace qui lui est propre. L'emploi d'un seul brun pour toutes les robes crée une parenté visuelle entre les bêtes et rend sensible leur appartenance à un même ensemble. À Eland Cave en revanche, la horde est compacte. La fusion des élands, leur superposition les mettent en correspondance immédiate. La variété des couleurs vient donc les distinguer, et animer du relief de ces figures singulières une surface qui risquerait de se perdre dans une masse confuse. À Eland et à Loteni, sont-ce les mêmes symboles associés

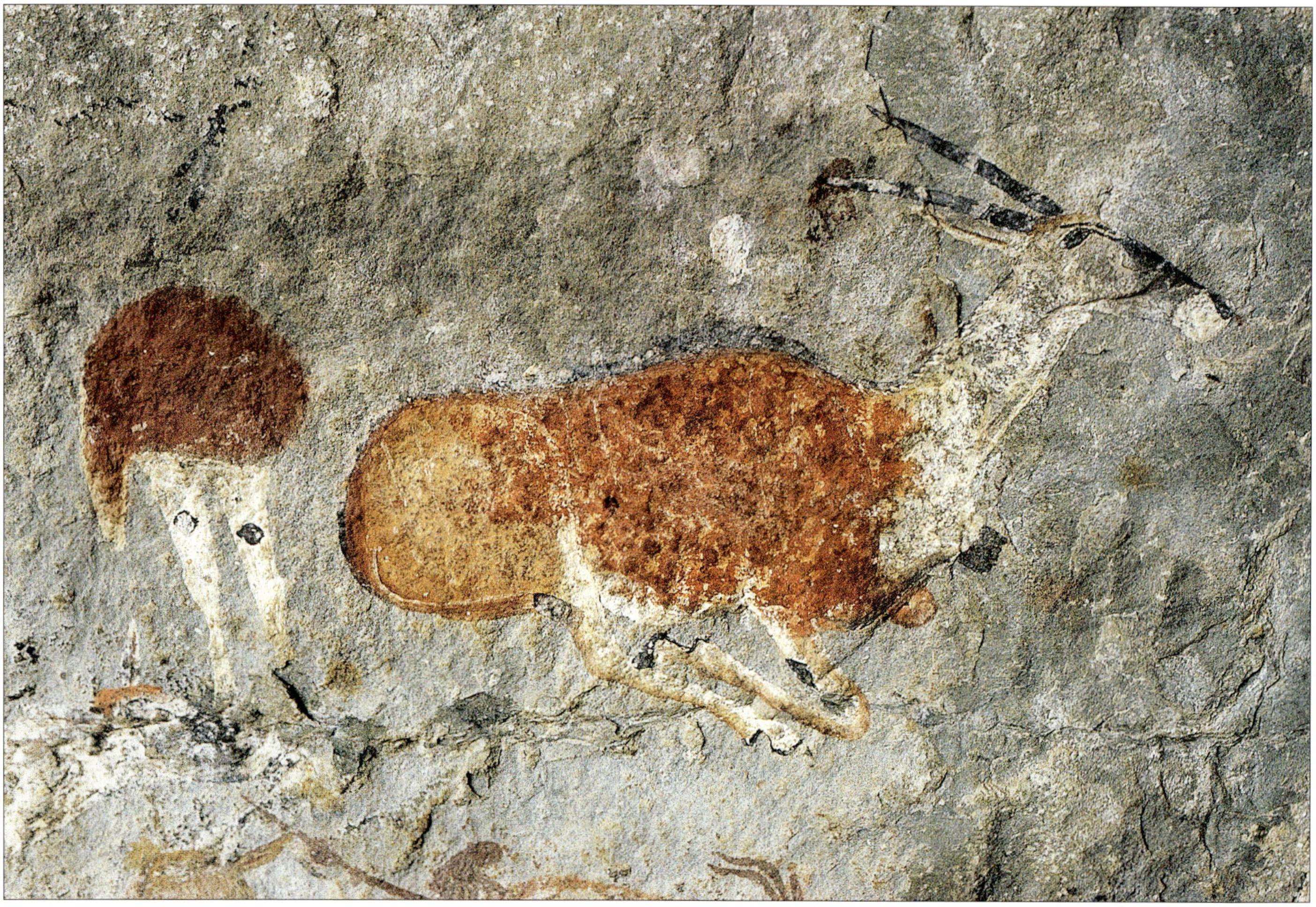

[n° 50] Burley 1

Un magnifique éland couché, 22 cm. Région de Barkly East. (détail du panneau n° 51).

aux élands qui sont ainsi exposés et différemment précipités*? Mais la couleur est avant tout un pont. Elle ne vaut pas en elle-même, mais par les choses si lointaines, si différentes les unes des autres et pourtant réunies par cette couleur qu'elles partagent. Une couleur est alors toujours plus qu'elle-même, elle est la totalité de ses apparitions, de ses textures et de la mémoire dont elle se charge. « Si l'on faisait état de toutes ces participations, observe Merleau-Ponty, on remarquerait qu'une couleur nue, et en général un visible, n'est pas un morceau d'être absolument insécable, offert tout nu à une vision qui ne pourrait être que totale ou nulle, mais plutôt une sorte de détroit entre des horizons extérieurs et des horizons intérieurs toujours béants, quelque chose qui vient toucher doucement et fait résonner à distance diverses régions du monde coloré ou visible, une certaine différenciation, une modulation éphémère de ce monde [31]... » Comme un gué dans l'éphémère et changeante texture du monde, chaque couleur est la gamme des résonances qu'elle éveille.

La forme, une intensité du sens

La couleur, mais aussi la précision du trait, la justesse dans la saisie des attitudes (volonté de pénétrer – de s'approprier – l'apparence des bêtes ?) relèvent d'un ensemble de formes. *La forme est une intensité du sens*, elle est sa part la plus intime et la moins déchiffrable, son goût, sa saveur, et non son véhicule comme on le conçoit trop souvent en vertu de cette séparation malheureuse de la forme et du sens. Un ensemble de procédés formels façonne cette intensité originale de sens que j'ai distinguée sous le nom d'incarnat. Dans le séjour de la pierre, la peau des élands rayonne de la chair qui palpite au-dessous d'elle, après que le regard l'a ingérée puis rendue au visible, tout incorporée désormais de la chair du regard. Les peintures rendent visible un monde chargé de significations qui jamais ne s'abstraient des apparences du monde. On ne saurait donc considérer les élands ou les girafes ou tout autre animal comme de simples symboles car alors, dans le processus de la peinture, leur forme se serait simplifiée jusqu'à devenir un signe conventionnel. Cette attention à l'apparence des choses et des êtres – ce qu'on nomme un « naturalisme » – révèle une pensée du monde où celui-ci est peuplé de corps, non d'idées. Chargés de symboles, ils le sont à la façon

**Ces différences pourraient-elles tenir à la nature de ces troupeaux ? À Loteni, il n'y a presque que des adultes mâles. À Eland, outre le nombre des animaux, la présence de faons et de femelles pourrait montrer qu'il s'agit d'une horde comme il s'en forme, de grande taille, au moment de la saison des pluies. La couleur serait-elle ici le signe de l'abondance et de la vitalité dont une telle horde pourrait être le symbole ?*

d'énigmes mystérieusement logées en eux, indissociables des apparences qui les rendent visibles et les dissimulent à la fois.

Pourquoi alors cette projection hors de soi, dans le champ de l'animalité ? La pensée ne peut se refléter de l'intérieur. Il lui faut sortir d'elle pour *découvrir* sa propre intériorité. Elle le fait en s'exposant dans le séjour de la pierre et en se réfléchissant dans l'image de cet autre proche qu'est l'animal. Le monde animal est ce dehors, ce double dehors en somme, à la fois hors des San sans jamais en être bien éloigné, intime et étranger. L'homme s'y projette, s'y prolonge, invente avec lui des images et les regardant, y contemple une différence d'avec lui-même qui le réfléchit et creuse en retour un espace en dedans, une intériorité que, pour sa part, la peinture occidentale explorera dans le portrait et plus encore dans l'autoportrait. L'important dans le cas de la peinture des San est ceci : l'image vaut par sa différence et par l'intimité que cette différence crée. C'est un plan de projection.

Parlant de la manière qu'ont certains élands d'apparaître, j'évoquais leur *détachement*, mot à dire leur présence glorieuse sur la paroi, et qui l'est d'autant plus que l'animal se tient presque toujours dans un règne séparé. À de très rares exceptions que je ne veux pas considérer ici, l'éland est figuré dans des attitudes où il ne voit pas celui qui le regarde. Il ne se sait pas vu. La peinture déploie ainsi une vue sans réciprocité, où celui qui regarde n'est pas vu, où celui qui peint n'est pas représenté, comme il le serait immédiatement si l'animal le regardait à son tour. Vue discrète, dont la condition paradoxale est de devoir se cacher pour voir, d'être en retrait pour accéder à une autre présence. Le peintre est donc retiré, moins absent qu'éloigné dans la peinture, se tenant au fond de ces figures qui le réfléchissent sans le refléter, l'engageant à les suivre pour finir par se découvrir en elles. La peinture ouvre un trajet en avant de celui qui peut s'aventurer à sa suite. Elle est bien un *miroir avancé* dont la profondeur permet qu'on y chemine, comme la vue nous aventure hors de nous-mêmes et engage la pensée à rejoindre ce dehors. « Voir, écrit Maurice Blanchot, c'est saisir *immédiatement* à distance [32] », dans une relation où le proche et le lointain ne s'opposent plus mais se fondent et fondent leurs intensités respectives. « C'est que cette distance, ajoute Merleau-Ponty, n'est pas le contraire de cette proximité, elle est profondément accordée avec elle, elle en est synonyme. L'épaisseur de chair entre le voyant et la chose est constitutive de sa visibilité à elle comme de sa corporéité à lui ; ce n'est pas un obstacle entre lui et elle, c'est leur moyen de communication [33]. » Et sans doute ces grands retables d'élands comme toutes ces effigies animales à jamais accessibles dans la proximité nouvelle où la peinture les place sont-ils aussi une victoire sur la distance éprouvée dans la chasse comme un obstacle à franchir ; et de même

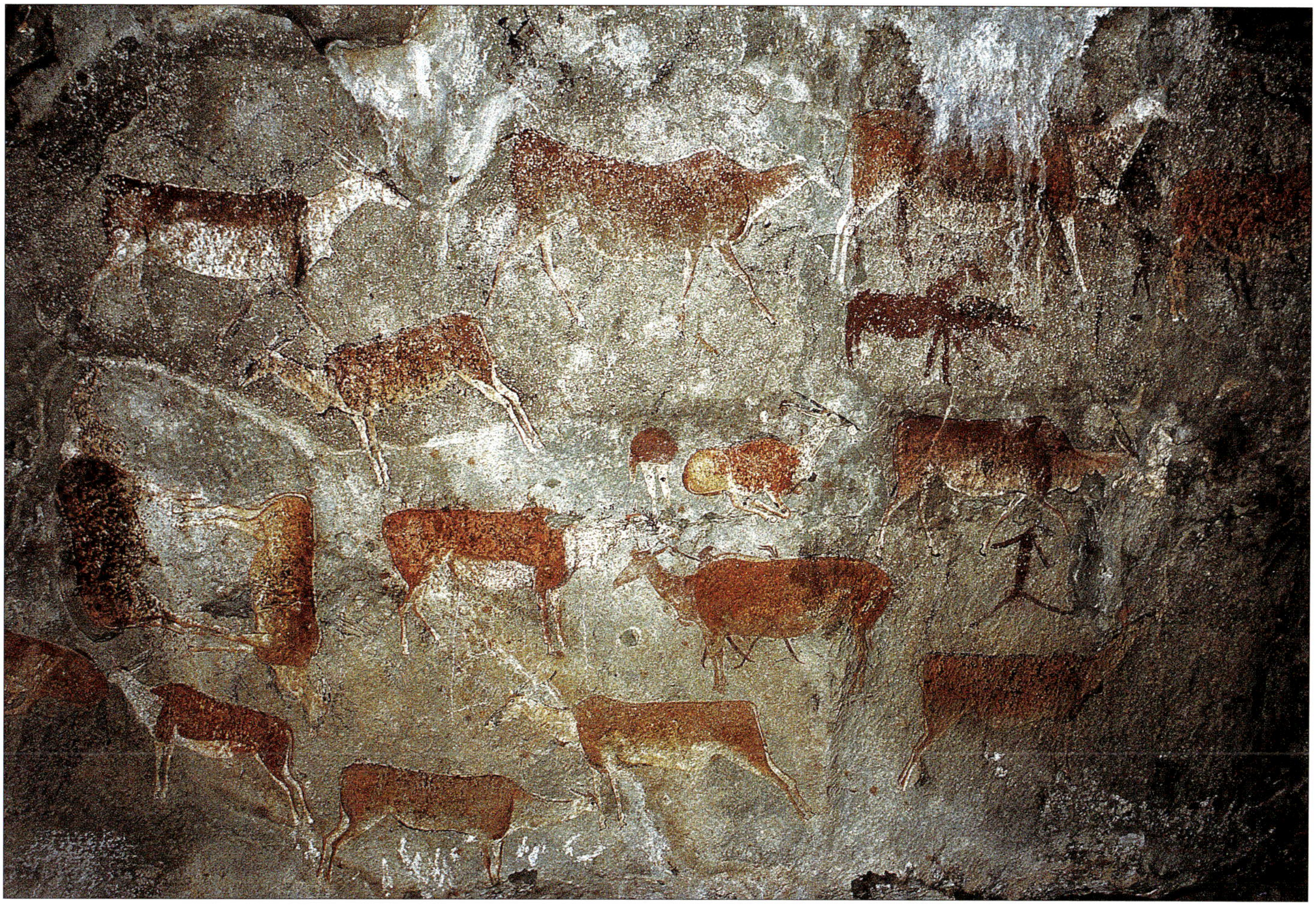

[n° 51] Burley 1

Grand panneau d'élands figurés sans respect de l'horizon perspectif (environ 170 cm de long). Région de Barkly East.

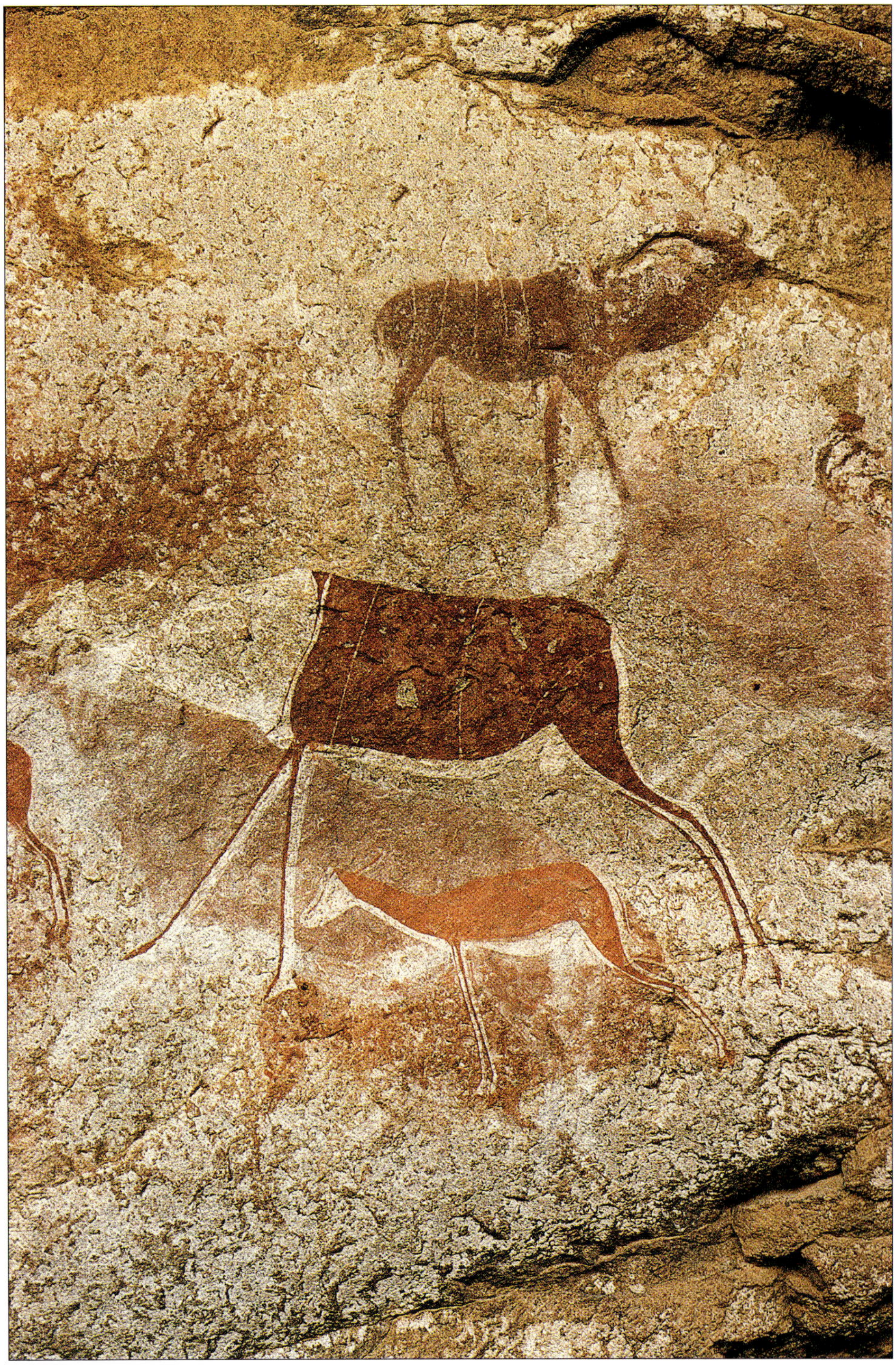

[n° 52] Snake Rock

Eland, springbock et Koudou. Vallée de Hungorob, Brandberg.

que la distance génère les animaux en leur offrant la protection de l'espace, la peinture les régénère-t-elle dans la surface visible de leur sens.

Me voilà engagé sur un terrain où, peut-être, l'homme de science ne me suit plus. Car sans doute il répugne en raison de la discipline qui est la sienne à s'aventurer sur un terrain où la mesure et ses outils n'ont plus cours. Penser c'est abstraire des différences; fidèle à ce principe, l'anthropologue demeure soucieux de régularités plus que de dissemblances, et préfère ignorer l'écart constant de la peinture d'avec le centre qu'il défriche. Mais la clairière ne dit pas la forêt; le moyeu immobile au centre de la roue ne connaît pas la folle giration de son tour. À leur image, l'anthropologue ne voit pas comment ces maquis de motifs fuient le sens trop circonscrit qu'il leur assigne, ni comment la rencontre impromptue de la peinture avec une paroi fait d'elle un avènement qui la relance. Aussi considère-t-il ces variations comme des traits personnels sans grande signification, les baptise du mot si épineux d'« idiosyncrasies » que plus personne ne s'en approche quand pourtant il serait possible de voir dans cette fantaisie un peu de la prolixité de sens dont le peintre fait l'épreuve, et de voir dans les marges qu'il foule de plein gré, ce qui lui permet de recommencer et de se recommencer toujours. Le sens de la répétition réside dans l'inachèvement perpétuel, c'est-à-dire aussi dans la recherche (fût-elle vaine) des orées. Ce pouvoir infini d'invention et de réinvention formelle dit aussi l'infini du regard qui le porte. Mêlé à la chair de l'image, le regard la doue de puissance et en retour se charge des forces qui l'habitent.

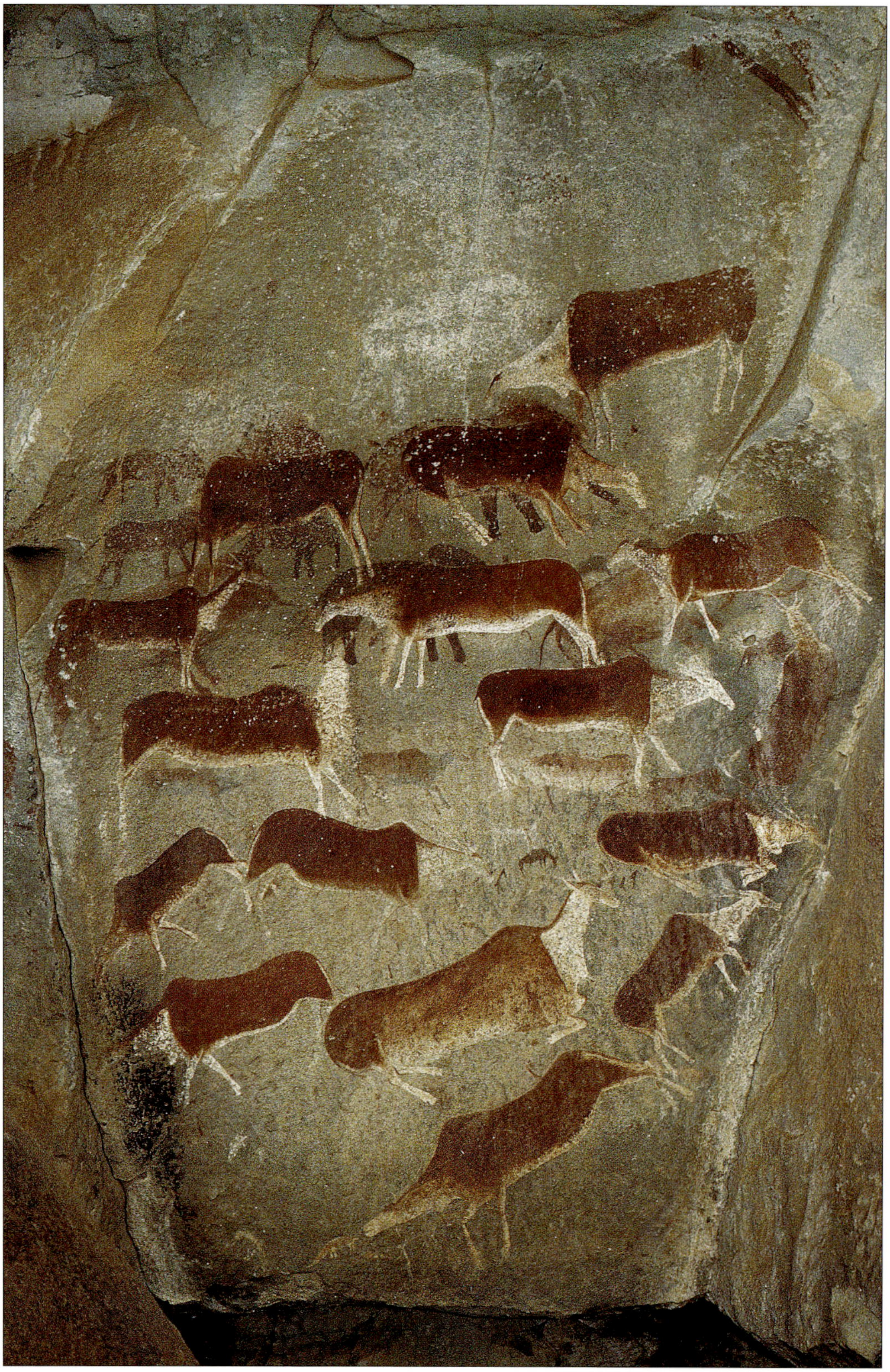

[n° 53] Loteni
Horde d'élands (environ 130 cm de haut). À noter, l'étrange face-à-face d'un éland et d'un tamanoir au bas de la fresque, et une rare vue du dessus d'un éland, sur la droite.

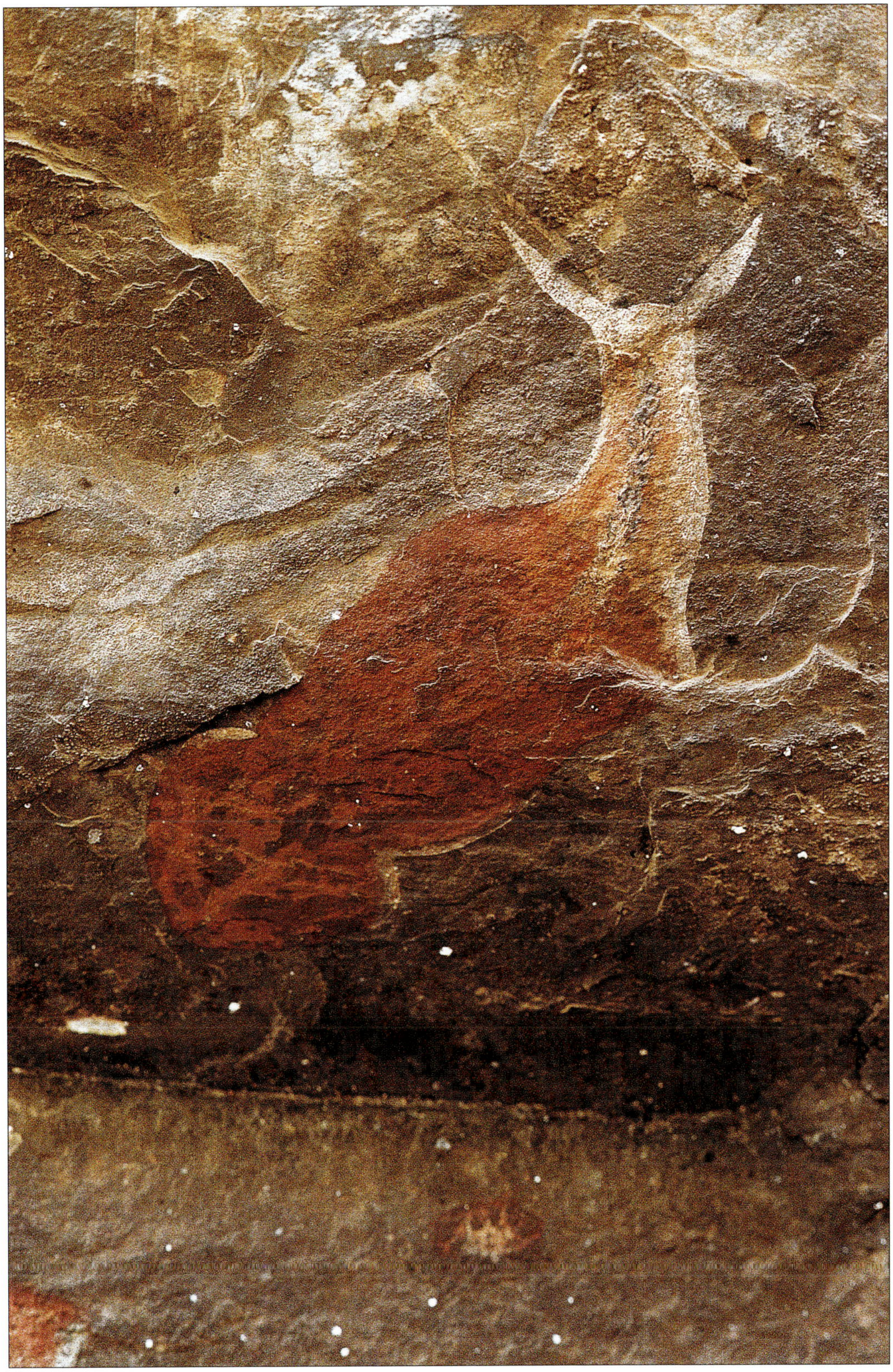

[n° 54] Barneveld

Un éland saisi selon une très rare vue du dessus. Environs d'Ugie.

Champs de forces, champs de formes

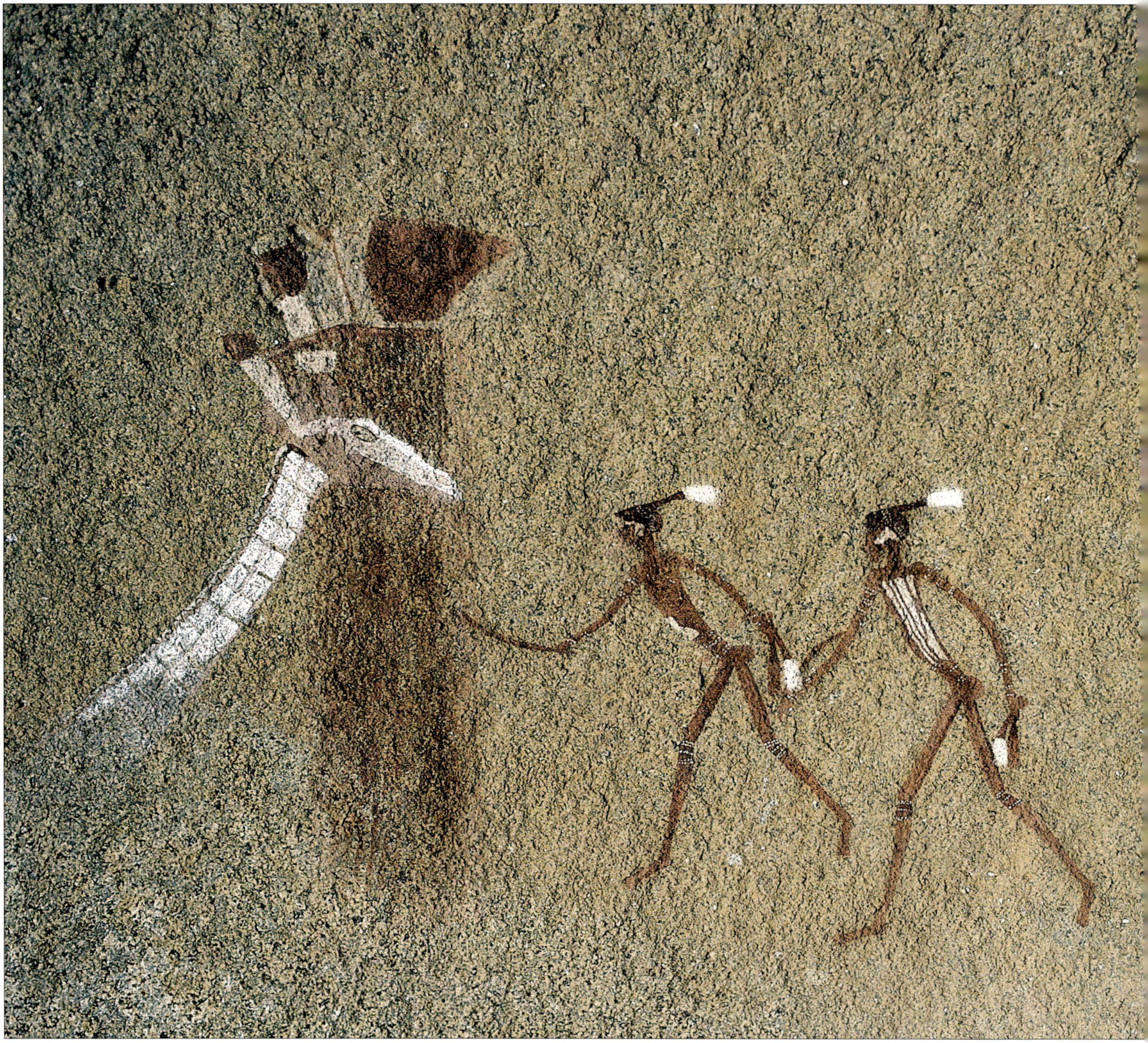

[n° 55] Vallée de Ga'aseb

Une girafe couronnée d'une harpe de pluie, approchée par trois personnages à l'attitude cérémonieuse (environ 96 cm de long). Brandberg.

Clos ton œil physique, afin de voir d'abord ton tableau avec l'œil de l'esprit. Ensuite, fais monter au jour ce que tu as vu dans ta nuit, afin que son action s'exerce en retour, de l'extérieur vers l'intérieur.

CASPAR DAVID FRIEDRICH

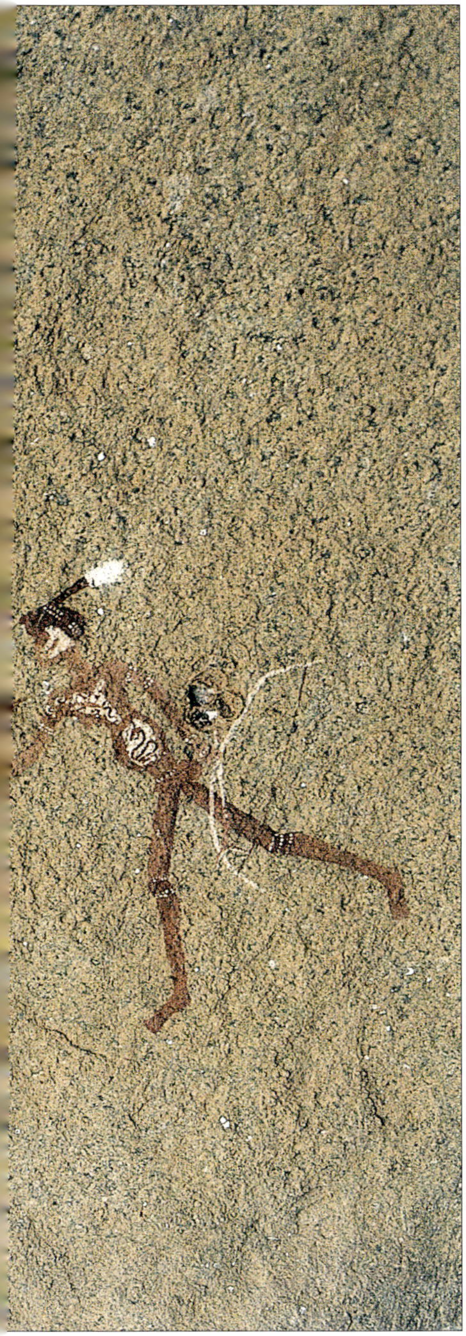

Si les élands dans le Drakensberg et d'autres animaux ailleurs sont l'incarnation visible de forces prestigieuses, le monde est en fait parcouru de forces aux formes mobiles, insaisissables, et il est autrement vaste et profond que ne le disent ses apparences. Quels sont donc les outre-mondes dont les choses visibles semblent être le vrai seuil ? Quelles sont les images de ces espaces et des formes qui les peuplent? Comment vont-elles surgir dans la peinture? Là encore, la peinture *découvre* au regard et par lui les territoires invisibles de la pensée. Le monde a l'étendue réelle de l'imagination.

En figurant ces espaces que l'homme ne voit pas, la peinture cesse d'être l'exercice privilégié d'une vue. Elle se passe alors des apparences qui étaient pour elle un prisme de questions au point d'en avoir inventé de parfaits simulacres. Attachée aux troupeaux d'élands, pour avoir perçu dans les entrelacs flottants de leur course comme dans l'éclat chatoyant de leurs robes le seuil d'une animation essentielle (la vie obscurément pressentie dans le mystère de son incarnation), la peinture s'en détache comme d'une peau, ou plutôt la traverse comme la peau même des choses, ce voile tendu sur des règnes invisibles. La vue se creuse alors de tout l'en dedans de la pensée, s'ouvre à son pouvoir infini de *voyance**, et la paroi se peuple d'un étrange bestiaire. Nous l'avions découverte habitée d'une foule animale, élands, gnous, lions, serpents, rhinocéros, girafes, quelques oiseaux aussi et même quelques poissons, et voilà que les rejoignent des créatures polymorphes étrangères aux espèces connues mais peut-être plus proches de la fabrique originelle ou de la marche continue de la Création : serpents à oreilles, hommes à têtes d'insecte ou d'antilope, bêtes volantes aux ailes moins empennées de plumes que d'extrémités végétales, de nageoires ou de membres atrophiés, tous éléments issus du monde visible mais agencés selon des combinaisons inédites, comme si ces créatures étaient le fruit d'accouplements ignorés de la nature mais désirés par l'imagination. Dans une geste plastique extraordinaire, les San puisent dans le dictionnaire des formes visibles la substance de métaphores visuelles. Ils démembrent le monde des apparences et l'ouvrent afin que surgissent, comme d'une source ou d'une résurgence, les formes outrancières des outre-mondes.

**J'utilise le terme de* voyance *de préférence à celui de* vision, *car ce dernier implique trop l'idée d'une création* hallucinée *qui me semble étrangère ou inutile à la construction du bestiaire fantasmatique dont il va être question ici.*

Hommes-antilopes et corps ailés

La roche dite de la Procession, dans le Drakensberg, est une stèle ornée d'une peinture monochrome repré-
Ill. n° 56 sentant, sur trois rangées superposées, des files de personnages en marche de la droite vers la gauche. Cette peinture est dominée par sept figures, au sommet de la composition, d'une taille notablement supérieure à celle des personnages en file dans les deux rangs situés au-dessous d'elles. Outre leur stature, leur pilosité est remarquable. Leur corps est couvert de poils hérissés, et de leurs torses pendent de longs filaments dont on ne sait au premier regard s'il s'agit de lanières de cuir, de fluides corporels (écoulement de sang ou de sueur) ou d'attributs symboliques. Plus surprenants sont leurs pieds et leurs têtes. Les premiers sont des sabots, quand les secondes sont moins des têtes d'ailleurs que de fins museaux surmontés de cornes effilées qui pourraient être des antennes, comme en ont les insectes. Ces créatures sont des « hommes-
Ill. n° 57,58 antilopes » ou encore des « therianthropes* ». Elles ont avec les hommes une proximité de sens dont témoignent ce corps qu'elles partagent avec eux et cette marche où elles les suivent ou les guident du même pas.

Au-dessus on remarque une autre figure, elle aussi couverte de poils hérissés. Ses membres postérieurs sont réduits à des filaments ; projetés en arrière, ses membres antérieurs sont moins des pattes désormais que des ailes. Elle évoque un vol, « une antilope en vol », comme le font aussi certaines silhouettes humaines, genoux pliés et bras rejetés en arrière. Figures distinctes quoique liées, elles ont en commun de voler et c'est pourquoi Harald Pager a proposé
Ill. n° 56,60,61 de les appeler des « alites »**; je les nommerai pour ma part des corps ailés. Intrigué par de telles figures d'hommes-antilopes, Joseph Orpen demanda à Qing quelle était leur signification et celui–ci lui répondit que « c'étaient des hommes qui vivaient maintenant dans les rivières et qui avaient été dépouillés en même temps que les élands par les danses dont vous avez vu les peintures ». S'appuyant notamment sur ce témoignage, David Lewis-Williams en a donné une interprétation convaincante dans certaines situations***. Ces créatures seraient liées, d'une façon ou d'une autre, à la transe. Les !Kung du Kalahari, qui appartiennent à la même constellation culturelle que les auteurs de ces œuvres (même s'ils ignorent la peinture ou la gravure), pratiquent en effet souvent des danses au cours desquelles certains participants entrent en transe ou connaissent des états extatiques qui s'accompagnent de troubles sensoriels.

**Aucun de ces deux noms n'est réellement satisfaisant. Le premier est plus conventionnel que descriptif car la confusion des formes ne permet pas toujours de rapporter aux antilopes les caractères propres des têtes ; quant au second, formé sur les mots grecs* ther *(bête sauvage) et* anthropos *(homme), il est d'une faible utilité, car il associe sans distinction dieux à tête animale, monstres (comme les centaures, les sphinx, le Minotaure), exemples de possession par un animal, êtres mythologiques, etc.*

***« Alites » (singulier « ale ») est plus ouvert que « antilope volante » qui parfois désigne ces figures.*

****Le « modèle chamanique » d'explication qu'a élaboré David Lewis-Williams est discuté plus en détail dans « Une lecture "chamanique" de l'art rupestre des San ». Cf. infra, p. 182.*

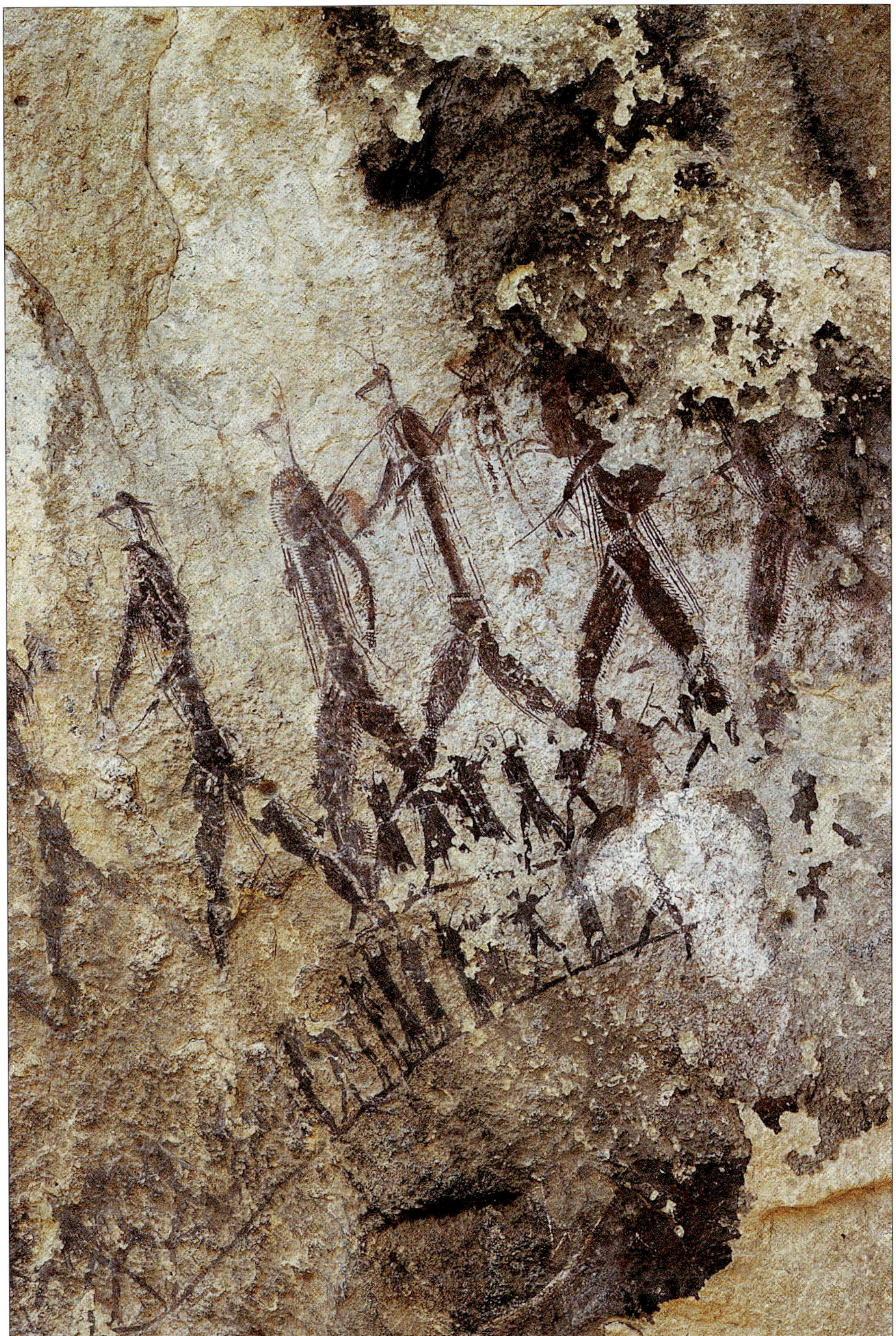

[n° 56] Procession shelter

Un groupe de personnages en marche surmonté de cinq hommes-antilopes et d'un corps ailé (l'homme-antilope, au centre, mesure 32 cm). Cathedral Peak.

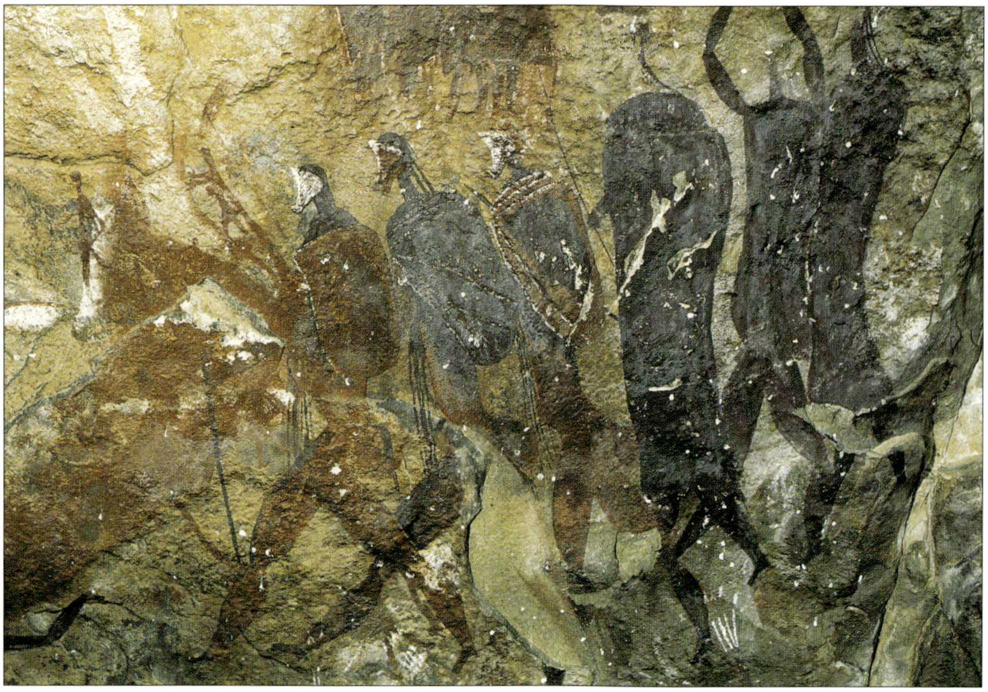

[n° 57] Roche de Fulton
Hommes-antilopes (environ 40 cm de long). Région de Giant's Castle.

Selon David Lewis-Williams, ces « états de conscience altérés » sont la clé pour comprendre les peintures et certaines d'entre elles sont d'ailleurs vraisemblablement des illustrations de telles danses. La transe est en effet selon cet auteur une mort symbolique au cours de laquelle, dégagés de leur enveloppe charnelle, les hommes-médecine ou les « chamanes », comme il les appelle, voyagent dans des espaces imaginaires, s'y approprient la puissance des élands, suscitent la pluie en capturant les taureaux-de-pluie, ou guérissent les malades en combattant des esprits malveillants. Cette « mort » s'accompagne de spasmes, de tremblements ; elle serait analogue à celle, réelle cette fois, de l'éland qui, touché par une flèche empoisonnée, entre dans une lente agonie, tremble, saigne du museau et dont la marche se désordonne. Un grand panneau de Game Pass associe dans une même scène la mort d'un éland (tête baissée, poils hérissés sur l'encolure) et une créature hybride, mi-homme, mi-animal, qui le tient par la queue. À l'image de l'éland, celle-ci a désormais des sabots à la place des pieds, sa tête n'est plus humaine mais animale (quoique d'une espèce peu distincte). Ainsi les hommes-antilopes représenteraient pour David Lewis-Williams ces chamanes transformés (ou, comme l'écrit joliment Anne Solomon, « transe-formés » par la danse); mais ils pourraient aussi illustrer les hallucinations consécutives aux troubles sensoriels que produit la danse, sans que l'on sache d'ailleurs comment David Lewis-Williams distingue le portrait d'un chamane de ses hallucinations visuelles. Les corps ailés évoquant cette

Ill. n°62,119
Ill. n°63,76
Ill. n°69

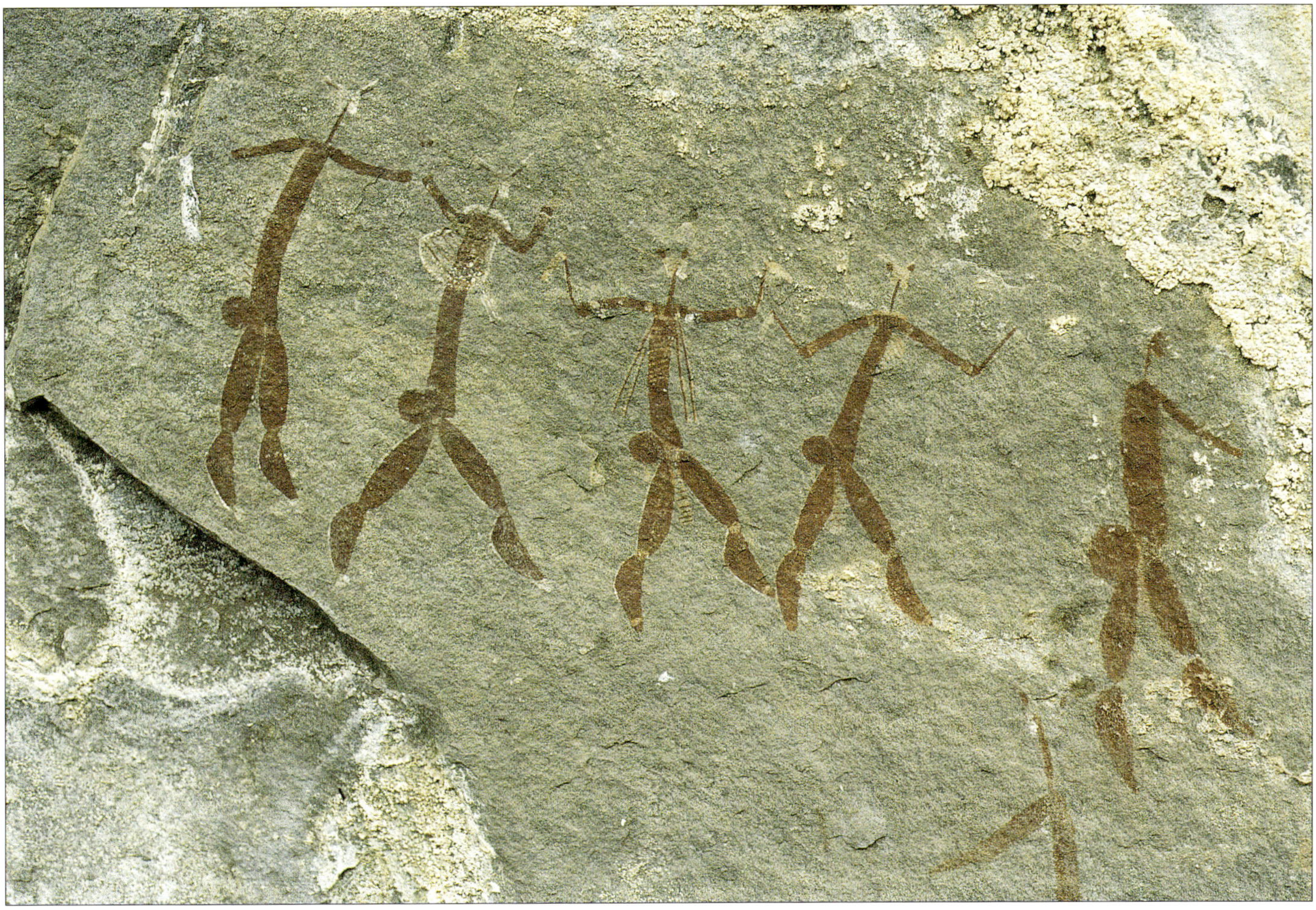

[n° 58] Liliekloof

Hommes « transe-formés », à tête d'antilopes ou d'insectes.

posture observée au cours des danses où un participant se penche et rejette violemment les bras en arrière, ils seraient eux aussi une image de la transe et de la sensation de vol, de libération dont elle s'accompagne. « Chaque antilope en transe, écrit-il, représente l'hallucination d'un chamane [...], chacune est en fait la révélation personnelle, idiosyncrasique, du monde spirituel et de
Ill. n° 59 ce qui arrive à ceux qui y pénètrent*. » Laissant plus ouvert le champ des interprétations possibles, Harald Pager se contentait de souligner le lien que

David Lewis-Williams et Thomas Dowson, The Power of Images, *p. 73. À titre de comparaison, voilà comment André Leroi-Gourhan expliquait des personnages aux attitudes similaires dans l'art pariétal occidental : « On a longtemps considéré que nombre de représentations d'hommes courbés ou de visages de profil allongés en museau représentaient des personnages masqués [...] ce qui permettait d'imaginer aussi bien des danses imitant les mouvements des animaux (ce qui expliquait les corps penchés en avant) qu'une technique de chasse où le chasseur se déguise pour mieux leurrer son gibier »,* Préhistoire de l'art occidental, *1965, p. 95.*

[n° 59] Métamorphoses
Différentes figures peintes dans la vallée de la Ndedema, et ordonnées par Harald Pager montrent la possible métamorphose d'un homme qui danse (à gauche) en un corps ailé (à droite).

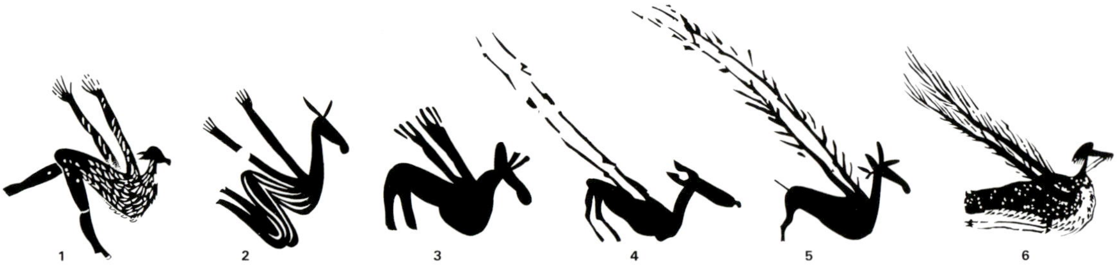

[n° 60] Abri de Junction
Corps ailé aux membres réduits à des filaments. Vallée de la Ndedema.

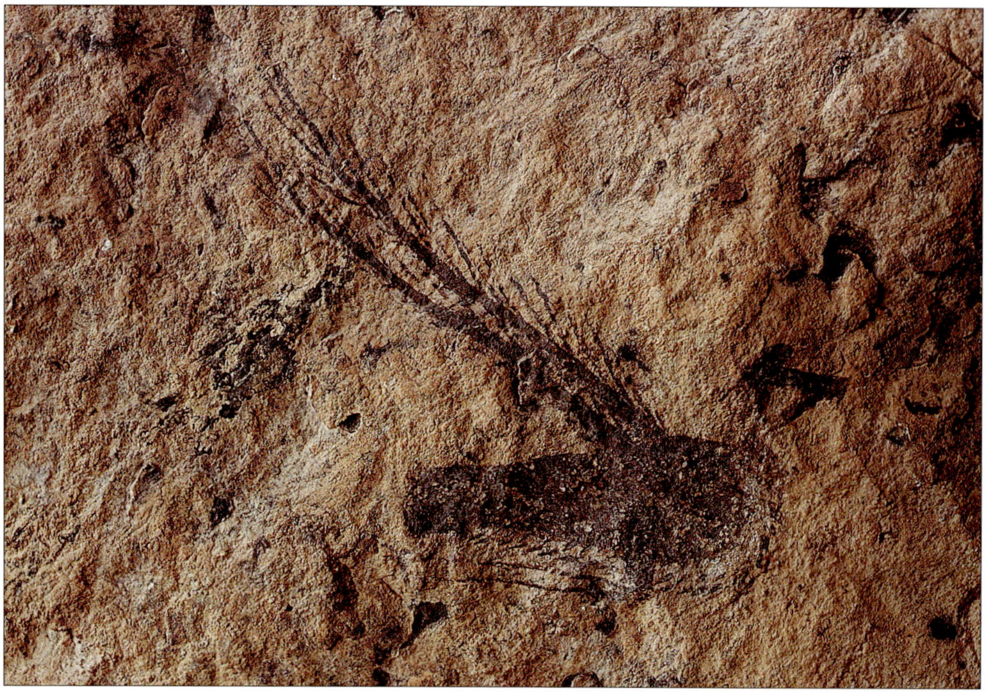

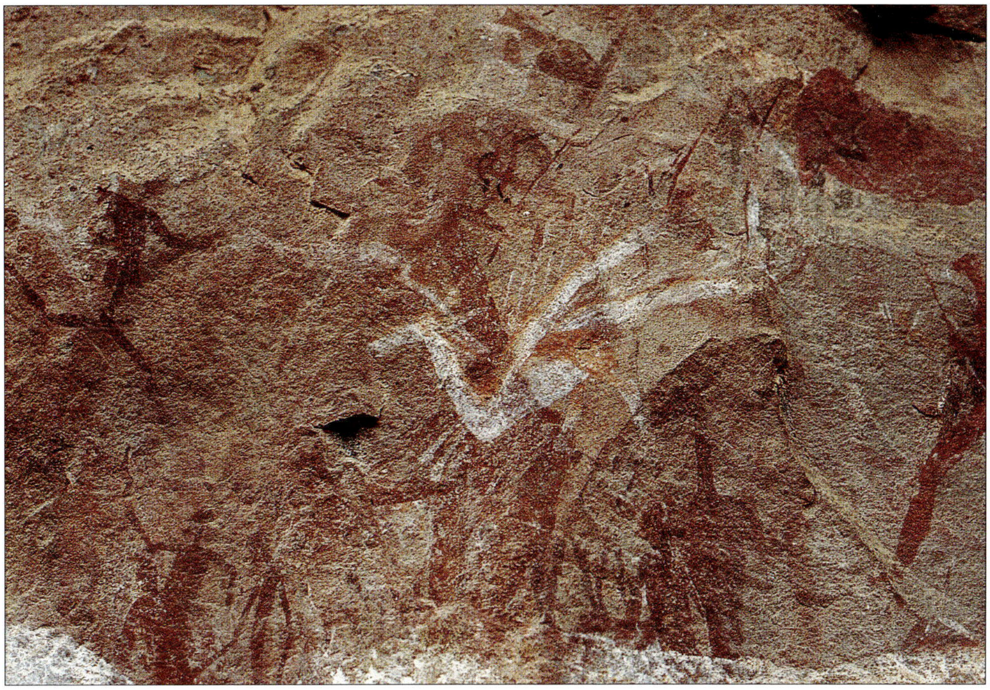

[n° 61] Eland Cave

Antilope ailée.
Nord du Drakensberg.

l'on pouvait faire entre des figures de danseurs et des corps ailés, dont les seconds auraient été issus, par un processus de progressive métamorphose [34].

Il y aurait donc un savoir de la perte de connaissance, une présence de l'absence d'esprit dont ces peintures seraient l'illustration. D'autres auteurs – Pager, Woodhouse et plus récemment Anne Solomon – ont suggéré que ces créatures hybrides seraient d'origine mythologique, et non les fruits hallucinatoires de rituels organisant ce savoir ivre. Plusieurs récits font état de l'indistinction relative des hommes et des bêtes, en particulier chez les « êtres de la première race » (mais aucune précision n'est donnée sur leur forme). Diä!kwain disait aussi des créatures hybrides que Qing avait décrites comme étant mortes et vivant désormais sous l'eau, qu'elles appartenaient aux anciens Bochimans ; quant aux corps ailés, les mêmes auteurs ont souligné qu'ils pouvaient incarner les « esprits des morts ». « À côté de plusieurs récits racontant les exploits aériens de /Kaggen, écrit Pager, se trouvait exprimée la croyance selon laquelle les âmes des morts volent à travers les airs et parlent aux hommes, bien qu'elles soient invisibles [35]. » Ainsi Diä!kwain raconte-t-il que son père invoquait l'esprit de son propre grand-père afin qu'il fît tomber la pluie*. La pluie est justement le second champ de forces qui suscite dans la peinture l'invention de corps qui l'incarnent.

*« *Tu me disais que, après ta mort, tu m'entendrais lorsque je t'appellerais et que tu ferais tomber la pluie pour moi* » *(le père de Diä!kwain cité par Dorothea Bleek,* « *Beliefs and Customs of the /Xam Bushmen. Part VI : Rain Making* »*, 1933, p. 384). De même /Han=kass'o rappelle avoir vu* « *des sorciers qui maintenant sont morts* » *(Dorothea Bleek,* « *Beliefs and Customs of the /Xam Bushmen. Part V : The Rain* »*, 1933, p. 2).*

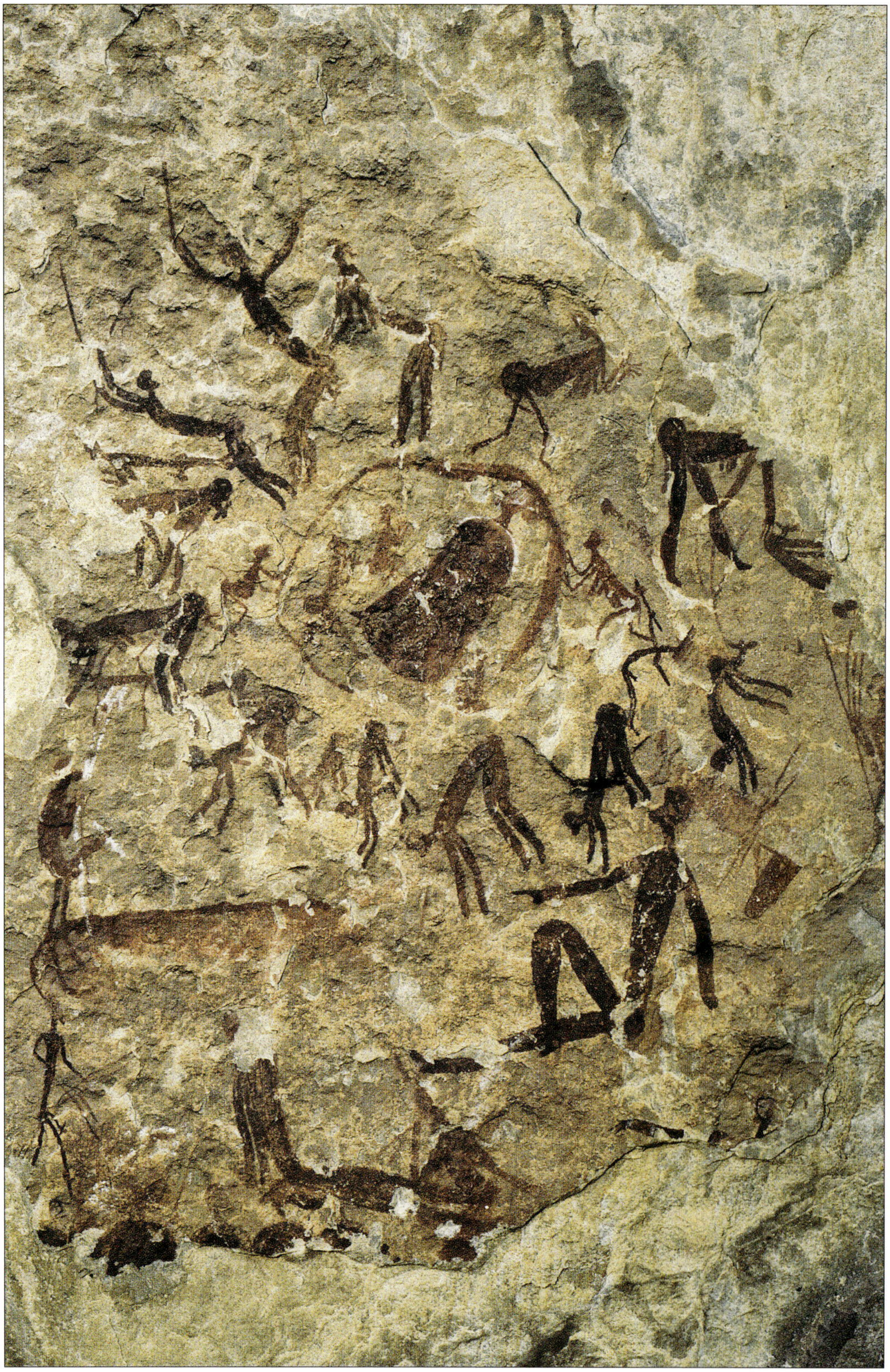

[n° 62] Roche de Fulton
Une danse souvent interprétée comme un rituel curatif ou l'initiation d'une jeune fille (environ 45 cm de haut). Vallée de la Ncidibwane, région de Giant's Castle.

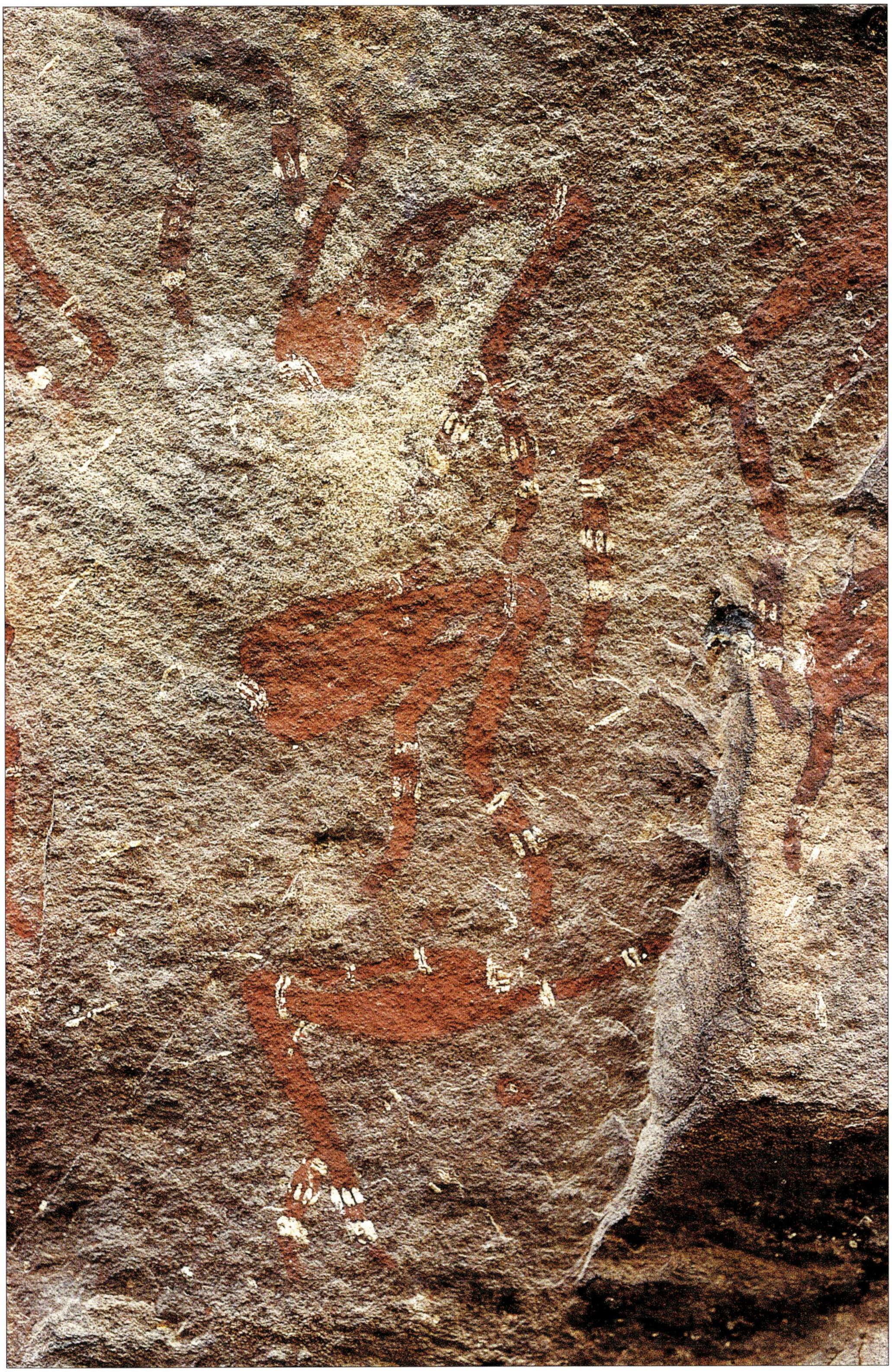

[n° 63] Lower Houston

Plusieurs personnages dans des attitudes de danse. L'absence de tête pourrait signifier la perte de conscience que produisent les états de transe. Région de Rhodes.

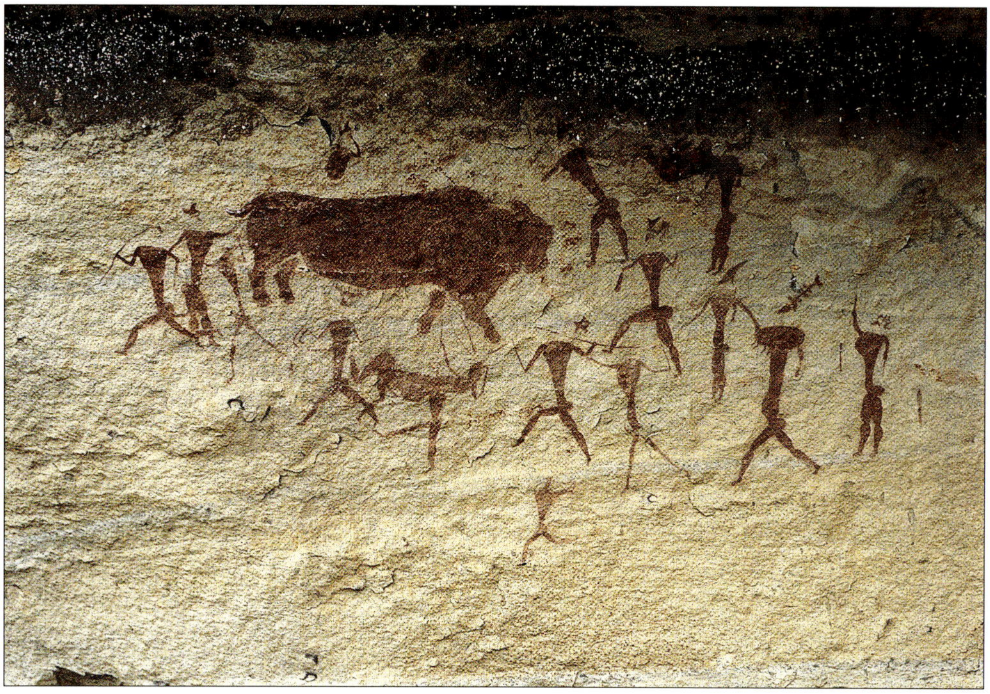

[n° 64] Bamboo Hollow
La capture d'un animal-pluie, cerné de personnages aux têtes extraordinairement stylisées. Environs de Giant's Castle.

Le bestiaire de la pluie

Elle est un monde à elle seule, et la condition même du monde. Des puissances antagonistes l'habitent comme l'atteste la diversité de ses apparitions et de ses transformations, les orages brefs aux sombres visages tuméfiés, les bruines intermittentes ou longues, qui deviennent rus, torrents ou mares unissant ainsi le ciel et la terre. Les /Xam distinguent d'ailleurs une « pluie-mâle », violente, dangereuse – c'est l'orage zébré d'éclairs – et la « pluie-femelle » plus douce, qui ne dévale pas les pentes mais pénètre les sols pour les rendre fertiles.

Le taureau-de-pluie. L'une des créatures qui représentent la pluie-mâle (ou peut-être la pluie, dans l'ambivalence de ses formes) est un taureau-de-pluie. C'est un animal qui a la forme d'un quadrupède proche d'un hippopotame, mais il est aussi décrit comme un éland ou encore comme un serpent, signe de la mobilité de ses incarnations. Ainsi lorsque Joseph Orpen montra à Qing la reproduction d'une peinture de la capture d'un animal ressemblant quelque peu à un rhinocéros, celui-ci lui répondit, en dépit des apparences, qu'il s'agissait d'un serpent. Quoi qu'il en soit, ce taureau-de-pluie vit sous l'eau et « habite une source au fond d'une mare », raconte Diä!kwain. Des sorciers ayant le pouvoir d'infléchir le cours de la pluie sont chargés de s'y rendre et de l'attraper. Les hommes-pluie peuvent être des êtres vivants, mais aussi des ancêtres réels ou mythologiques *.

Ill. n° 64

**Ainsi /Han=kass'o explique-t-il que « les morts qui sortent du sol sont ceux dont ma mère disait qu'ils chevauchaient la pluie, parce que les cordes avec lesquelles ils la tiennent sont comme les rênes d'un cavalier : elles la retiennent. Ils chevauchent la pluie, parce qu'elle leur appartient », in Dorothea Bleek, « Beliefs and Customs of the /Xam Bushmen. Part V : The Rain », 1933, p. 305.*

Dans l'un des récits de la capture de cet animal, Diä!kwain explique en substance que les sorciers veulent emmener la pluie chez eux « pour qu'il pleuve et que les oignons sauvages poussent et que leur peuple vive, car si elle tardait à venir, ils finiraient par mourir de faim ». Les hommes-pluie passent donc une corde au-dessus de ses cornes, le sortent de son territoire liquide, et en chemin le sacrifient. Là où ils le dépècent la pluie tombe. Dans une autre version, le taureau-de-pluie est attrapé quand il broute à côté de son trou d'eau ; ailleurs, cette capture a lieu de nuit (signe de l'espace séparé dans lequel il vit), et toujours il s'agit d'une tâche dangereuse.

La girafe. Corps pluriel à l'image de ce dont il est le symbole, cet animal-pluie prend d'autres formes, comme, dans le Brandberg, la girafe que son long cou relie aux nuages, à la façon d'un messager aérien entre ciel et terre. Dans un abri de la vallée de Ga'aseb, dans le Brandberg, un auvent de plusieurs dizaines de mètres de long contient une fresque montrant trois personnages qui s'approchent d'une girafe dont seuls la tête et le cou ont été peints. Elle est couronnée d'un nuage non figuratif d'où la pluie s'écoule. La tête de la girafe traverse ce rideau de pluie ; le long de son échine court un trait ondulé semblable à un chemin de foudre ou une ligne de puissance. Les trois hommes s'approchent en marchant, avec une attitude de respect. Ils tiennent à la main un long objet incurvé, une plume me semble-t-il, avec laquelle l'un d'eux, le plus proche de la girafe, touche la pluie. Ces plumes,

Ill. n° 55,66

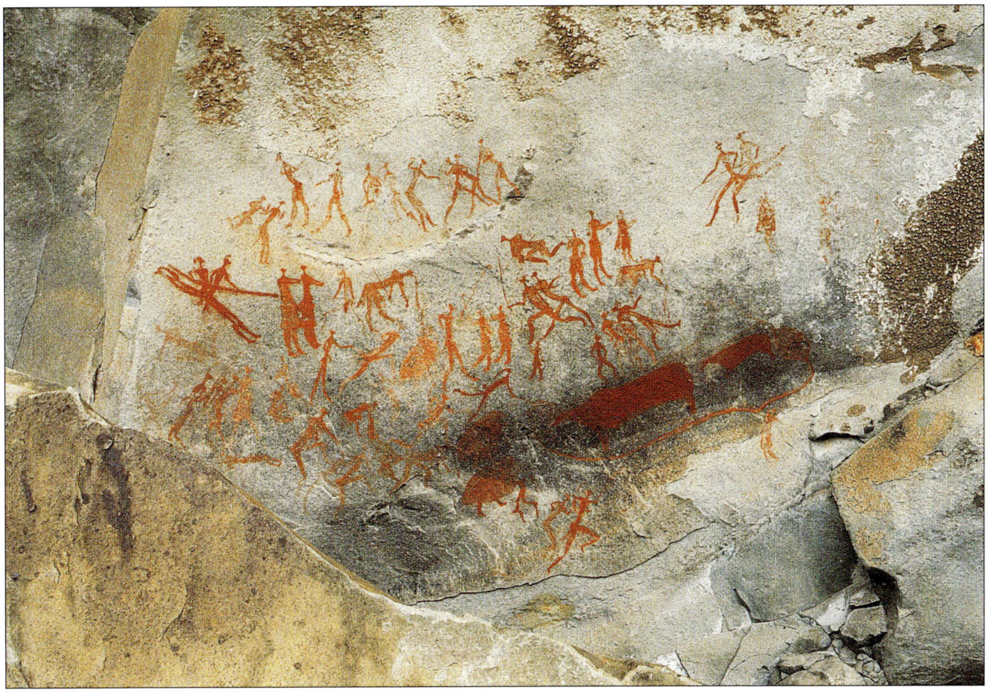

[n° 65] Abri de Gxalingenwa 2

Une scène complexe associant près de 65 personnages : danseurs, danseuses, coureurs, etc., et, semble-t-il, deux taureaux-de-pluie dans le coin inférieur droit (environ 125 cm de long). Région de Cobham.

l'espace abstrait dans lequel évoluent ces personnages, privés de toute ligne de sol où prendre appui, la girafe dont seuls le cou et la tête sont figurés, tout ceci évoque une scène aérienne, un vol spirituel signalant que cette scène a pour cadre un territoire mental. Le personnage sur la droite, qui porte un arc et une flèche, a le torse ou l'abdomen paré de curieux détails, en particulier une ligne sinueuse dans son ventre qui ressemble à des intestins, mais qui semble aussi un serpent. Si tel était le cas, se trouveraient réunis dans une même composition deux animaux associés à la pluie*.

Le serpent-à-oreilles. Car la pluie a un dernier corps, celui du serpent-à-oreilles. Dans le Brandberg, son image le montre parfois couvert de motifs géométriques semblables à ceux de la robe des girafes ; proche des rivières par sa forme sinueuse, le serpent est aussi relié, d'une autre manière, à la fécondité par ses analogies sexuelles. Selon /Han=kass'o, il est, avec les tortues, l'un des animaux de la pluie ; selon Qing, il séjournerait dans les rivières mais pour d'autres il vivrait aussi dans le ciel. D'ailleurs l'arc-en-ciel lui serait apparenté, et la croyance selon laquelle il voyagerait entre la terre et le ciel aurait été largement répandue parmi les populations san et khoekhoe [36]. Comme la pluie, qui elle-même prend la forme de l'orage violent et de précipitations fécondes, le serpent est ambivalent, il est à la fois propice et destructeur, bienfaisant et dangereux.

Les peintures de serpents se distinguent fréquemment des autres par leur grande taille. Dans la vallée de Hungorob, dans le Brandberg, un serpent fait presque sept mètres de long ; un autre, replié sur lui-même,
Ill. n°95
atteint sans doute les quatre mètres. Alors que les représentations animales sont si souvent des miniatures (les antilopes, par exemple, font le plus souvent dix à quinze centimètres), le serpent est le seul à être peint à l'échelle, et naturellement, lorsqu'il est associé dans une même fresque à d'autres animaux, il apparaît hors de proportion. Est-ce le signe de sa valeur ?

Par ailleurs les serpents sont souvent ornés dans les peintures de deux traits particuliers. Le premier est la corne (comme en ont les vipères « à cornes ») semblable à celle d'un rhinocéros. Il y a là une relative gémellité de sens avec un animal qui, nous l'avons vu a Thaba Sione, est aussi associé à la pluie, et peut-être par la corne, à la vigueur sexuelle.
Ill. n°67
Le second caractère, ce sont les oreilles qui affilient les serpents aux élands ou aux antilopes, sans que cette possible hybridation n'exprime une proximité immédiate. Son sens me semble devoir être recherché ailleurs. Que veulent dire en effet ces oreilles, sinon que le serpent écoute ?

**La valeur de sens dont cette peinture est emplie est illustrée par l'attention, le soin qui lui ont été apportés. Six couleurs ont été utilisées, du blanc, deux roses, un orange, un ocre rouge, du beige, ce qui, à ma connaissance, est fort rare, et de très nombreux détails ont été soigneusement représentés : ainsi, de fines rangées de points blancs sont dessinées aux genoux et dans les cheveux, ornements corporels, rangs de coquilles, et attache de la coiffe.*

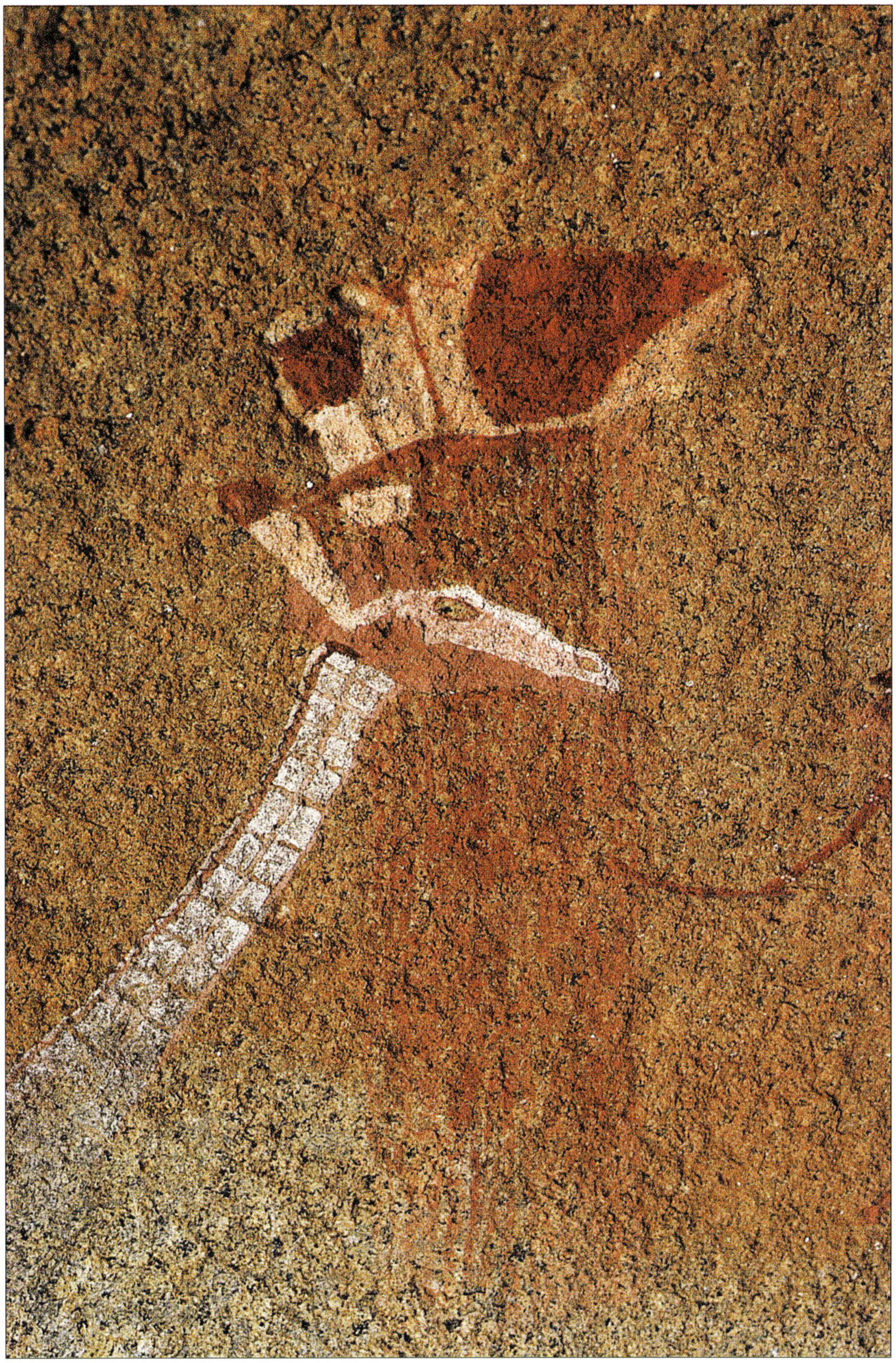

[n° 66] Vallée de Ga'aseb

Une girafe couronnée d'une harpe de pluie. Elle est peinte de six couleurs différentes, et son œil est un défaut naturel de la roche souligné d'un rehaut de noir. Brandberg.

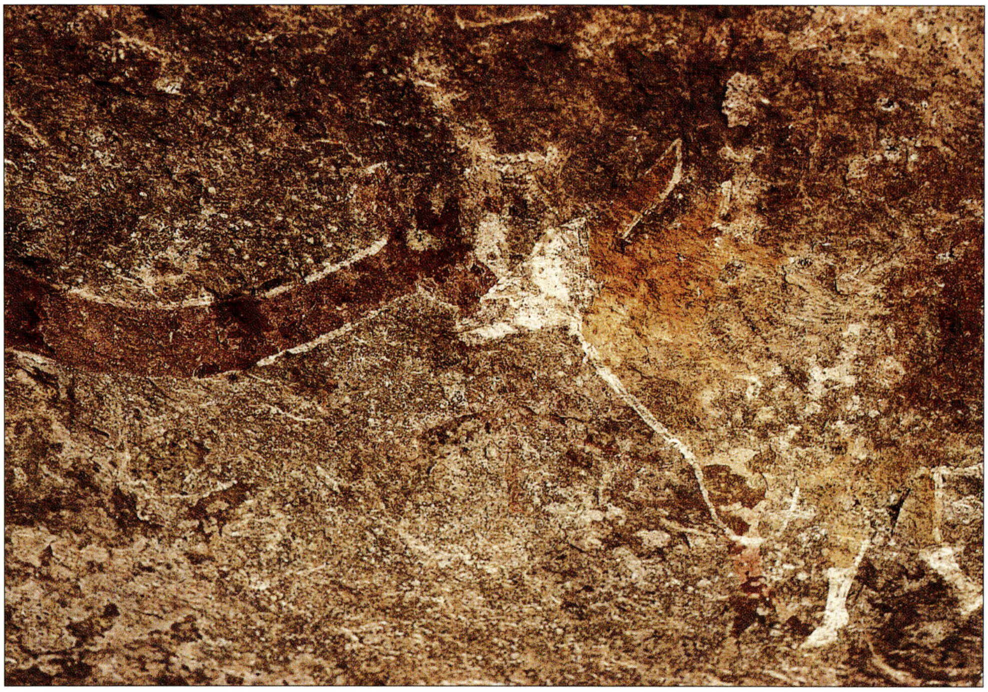

[n° 67] Vallée d'Amis

Le face-à-face d'un serpent à oreilles et d'un éland. Non une rencontre réelle, c'est une association de symboles. Brandberg.

Diä!kwain raconte l'histoire suivante : « Lorsque nous voyions que la pluie allait tomber violemment, nos mères nous disaient que si nous lui parlions, elle ne nous écouterait pas mais, entendant que nous lui parlions, gronderait comme si nos paroles suscitaient sa colère*. » Les oreilles pourraient être le symbole de ce que les San appellent la pluie-mâle, c'est-à-dire l'orage, par opposition à la pluie-femelle qui, elle, est fertile. Symbole de l'ouïe et métonymie du bruit, les oreilles évoqueraient alors le tonnerre qui accompagne l'orage, mais aussi, pourquoi ne pas l'avancer, les rivières elles-mêmes dans leur écoulement sonore.

Ambivalent, le serpent l'est jusque dans sa reptation sinueuse, ce cheminement qui articule des directions opposées. Il est au principe de la vie, comme il l'est à celui de la mort, habitant des anfractuosités de la roche ou des horizons fluides des rivières. Symbole sexuel, il surgit naturellement dans l'univers des jeunes filles nubiles. Un San au début du XXe siècle disait que le lendemain de l'initiation marquant l'entrée d'une jeune fille dans l'âge pubère, il pleuvait à coup sûr [37]; Diä!kwain, lui, déclare qu'une jeune fille pubère « possède le pouvoir magique de la pluie » et les appelle les « femmes de l'eau [38] ». D'ailleurs un seul mot signifie chez les /Xam la pluie ou l'eau, les émissions de

Ill. n° 68

**Dorothea Bleek, « Beliefs and Customs of the /Xam Bushmen. Part V : The Rain », 1933, p. 297 (« Quand les nuages s'accumulaient, raconte encore Diä!kwain, mon père nous disait de nous taire. Nous devions regarder avec nos yeux et ne pas parler des nuages »).*

sang et cette puissance surnaturelle maléfique associée à la transgression des interdits accompagnant les règles, !Khwa. Ce pouvoir aux yeux des /Xam est le signe du charme que la jeune fille, devenue pubère, exerce sur le serpent dont elle s'approprie les prestiges. Elle est donc capable de susciter la pluie-femelle, douce et féconde, ou d'attirer la pluie-mâle, l'orage aux dangereux éclairs. En claquant dans ses doigts, elle peut appeler la foudre sur celui qu'elle désigne du doigt, mais elle peut aussi le préserver de ses effets. Les lignes de peinture rouge dont s'ornaient les jeunes hommes avaient justement ce pouvoir de les protéger de la foudre, comme si, se parant de signes menstruels, ils accédaient à leur tour au pouvoir des jeunes filles nubiles.

[n° 68] Liliekloof

Personnage féminin tenant un serpent à la main. L'une et l'autre des images épousent le surplomb de roche et disparaissent dans l'ombre de la paroi.

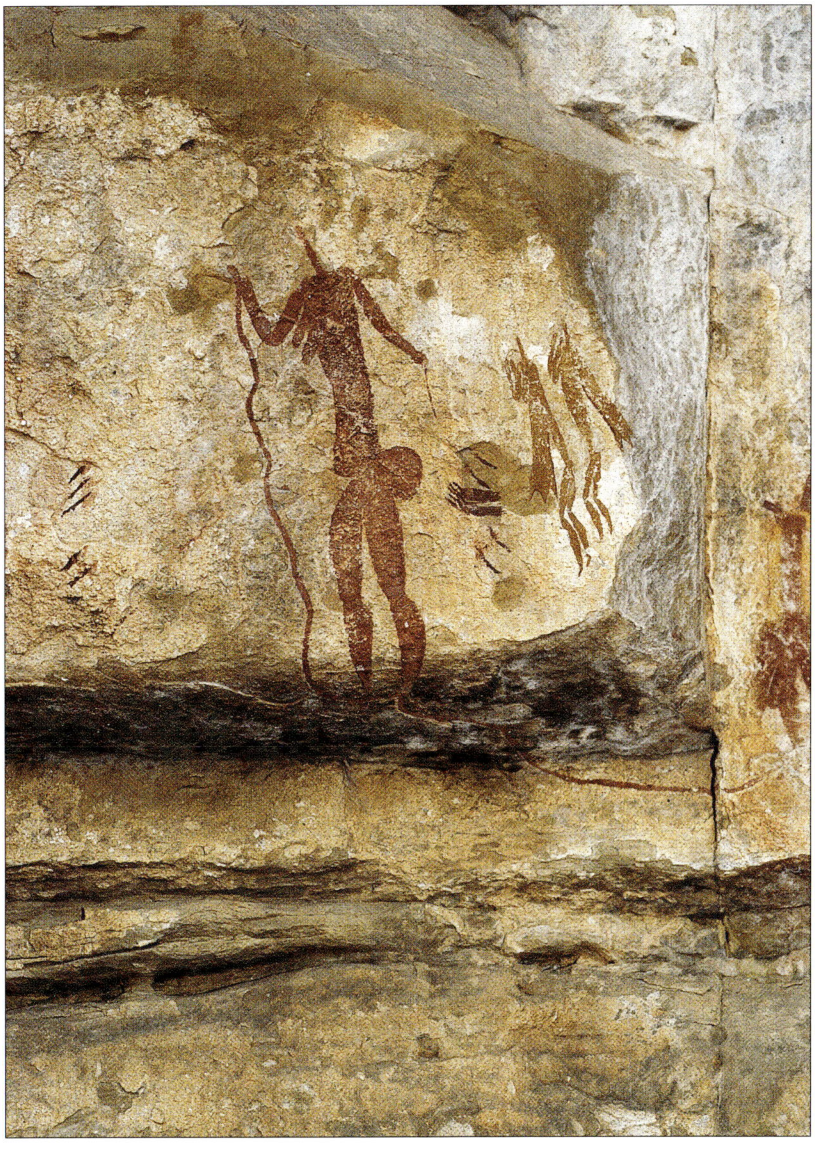

Outre-mondes, autres formes

Étranges forces étrangères qui séjournent dans des espaces et des durées autres que celles où les hommes évoluent ! Forces d'ailleurs, vivant ailleurs mais capables d'agir ici par toutes les lignes de sens tissées par la pensée entre les choses. Lignes tirées entre les espaces du temps, et le long desquelles circulent les esprits invoqués ou lignes sensibles de la pluie cheminant le long de tous les trajets qu'elle s'ouvre – rideaux de pluie, rus, rigoles, torrents, arcs-en-ciel reliant quelque là-haut que côtoient les girafes au long cou, aux lieux d'en bas dont les anfractuosités et les mares sont des seuils annonçant les territoires invisibles où vivent taureaux-de-pluie, serpents-à-oreilles et peut-être aussi tout le bestiaire aux anatomies fantastiques des créatures ancestrales, et des corps enfantés par l'imagination.

Qu'il y ait d'autres territoires auxquels le sol ne donne pas réellement accès mais des passages, oui, fabuleux et secrets, est une intuition universelle dans toute pensée « religieuse » ou « magique ». C'en est aussi un préalable, comme si la pensée devait se situer au-dehors de ce qu'elle appréhende pour le concevoir dans sa totalité. Le visible appelle l'invisible comme l'avers d'une médaille son revers. Il n'en est pas le contraire mais le complément. L'ailleurs est en somme la condition de l'ici, et la pensée se construit dans l'oscillation perpétuelle entre l'un et l'autre de ces pôles, procédant à un constant commerce de substances au passage de leur frontière*. Où est ce passage ? Mais au-dedans bien sûr ! Que la ligne du dehors s'enracine au cœur de notre intimité, nous en faisons l'expérience en fermant les yeux : fermer les yeux ce n'est pas mettre fin au regard, c'est prolonger la vue de cette autre vue au-dedans, la voyance. Il est un moment en effet où, nos yeux clos, le monde cesse de se déployer devant nous. Pourtant un autre monde apparaît, suscitant la surprise de découvrir cette présence à la fois proche et insaisissable. Des formes nous visitent, négatifs des créatures diurnes auxquelles elles empruntent librement leurs apparences. Elles flottent, dansent, se nouent et se dénouent comme elles ne le font pas dans le monde visible, et cela *en toute indépendance*. La pensée peut attester leur existence mais non les maîtriser. Elle pare alors de prestiges les créatures qui sont en fait le fruit de son prodige, c'est-à-dire de son extravagance native.

Ce théâtre intérieur qu'en toute civilisation les progrès de la raison désenchantent, ce bal d'ombres dont nous savons désormais qu'il est fait d'un poudroiement, d'une texture imaginaires, je me figure que les San y assistèrent avec tous les égards que méritaient les formes libres qui y

**Nous n'avons plus le corps ni la langue de cette pensée. Aussi nous peinons à évoquer cette unité étrangère aux oppositions de sens qu'ont produites les affinements progressifs de la raison : « réel » et « irréel », « ailleurs » et « ici » sont de pauvres conventions pour évoquer la plasticité du monde créé par les San.*

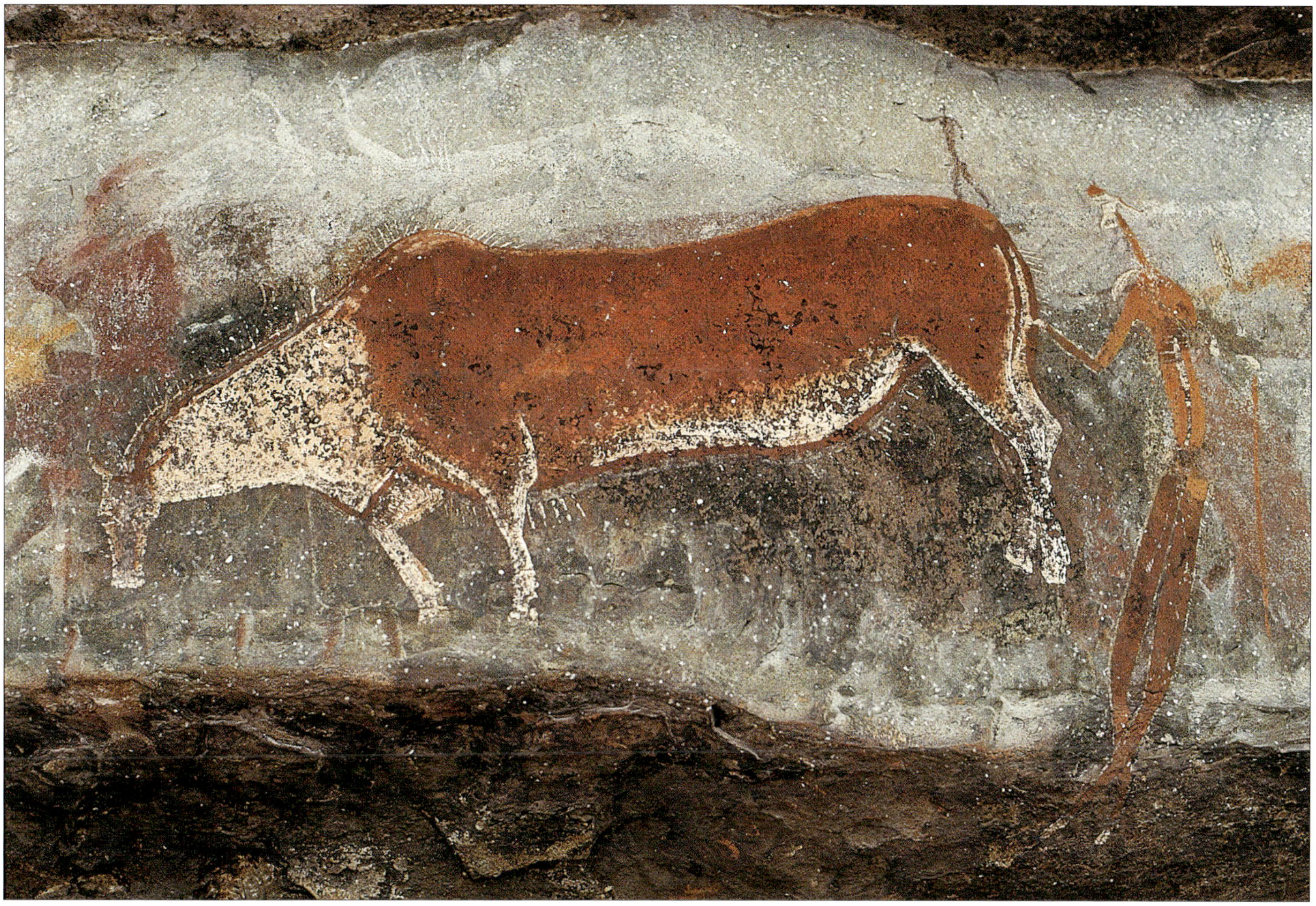

[n° 69] Game Pass

Un éland agonisant est tenu par la queue par un être en voie d'hybridation. L'utilisation du surplomb de la roche est remarquable comme l'est la transformation des pieds de l'être humain en sabots (environ 68 cm de long). Région de Kamberg.

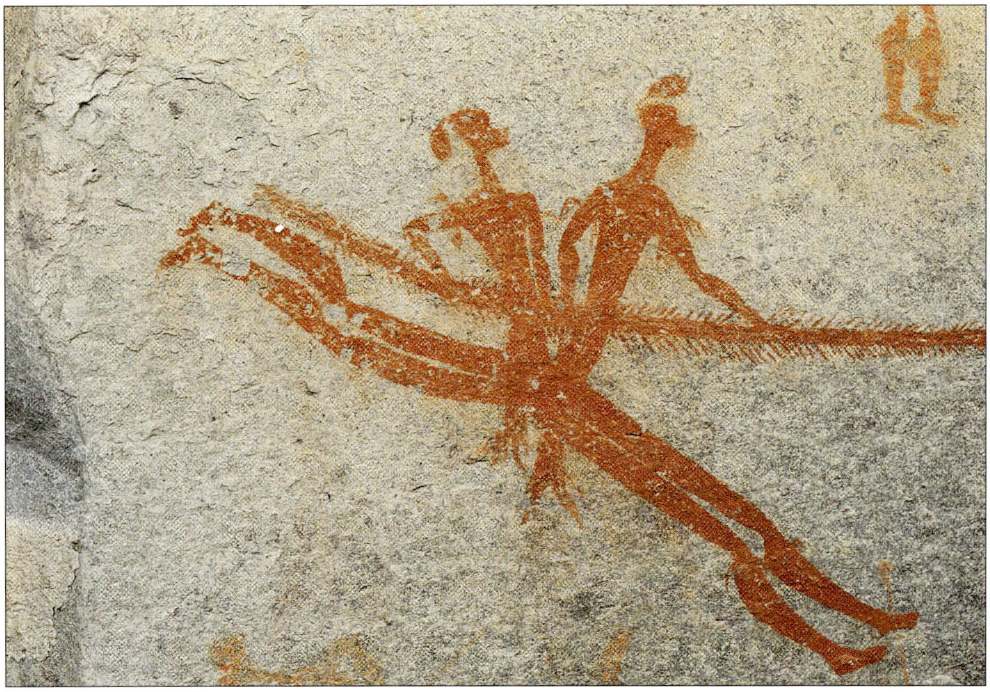

[n° 70] Gxalingenwa 2
Deux personnages, se déplaçant peut-être le long d'une ligne de forces. Abri de la région de Cobham.

paraissaient. Que ces dernières aient eu lieu, qu'elles aient possédé un territoire inaccessible au pas et à la vue mais non à la voyance de la pensée, voilà qui, à leurs yeux, ne devait faire aucun doute. Cherchant à définir le « réel » et croyant y parvenir en distinguant l'univers des perceptions de celui du rêve, Merleau-Ponty se montrait en fait embarrassé car, disait-il, il reste toujours « à savoir comment nous pouvons avoir l'illusion de voir ce que nous ne voyons pas, comment les haillons du rêve peuvent, pour le rêveur, valoir pour le tissu serré du monde vrai, comment l'inconscience de n'avoir pas observé peut, dans l'homme fasciné, tenir lieu de la conscience d'avoir observé [39]. » Cette équivalence est selon moi d'une extrême fécondité, car elle permet le passage entre l'un et l'autre territoires que les San englobaient dans un même monde. Et comme l'espace terrestre se déplie et s'agrandit des nouveaux versants, des nouvelles plaines, des forêts insoupçonnées que le pas lui découvre, de même l'espace de la pensée peuple ses autres versants de créatures fabuleuses, leur donnant sens et forme dans l'invention de corps irréels. Imaginer et penser, créer et réaliser sont les pas solidaires et alternés d'une même marche de l'esprit.

Ill. n°71

Loin d'être une contrainte de sens, l'intuition nécessaire d'un outre-monde induit au contraire une *libération* des figures (c'est vrai de l'intuition religieuse, mais aussi de la pensée rationnelle où toute découverte est création corrélative d'un nouvel inconnu). À leur tour, ces figures accroissent l'étrangeté de cet outre-monde de leurs corps, par essence fantastiques. Outre-sens, outre-formes, ce pouvoir d'invention est là encore universel. Fantastique est le panthéon égyptien avec ses divinités à tête de chat, de faucon, d'ibis ou de serpent; fantastiques sont le paroxysme intérieur de Hieronymus Bosch et les formes incréées avant lui dont il peuple son *Jardin des délices*, le grouillement des visions dont Grünewald assaille son saint Antoine, et plus encore (à mes yeux) la lumière sans ombre, divine d'être égale et également répartie, immobile et éternellement stable comme l'est l'aura dorée qui baigne les têtes de saints dans l'enfance de la peinture européenne, avant qu'elle ne s'ouvre au grain mouvant et aux ombres de la lumière solaire. S'y dévoile la même nécessité de donner forme à ce qui n'est que forces – force de l'esprit, force du corps, peupleraies d'angoisses, bosquets de fantasmes ! Questionnant la signification du mot « fantastique », Claude Roy en rappelait la définition : *« qui n'existe qu'en fantaisie, en imagination »*, puis il remarquait l'existence de rejetons inattendus comme *fanal* et *falot*, *« qui servent à montrer les objets, à les éclairer, à les rendre visibles »*, avant de feindre de s'étonner de cette racine « extravagante qui sert à la fois à nommer ce qui n'existe pas et à rendre visibles les objets [40] ». Or c'est bien dans la tension ouverte par ce double sens, dans la nécessité de rendre visible ce qui n'existe pas, que les peintures « fantastiques » des San puisent leur sens : l'exploration

[n°71] Abri de Junction
Personnages se métamorphosant au passage d'un pont de cordes. Au-dessous galopent d'étranges créatures hybrides. Figuration de la juxtaposition d'espaces de sens distincts ? Vallée de la Ndedema.

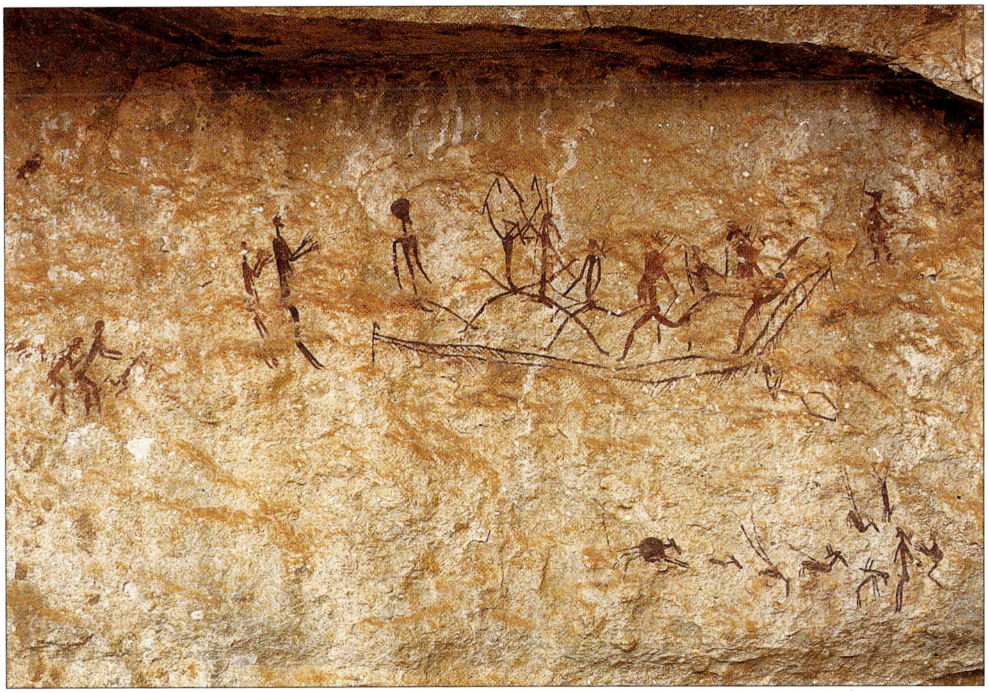

de l'inconnu va de pair avec l'invention de formes inédites capables de rendre visible ce qui ne l'est pas, ce que Rimbaud dans une des deux lettres justement dites du « voyant » a défini d'une formule capitale : « les inventions d'inconnu réclament des formes nouvelles [41] ».

La dialectique du monstre

Ancêtres mythiques ou réels, esprits des morts ou êtres vivants engagés dans des voyages spirituels sous l'impulsion d'une excitation de tous les sens, que sont les hommes-antilopes et les corps ailés ? Peu importe en vérité, car nous n'avons, *dans la peinture*, aucun moyen de trancher. Me retient davantage qu'ils expriment dans ce lieu d'ici et d'ailleurs qu'est la paroi, cette croyance en d'autres espaces de sens reliés au monde terrestre par des lignes de passage où circulent des forces à combattre car elles sont malveillantes, ou à mobiliser pour les rendre agissantes. Et me retient plus encore *le corps donné* à ces croyances : que, sous la pression du sens, la chair des hommes s'ouvre à la métamorphose et reçoive les traits de l'animal, voilà une irruption essentielle dans l'intimité de l'être, des figures du dehors – de toutes les figures du dehors, de l'oiseau et du poisson, de l'éland, de l'insecte comme si les couplaisons animales monstrueuses étaient le vecteur privilégié de la création des fantasmes les plus humains. Aucune culture ne semble échapper, à un moment donné de son développement, à une pensée de la communauté animale dont le devenir humain ne serait en somme, dans l'imaginaire, qu'une pousse extraite d'un premier humus, mais elle prend dans l'exemple des San la forme d'une empathie particulière qu'Élias Canetti, de façon inattendue, a soulignée.

Canetti voit dans les pressentiments exposés par les narrateurs de Bleek des « amorces de métamorphose★ ». « Les Bochimans flairent de loin l'arrivée de personnes qu'ils ne peuvent ni voir ni entendre. Ils ont aussi un sentiment qui leur dit l'approche du gibier, et ils décrivent par quels signes leur propre corps leur fait connaître cette approche. » Penser à quelque chose suffirait à le faire advenir à l'intérieur de soi, la pensée s'innerverait de la chair de l'autre jusqu'à le devenir, comme s'il fallait avoir véritablement le corps de cette chose pour la penser : elle *s'incarnerait*. Ainsi l'attente, le désir de l'éland suffisent à celui qui y pense pour s'emplir de l'animal : « Nous avons une sensation au visage à cause de la raie noire du museau de l'antilope [...] nous avons une sensation dans les yeux à cause des marques noires des yeux de l'antilope [...] il me semble que l'antilope approche, je sens ses poils noirs. »

★*Élias Canetti,* Masse et Puissance, *1966, p. 357 et suivantes. Curieusement, cette analyse n'est jamais discutée ni même citée dans les travaux, pourtant soucieux d'exhaustivité, consacrés à l'art rupestre des San...*

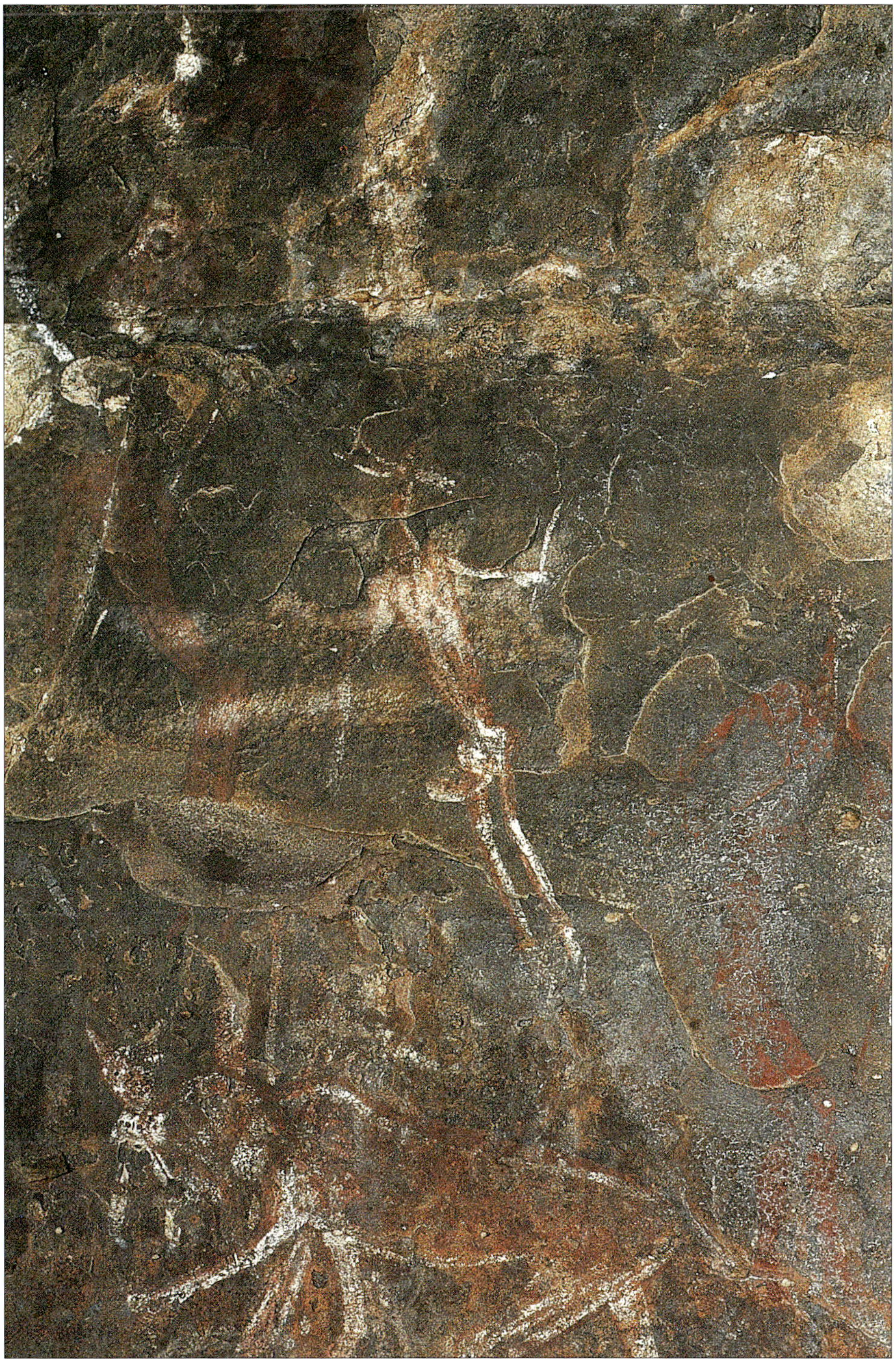

[n° 72] Bluebend

Homme-antilope se découpant dans le noir de fumée.
Environs de Rhodes.

Un autre dit avoir la sensation « le long de [ses] mollets quand le sang de l'antilope va y couler ». « Les lettres de l'alphabet, commente Élias Canetti, sont comme ils disent dans leur corps », mais c'est aussi le corps animal qui « monte » dans l'alphabet, car cette identification est si poussée, remarquait Wilhelm Bleek, que dans certains récits les /Xam imitent la position de la bouche de l'animal et lui prêtent une langue et un parler singuliers.

Nombre de récits des San évoquent ce pouvoir de se métamorphoser ou de métamorphoser d'autres créatures. Ainsi la pluie peut-elle poursuivre celui après qui elle est en colère, l'emporter jusqu'au ciel avant de le précipiter dans une mare où il deviendra une grenouille. Abandonnés comme des dépouilles, son manteau, son carquois redeviennent les antilopes dont la peau avait servi à leur confection ; les branchages des huttes redeviennent des arbres, etc. Naturellement /Kaggen est doué de tels pouvoirs, lui qui prend l'apparence d'un bubale qui, dépecé, se remembre au grand effroi des enfants qui en transportent la dépouille ; ailleurs, une jeune fille transforme en arbres des hommes qu'elle charme, comme les sorciers se changent en chacal, en oiseau ou en lion. Dans ces récits, un corps nouveau pris dans l'inventaire des êtres existants en remplace un autre, s'y substitue. Mais la peinture, elle, *déforme* des corps existants ou agrège en des corps inconnus des fragments de créatures connues. Elle rend visible moins

[n° 73] Brotherton

Deux figures monstrueuses, l'une ailée, l'autre inspirée semble-t-il du porc-épic. Vallée de la Mhlwazini.

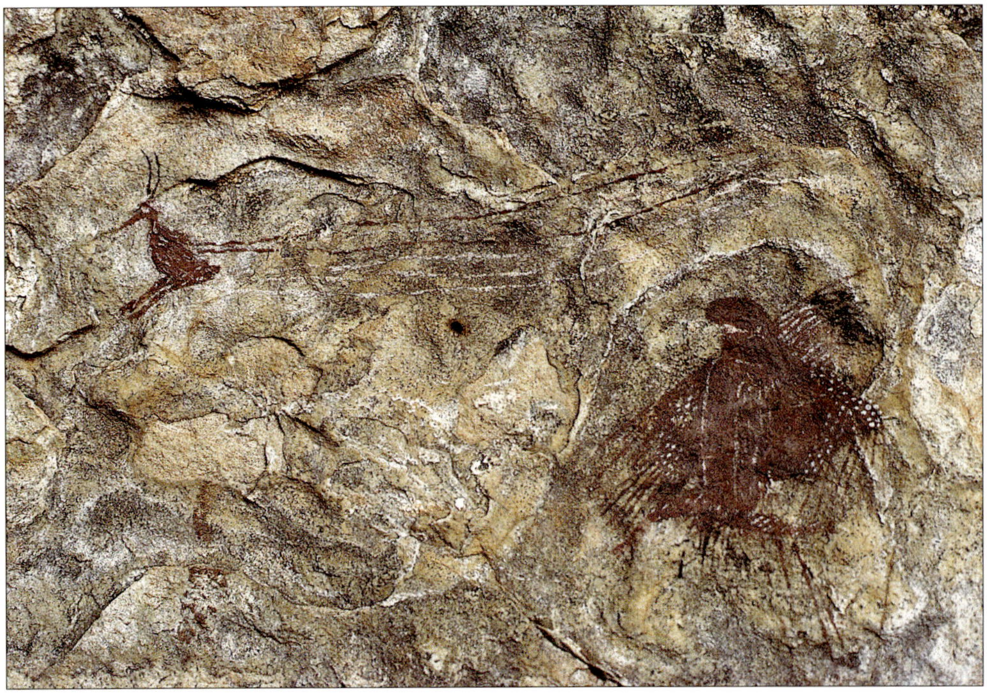

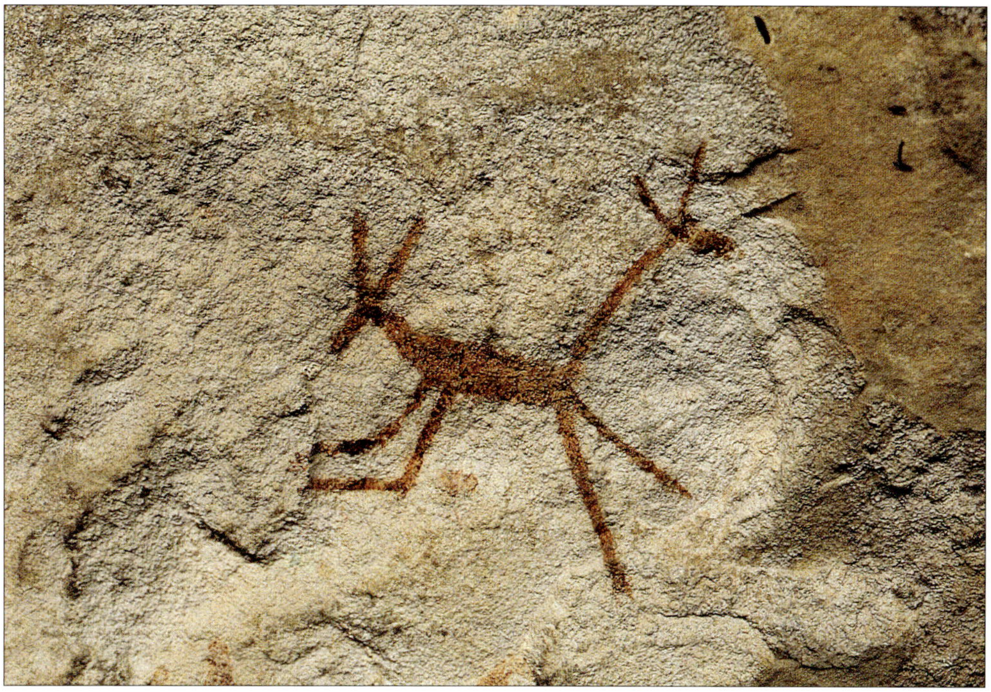

[n° 74] Ofandweni

Cette extraordinaire image miniature (4,5 cm) d'une créature à deux têtes se lit dans deux sens : de la gauche vers la droite est figurée une antilope ; de la droite vers la gauche, se découvre un homme à tête d'antilope, les bras en avant, légèrement repliés. Environs de Cathedral Peak.

un pouvoir de transformation qu'un pouvoir de *création* de formes, quelque chose qui est en devenir perpétuel, en puissance – l'image d'une force. Je ne m'étonne nullement que des forces peuplent cet espace projectif qu'est la peinture. Ailleurs parce que différentes et différentes d'être des phénomènes actifs sans forme visible, en vertu de quel paradoxe faudrait-il leur supposer des apparences d'ici, elles qui brièvement agissent puis s'effacent ? Leur monstruosité est la forme de leur différence. En ce sens, le pouvoir d'invention qui s'exerce dans la création picturale de monstres ou d'êtres fantastiques est la métaphore de leurs pouvoirs créateurs. Leur forme est leur identité de créatures extraordinaires douées de forces qui ne le sont pas moins.

Certaines peintures donnent à voir par quels mécanismes visuels de sens les hybridations s'opèrent et quelle imagination active est à l'œuvre dans la peinture. À Hunter, une petite antilope est dessinée de façon à signifier simultanément la course et le vol. L'extension excessive des membres antérieur et postérieur gauches fait qu'ils se croisent au-dessus du corps de l'antilope, leur donnant l'apparence d'ailes tout en conservant leur rôle visuel de pattes. Plus étonnante est la figure minuscule et rudimentaire d'un être à deux têtes qui, selon le sens où on le regarde, semble le corps d'un homme ou celui d'une antilope. Pourquoi alors ne pas suggérer que ces êtres hybrides sont des créations picturales, je veux dire en cela qu'elles ont leur origine dans

Ill. n° 89

Ill. n°74

la peinture ? La paroi, loin d'être le seul lieu d'exposition du sens, est bien aussi celui où il se crée dans le jeu des formes que la peinture sécrète, c'est-à-dire extrait de leur secret.

Les hommes-antilopes et les corps ailés sont des figures dynamiques et mobiles. Ils sont en marche ou en vol, et plus encore ils possèdent une mobilité interne que porte l'hésitation constante des traits qu'ils assemblent. Impensable d'invoquer une maîtrise approximative du dessin ! Il s'agit là de formes volontairement ouvertes : ce qui est stable, en elles, c'est leur pouvoir de créer des agencements nouveaux et non les êtres qu'ils assemblent dans des fusions irréelles qui rendent parfois incertaine leur origine mais qui attestent la vitalité de l'imagination qui les a engendrées. Le monstre est d'essence dialectique. Il n'est pas un corps fixe mais un passage entre les corps, le désir d'accoupler en eux ce qui les différencie. Il est à la fois le champ des formes nouvelles que compose ce désir, et le champ des forces ouvert entre les pôles qu'ils assemblent. S'il n'a pas de corps stable, pourrait-il avoir un sens qui le fût – comme finalement chacun tente de lui en prêter un – *a fortiori* un sens assez univoque, comme David Lewis-Williams l'a fait en élaborant un modèle descriptif où, peu ou prou, l'ensemble des créatures relève du chamanisme ? Ou bien son sens serait-il le prestige de la création infinie du sens ? de ce qui ne se fixe pas ? Dans les récits des /Xam nous voyons des créatures ou des êtres prendre les corps les mieux adaptés à la situation. Ils en changent pour échapper à une menace, parcourir plus aisément l'espace, piéger leurs adversaires, sans que l'on puisse assigner une signification unique à la métamorphose. Dans la peinture, les monstres sont eux aussi un espace génératif de sens. Ils inventent les corps nécessairement nouveaux des forces par essence instables et mouvantes, et sont aussi l'image du pouvoir infiniment créateur des images. Ce sont des métaphores, c'est-à-dire des *transports* de sens invitant ceux qui les regardent à s'avancer dans l'inconnu de la vue et de la pensée. Si ces images furent puissantes, et je pressens qu'elles l'étaient, si elles fascinèrent, ne le devaient-elles pas à l'espace mobile de sens qu'elles déployaient en elles, comme une visible invitation à s'avancer à leur suite dans l'obscurité des forces dont elles étaient le visage ?

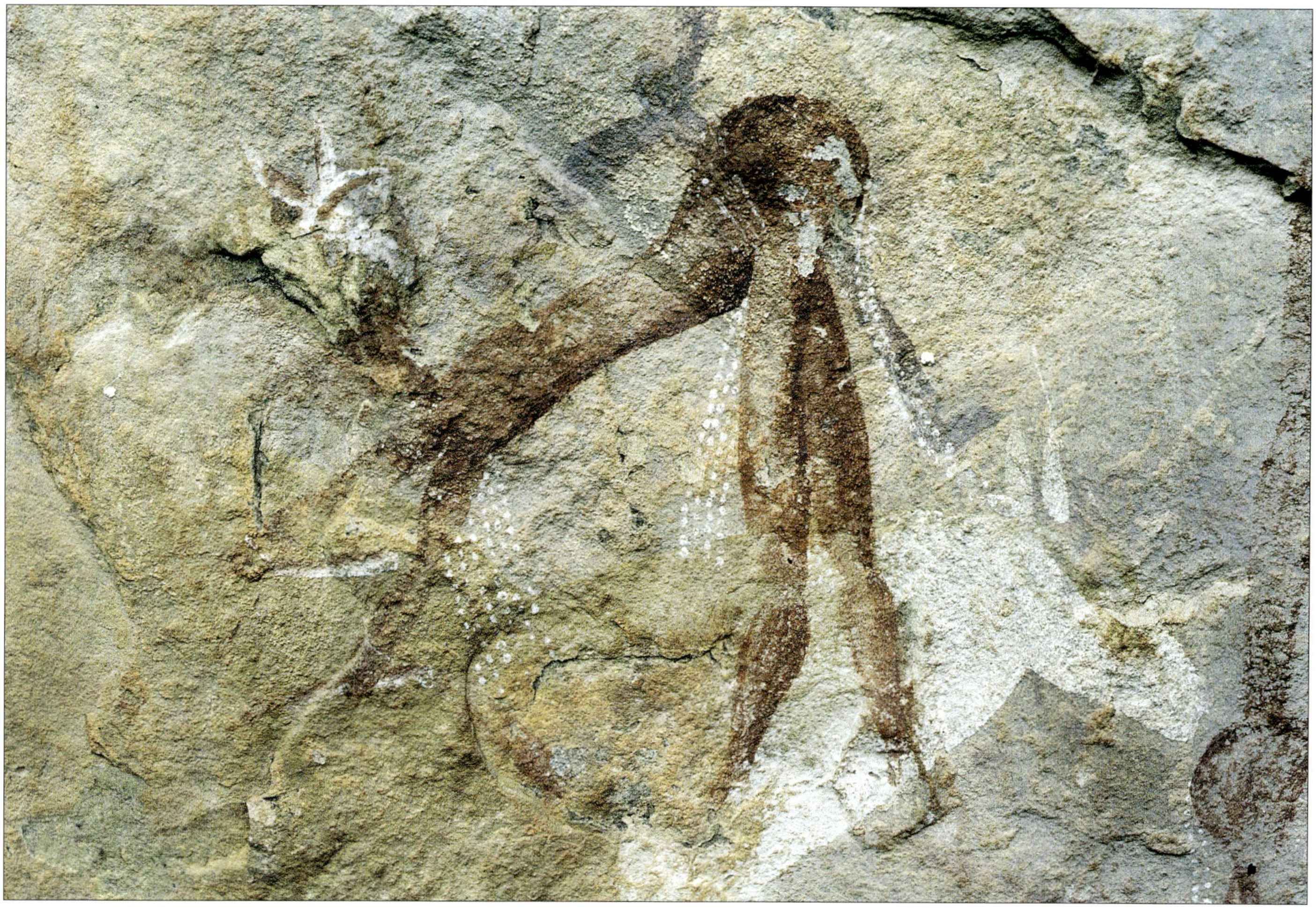

[n°75] Roche de Fulton

Homme dont la tête est couverte de bois d'antilope, superposé à une peinture d'éland. Vallée de la Ncidibwane, région de Giant's Castle.

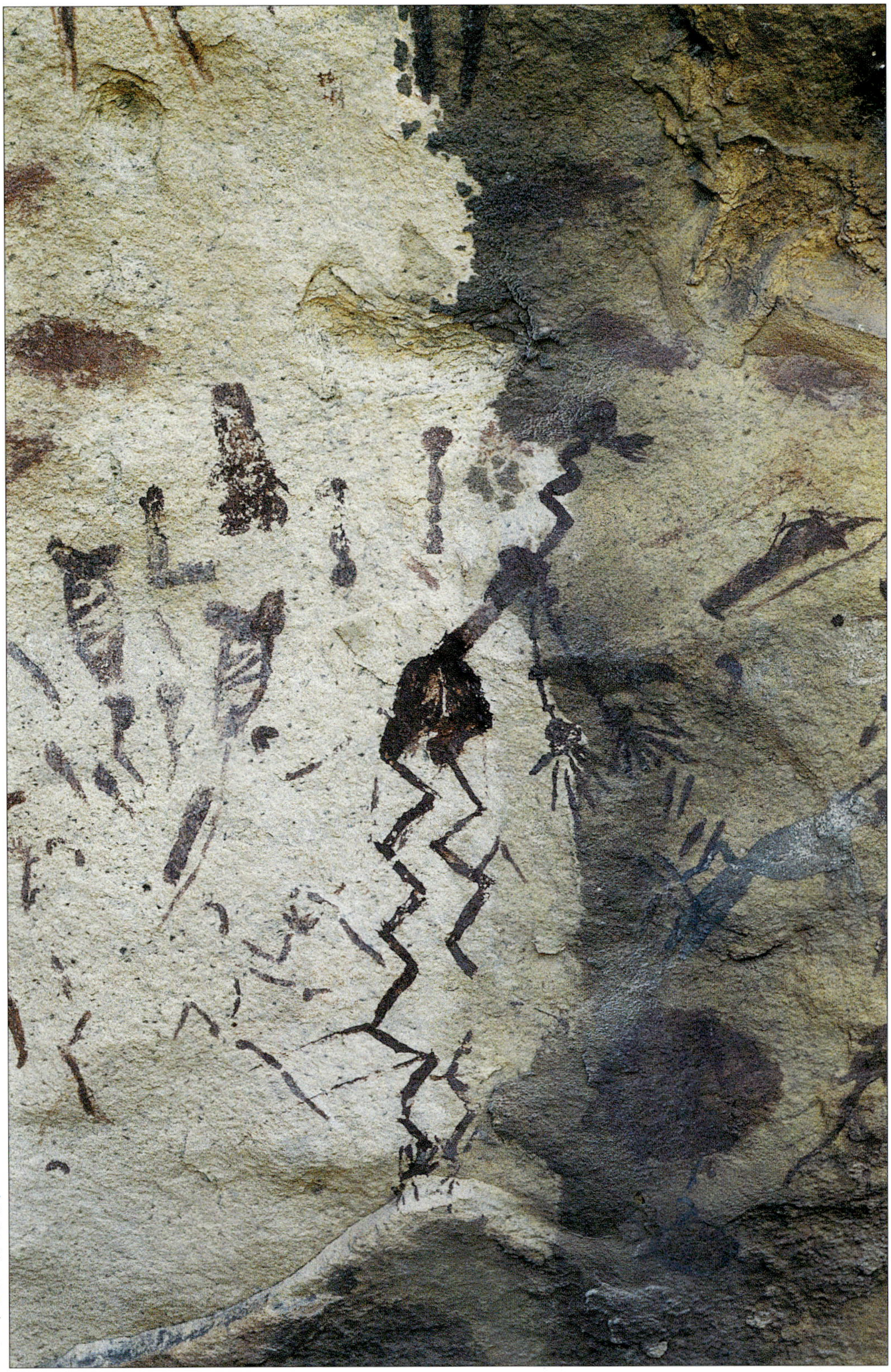

[n°76] Gxalingenwa 1
Personnage aux jambes et au cou en zigzag, et dont les mains ont six doigts (25 cm de haut). Il a été suggéré qu'il s'agissait d'un personnage en état de transe. Région de Cobham.

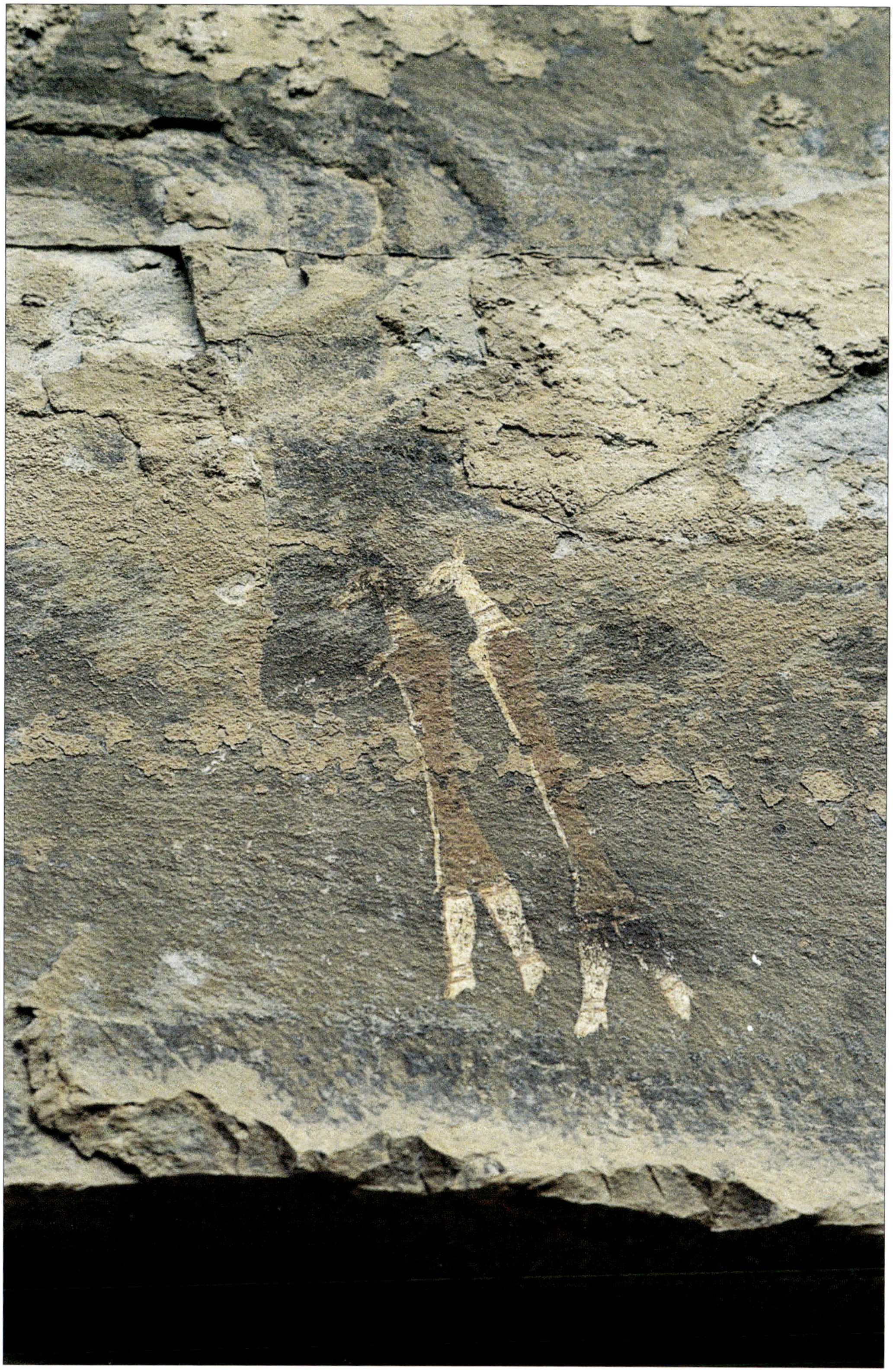

[n° 77] Injasuti
Deux hommes-antilopes aux oreilles distinctement figurées. Région de Cathedral Peak.

Une trouée dans le corps du temps

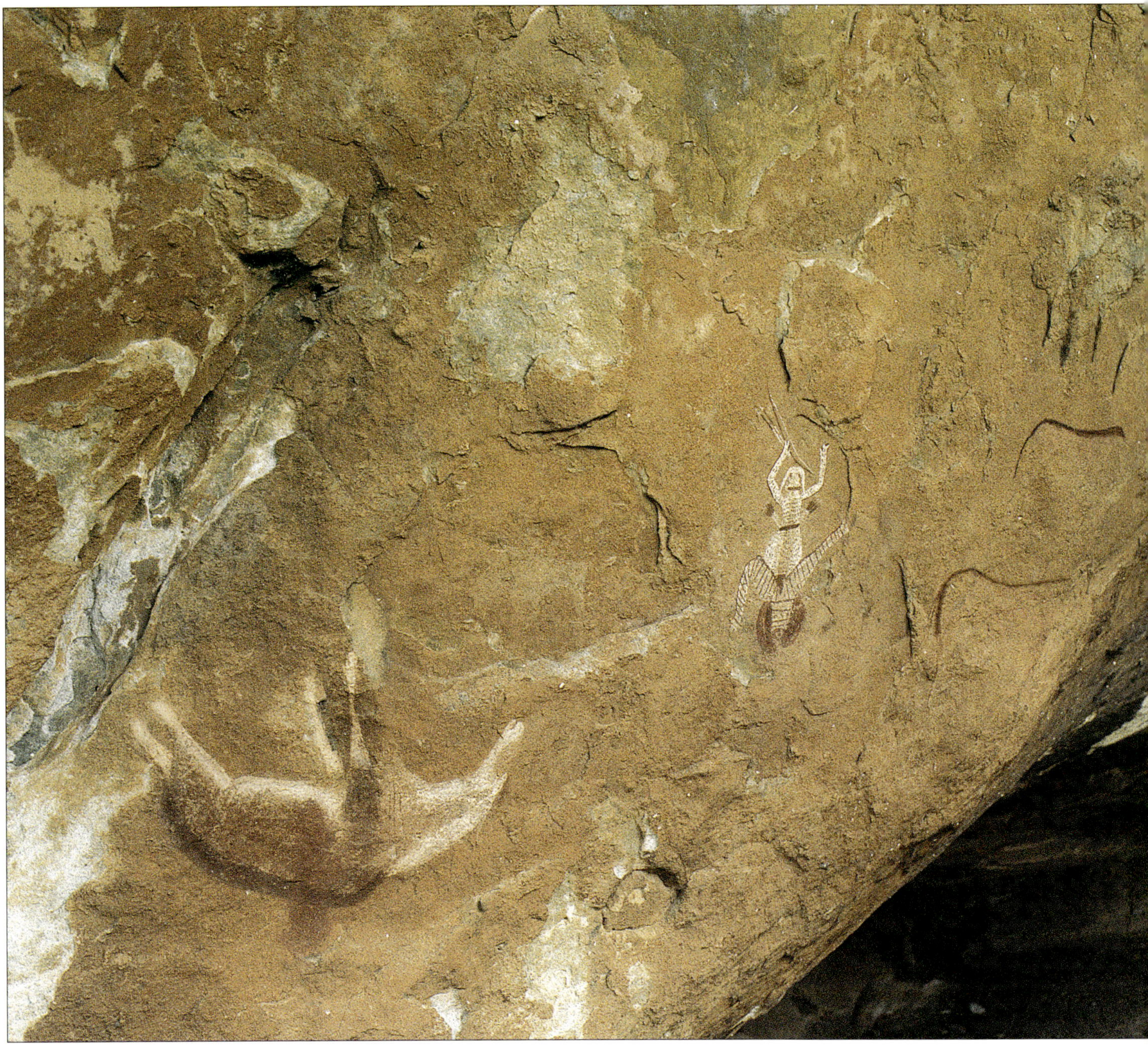

[n° 78] Willcox

L'abri de Willcox est orné, entre autres, d'une créature fantastique et d'un éland couché sur le dos dans l'attitude de la mort. Environs de Giant's Castle.

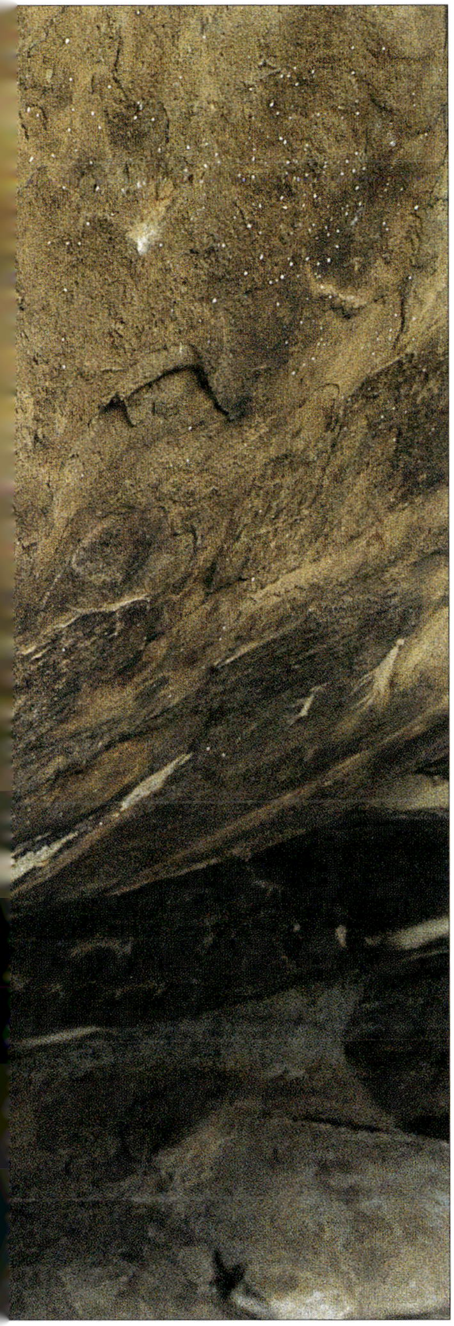

À hauteur d'yeux sur la paroi de l'abri de Willcox, une figure apparaît, une femme, peinte de blanc pour l'essentiel. Représentée de face, elle a une jambe pliée, l'autre est levée découvrant le triangle du pubis schématiquement esquissé. De cet entre-jambe pend une masse difforme, deux hémisphères semblables à quelque fruit de chair ou placenta ou lèvres monstrueuses ou même quelque excroissance animale comme le serait l'abdomen d'une guêpe. Maladroitement dessiné, le corps a des hanches lourdes, un buste étroit sans poitrine, entravé de deux carquois ; les bras eux aussi sont levés et l'une des mains (un moignon de main en fait, comme les pieds eux aussi sont des moignons) tient un arc et deux flèches. La tête achève de douer d'étrangeté cette figure, avec de longues oreilles pendantes, une bouche grossièrement esquissée, ces yeux enfin qui sont deux points sombres, un vide où l'on s'enfonce et un vide qui surgit. Ill. n° 78,79

Certaines images, comme cette peinture, nous laissent interdits. Je me souviens de l'extrême surprise mais aussi de l'embarras que suscita en moi son apparition, à l'instant où me tenant devant les photographies et les dessins que j'en ai faits, je ne sais toujours pas par où commencer avec elle. Est-ce parce qu'elle me fait face et nous tient, moi qui la regarde, elle qui s'expose ainsi à mon regard, dans le *face-à-face* d'une telle rencontre ? La décrire est un secours un peu pauvre, car décrire c'est entrer dans le détour, c'est donc se détourner quand, justement, il s'agirait là de se mesurer à ce qui surgit devant soi et de dire la fascination que recherche et parfois provoque la peinture.

Les « femmes mythiques »

Le plus étonnant est que cette figure se répète, comme par exemple dans l'abri du Sorcier, dans le Drakensberg, à cinquante kilomètres de là, mais aussi dans l'Underberg, et hors d'Afrique du Sud, au Zimbabwe. L'ensemble de ces images a été réuni sous l'appellation de « femmes mythiques », dont quelques exemples extraordinaires ont été peints autour d'anfractuosités dans la roche figurant en creux leur ventre ou leur matrice. Ce sont des créatures énigmatiques, représentées de face, les bras levés ; parfois elles tiennent en main un arc et des flèches ou un simple objet incurvé. Il y a là une conjonction de traits

qui les apparentent, comme l'a montré Anne Solomon*. Par une proximité étrange, leur attitude rappelle celle de « la femme à la corne » et d'autres bas-reliefs de la grotte de Laussel, en France ; leurs jambes sont écartées – là encore comme le sont celles des êtres mythiques de l'art aborigène australien à Aubangbang ou celles de la « vieille femme de Kakadu » – et de leur sexe s'écoule un sang menstruel ou un liquide amniotique. Mais en fait ces « femmes mythiques » ont un corps double. Elles sont androgynes. Celle de l'abri
Ill. n° 80 dit du Sorcier est un homme comme le montrent sa taille étroite (au contraire des formes rondes, voire des traits obèses sous lesquels les femmes sont figurées) et plus encore un pénis « infibulé** » même s'il est peu visible. Cette masse rouge entre les jambes – bulbe ovarien, ombilic gorgé de sang ? – le relie au monde féminin, comme ces attributs masculins que sont les outils de la chasse, l'arc et la flèche, reliaient la figure de Willcox au monde masculin. Il y a là une hésitation de sens, qui est le sens même auquel ces figures donnent corps – elles qui ont aussi en commun d'être peintes en blanc, comme aucune autre figure ne l'est...

Anne Solomon voit dans ce corps double ou hésitant le signe de l'ambiguïté dont les femmes sont l'objet dans la mythologie des San. Source de vie, elles portent aussi la mort, sous l'aspect notamment de !Khwa, cet esprit maléfique de l'orage qui se manifeste dans des situations de transgression des interdits sexuels. Leur chair est le corps d'une telle ambivalence : « Symbole de fertilité et de prospérité, écrit-elle, la chair est associée à la féminité et plus encore aux femmes pubères qui sont en relation avec l'animal-pluie et en tirent autant de pouvoirs bénéfiques que maléfiques [42]. » Dans l'émission génitale se trouveraient réunis le sang de l'animal-pluie sacrifié et l'eau vitale s'écoulant de sa mort. Ainsi, dans l'abri du Sorcier, une ligne du fluide génital s'enroule autour du corps androgyne, baigne les flèches et rejoint deux antilopes figurées dans des attitudes de fuite, l'une s'échappant quand l'autre se fige dans cette volte-face caractéristique de tels animaux qui, à distance, se retournent vers ce qu'ils fuient ; voilà encore associés ces pôles opposés de sens que sont le sang menstruel et le sang sacrificiel. Dans l'abri de Willcox, la présence d'un arc et d'un carquois est là aussi un rappel appuyé des symboles masculins. Pour Anne Solomon,

**Je renvoie ici à trois articles d'Anne Solomon d'une lecture tonifiante : « Mythic Women, a Study in Variability in San Art », 1994, « The Myth of Ritual Origins ? Ethnography, Mythology and Interpretation of San Rock Art », 1997 a, et « Landscape, Form and Process : some Implications for San Rock Art Research », 1997 b.*

***On appelle pénis « infibulé » l'image des sexes masculins barrés d'un trait perpendiculaire, signe conjectural dont on a supposé qu'il pouvait être la marque d'un interdit pesant sur le sexe plus que d'une infibulation qui n'était pas pratiquée par les San.*

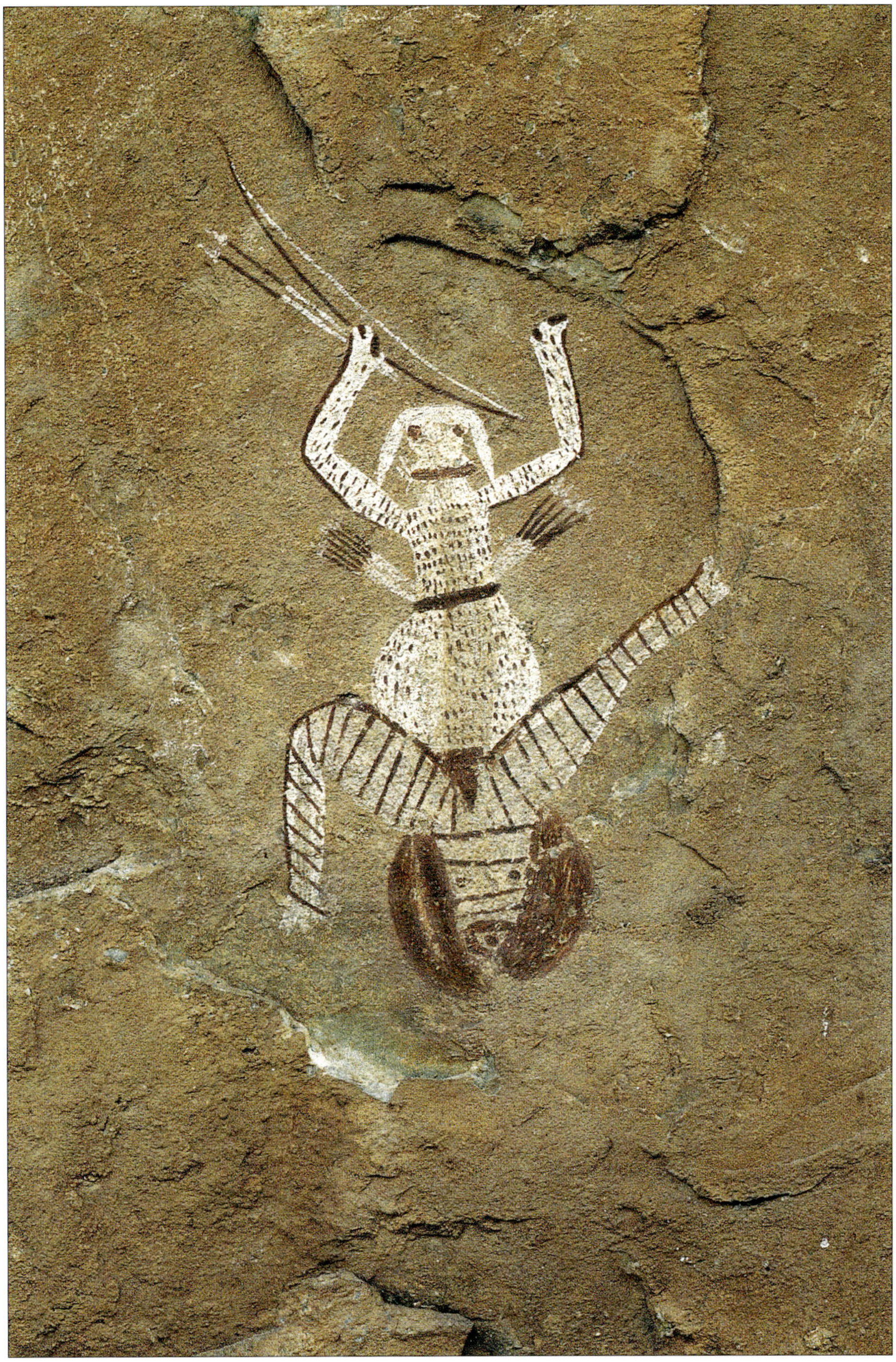

[n° 79] Willcox

Haute de 19 cm, cette créature fantastique associe des traits masculins (arc et flèches) à une anatomie féminine (triangle pubien, hanches larges).

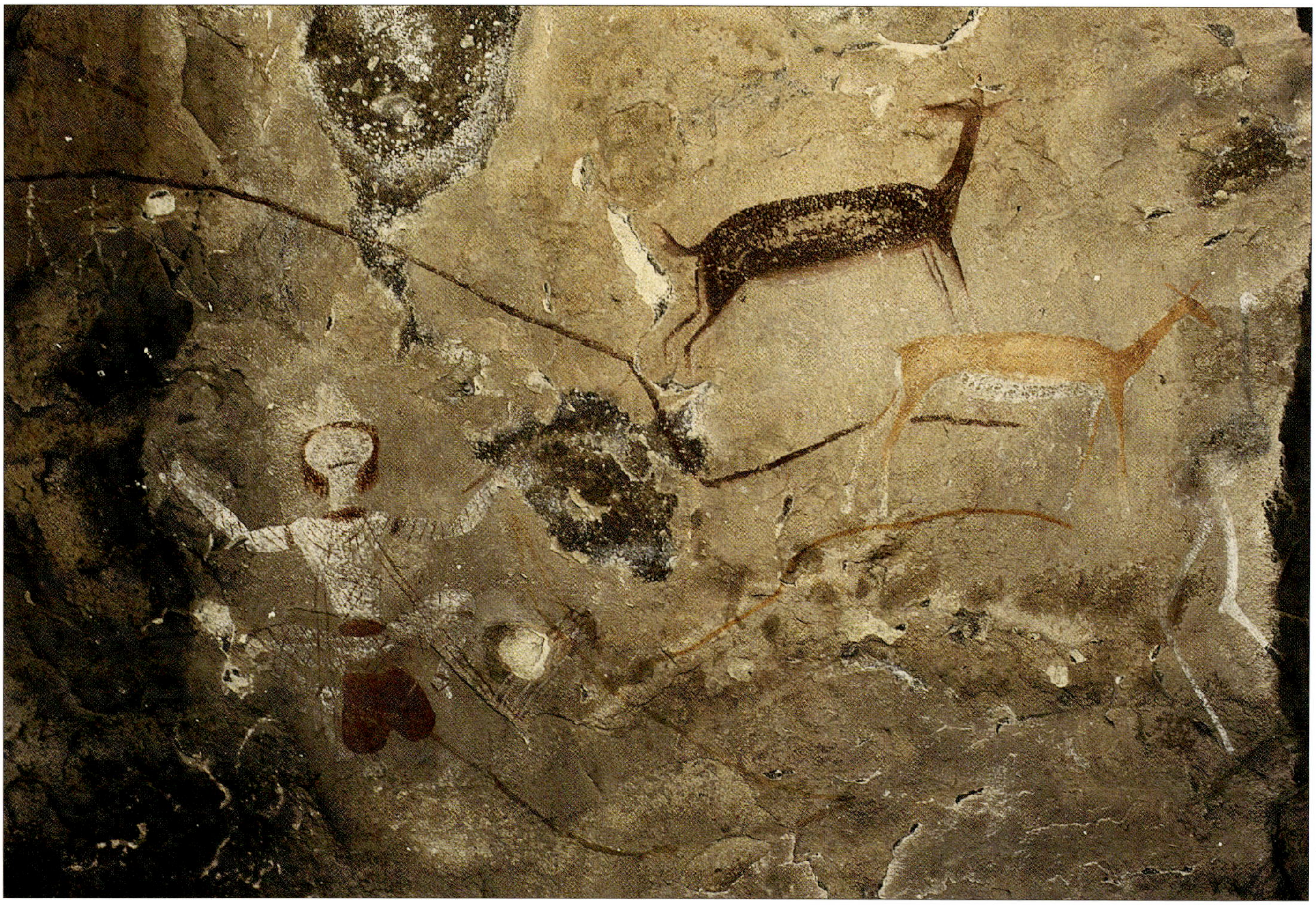

[n° 80] Abri du Sorcier
Créature fantastique haute de 15 cm. Vallée de la Ndedema.

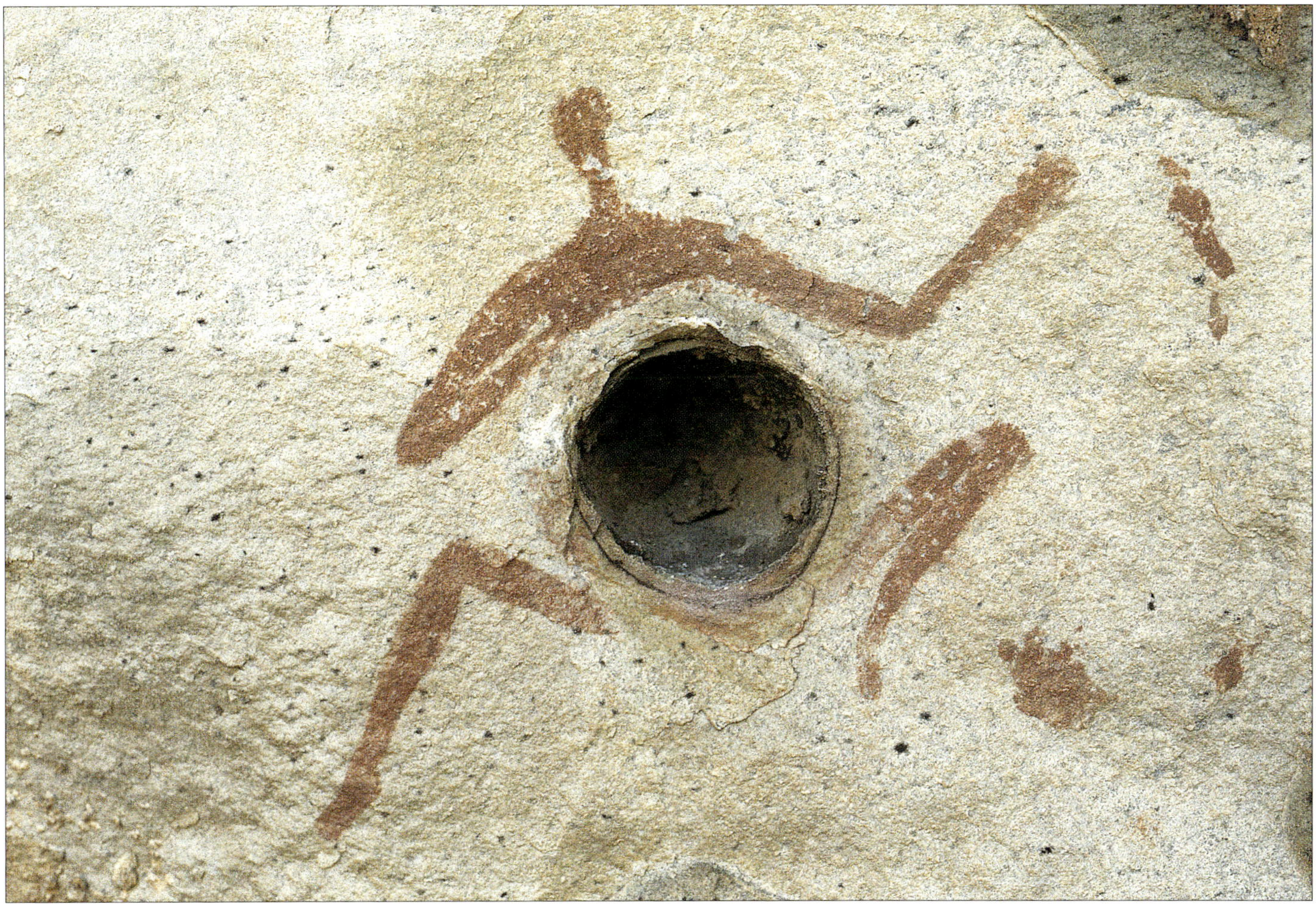

[n° 81] Gxalingenwa 1

Personnage dessiné autour d'une anfractuosité naturelle dans la paroi, dont l'intérieur a également été peint (13 cm de long). Région de Cobham.

ce pourrait être une référence à l'initiation des jeunes filles, ce moment où leur identité sexuelle est suspendue, mise entre parenthèses, et qui parfois comporte même des rites de chasse fictive.

Une autre relation unit les femmes à l'eau, aux trous d'eau, aux mares. Eux aussi sont sources de vie et de mort : ils sont le seuil du territoire où vit cet animal dangereux qu'est le taureau-de-pluie, et c'est également sous la forme d'un « grand trou » que l'un des informateurs de Wilhelm Bleek, //Kabbo, décrit le territoire de la mort [43]. Lieu de passage entre des univers différents, ouvert à l'ambivalence de ce qu'il met en contact, le trou d'eau pourrait représenter « la vie et la mort, le début et la fin [44]. » Est-ce une telle source d'eau que nous voyons dessinée dans l'abri du Sorcier ? Écho visuel de cette autre masse rouge que l'être androgyne porte entre ses jambes, une forme ovoïde, semblable à deux lèvres, est peinte sur une veine de la roche. D'elle, s'échappent plusieurs filaments qui se divisent en autant de bras – bras de rivières ? – le long desquels des hommes marchent en direction d'un camp, peut-être réel, à moins qu'il ne soit ce « grand trou » évoqué par //Kabbo. La chair des « femmes mythiques » est le lieu de polarités nombreuses qui en font un champ de forces très actif. C'est le corps même du temps, lui qui naît de cet accouplement des sexes dont toute figure androgyne est aussi le symbole, et qui se poursuit dans cette oscillation de la vie qui y prend sa source, et de la mort qui y pousse immédiatement ses racines.

Le toucher du regard

Mais c'est à cette *face* qu'il faut revenir, car ces « femmes mythiques » sont représentées de face et possèdent là un trait pictural qui les distingue des autres peintures. Leur puissance est liée à cette vue frontale, plus accentuée encore par la profondeur de la roche où le regard s'achemine lorsque ces peintures ont été réalisées sur les bords d'anfractuosités naturelles dans la pierre*. Cette entrée dans l'intériorité de la paroi – et peut-être, à travers elle, dans l'intériorité de la terre, du corps matriciel et du temps, dans la touffeur du sens aussi, dans l'ombre propice à toutes les alchimies, à toutes les fermentations de sens –, cette entrée, dis-je, est inscrite dans le mouvement de la vue frontale ; l'encoche circulaire dans la roche et l'ombre propice où la vue s'enfonce en accentuent seulement le mouvement naturel, quand les horizons latéraux et les perspectives mobiles, eux, laissent flotter le regard à la surface de la paroi, le font glisser sur ses plans superposés, et le conduisent à s'échapper, pour finir, par le côté...

Ill. n° 39, 81, 83, 84

**Par opposition, la seule image d'un homme, dans cet ensemble de peintures appelé Gxalingenwa, est représentée selon une vue latérale.*

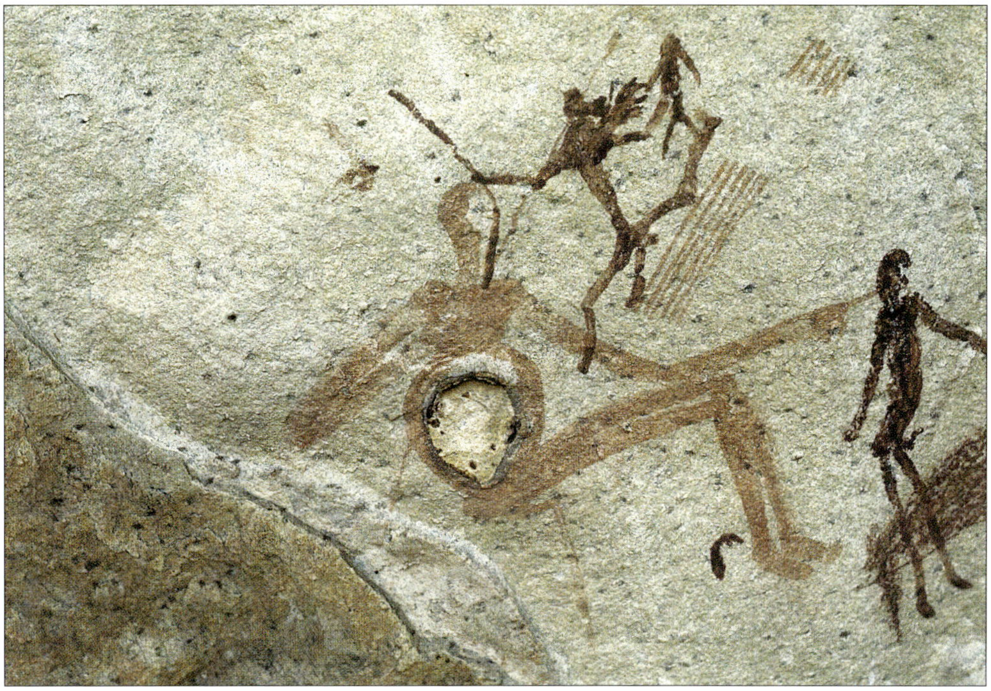

[n° 82] Gxalingenwa 1
Dans ce site, le seul personnage peint en vision latérale est un homme, comme l'atteste son pénis. Il est lui aussi situé autour d'un défaut de la roche mais qui n'est pas creux.

Anne Solomon a vu dans l'immobilité volontaire de ces images – à l'opposé des monstres et des corps ailés qui vivent selon moi du mouvement interne de leur sens – la forme donnée à l'isolement où étaient confinées les jeunes filles au moment de leur initiation. L'interprétation est séduisante, mais confère toutefois à ces images un contenu très stable qui s'accorde mal avec leur évidente ambiguïté, leur force symbolique et l'invention des corps imaginaires, difformes, qui l'incarnent. L'essentiel me semble être ailleurs, et l'essentiel c'est ce qu'appelle ce regard : la présence de quiconque le croise. Dans les autres peintures nous demeurions au-dehors, regardant sans être vus, spectateurs d'une scène qui se déroulait devant nous, dans son horizon propre. Parfois, les perspectives mobiles abolissant tout point de vue comme la distance qui le rend possible, nous entrions dans la peinture et disparaissions en elle en ayant perdu la sensation du point de l'œil à partir duquel nous regardions, en ayant cessé d'être visibles à nous-mêmes. Mais dans cette vue qui nous fait face maintenant, nous advenons d'une tout autre manière et comme pour la première fois. *Ce qui nous regarde* en elle c'est notre apparition, notre propre surgissement comme le fond auquel ces yeux se tiennent. Le regard qui nous regarde ouvre l'espace d'un double « portrait », non que nous soyons peints en lui, mais appelés, oui, et même requis.

L'ombre de notre regard habite ces yeux qui nous regardent. Vrillée en eux se tient une vie que nous attestons en soutenant son regard, comme aucune autre figure repliée dans l'espace séparé des peintures n'en possédait.

Cette simple esquisse de regard, ces deux points peut-être posés par le peintre comme les signes inertes mais nécessaires à la suggestion d'une face vague, *s'animent* donc, plongent en nous et nous attirent dans ce retrait où nous allons apparaître. Ils nous touchent (nous retiennent) de se voir touchés par nous*. Mais est-ce le sujet de la peinture qui sort par cette porte que lui offre notre regard, ainsi figuré par les yeux qui se tiennent aux nôtres? Ou est-ce nous qui sommes attirés par ce qui surgit de ce retrait, est-ce nous qui nous plongeons dans cette orbite noire sans autre fond que celui de notre apparition? Je l'ignore, tant l'un et l'autre mouvements vivent mutuellement de cet échange, et tant sont inquiétants aussi ces corps circulaires de Gxalingenwa, eux dont la matrice s'efface et devient l'orbite sans yeux capable de nous regarder, en une métaphore troublante du pouvoir de fascination que la peinture est capable d'exercer. En un face-à-face étrange aussi où l'intériorité fragile et périssable de l'être se mire dans l'extériorité sans fond – minérale – du temps.

Comme les monstres et les corps ailés vivaient de leur hésitation prolongée entre les formes qu'ils agençaient pour affirmer le transport de leur sens, les « femmes mythiques » inventent cette situation picturale qui sollicite le regard pour que leur sens se libère. Mais que serait ce sens reclos en elles qui aurait besoin du regard pour apparaître? Serait-ce *le toucher* lui-même – non l'éromène des corps, mais la chair grosse et grave de requérir cette union des corps disjoints dont le regard est ici la métonymie? Ces peintures où le temps se donne à lire dans sa puissance d'œuvre de vie et de mort mettent au monde le regard et celui qui se porte au-devant d'elles. Nous venons au monde dans le regard que nous échangeons avec elles, dans une mystérieuse naissance commune. « Le tout est de savoir comment la vie de l'esprit s'envisage et se dévisage : comment le retour à soi s'égare dans son regard », observe Jean-Luc Nancy au terme d'une belle méditation sur le regard du portrait, avant d'ajouter : « S'égarer dans son regard, n'est-ce pas peindre [45]? »

**Il n'est sans doute pas tout à fait déplacé de rappeler quel rôle ce toucher du regard joue, dans la peinture occidentale, dans l'invention du « nu ». La nudité de la* Vénus couchée *de Giorgione (1509) offerte au regard dans toute l'innocence de son sommeil, ignorant les yeux qui se posent sur elle, n'est pas aussi nue, n'est pas aussi « touchée » que ne l'est la même* Vénus couchée, *à peine postérieure, de Titien, elle qui* regarde *celui qui la regarde. De l'une à l'autre il y a la différence qui sépare le regard volé du regard accepté ou suscité, la nudité dérobée du consentement du nu.* La Vénus au miroir *de Vélasquez, la* Maja desnuda *de Goya, l'*Olympia *de Manet ou* La Grande Odalisque *d'Ingres jouent naturellement de la même intensité de sens dont les doue le regard du spectateur que, par le leur, elles inventent et soutiennent.*

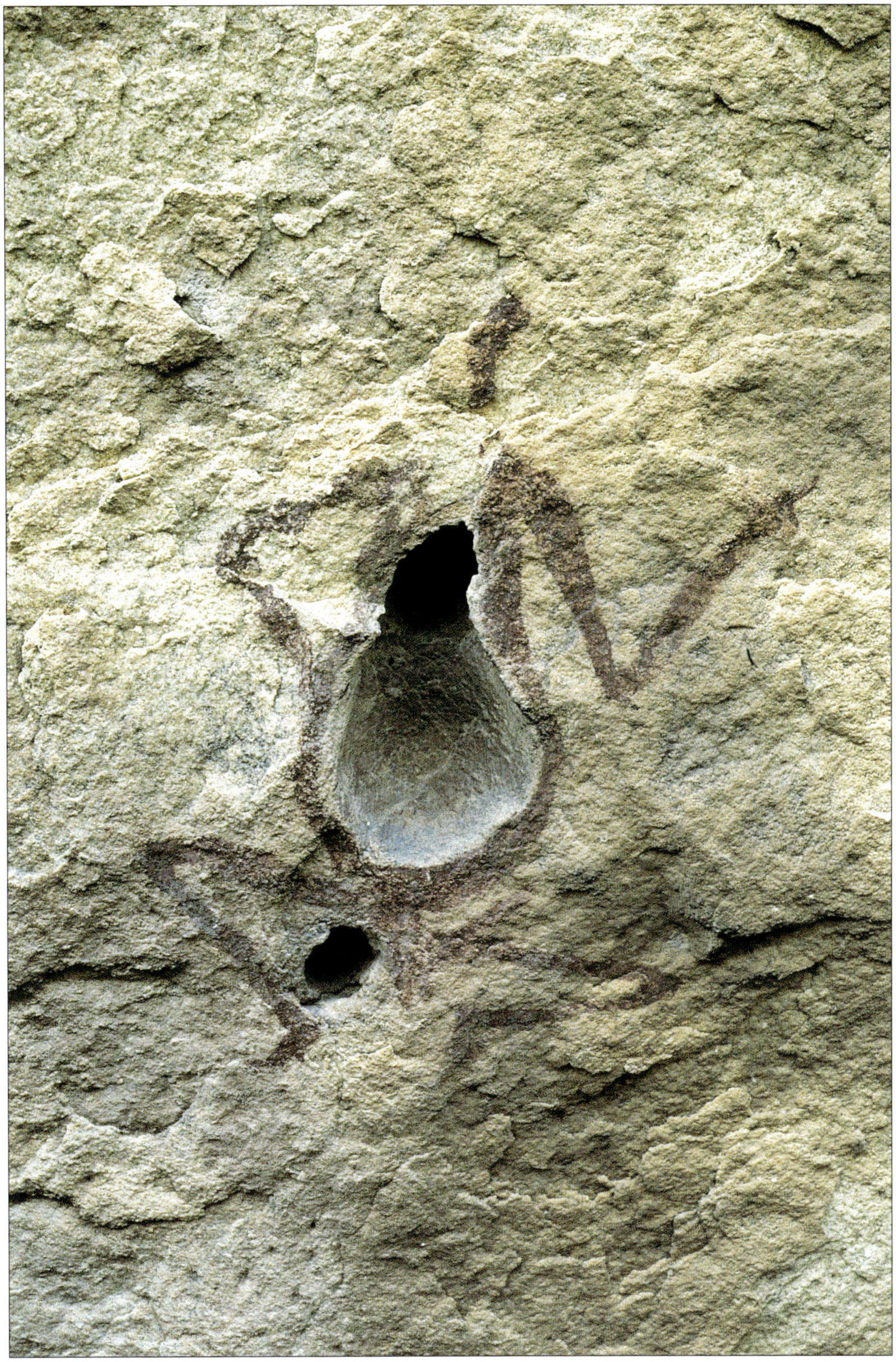

[n° 83] Gxaligenwa 1

Personnage féminin aux lèvres du sexe hypertrophiées peint autour d'une anfractuosité (10 cm de haut).

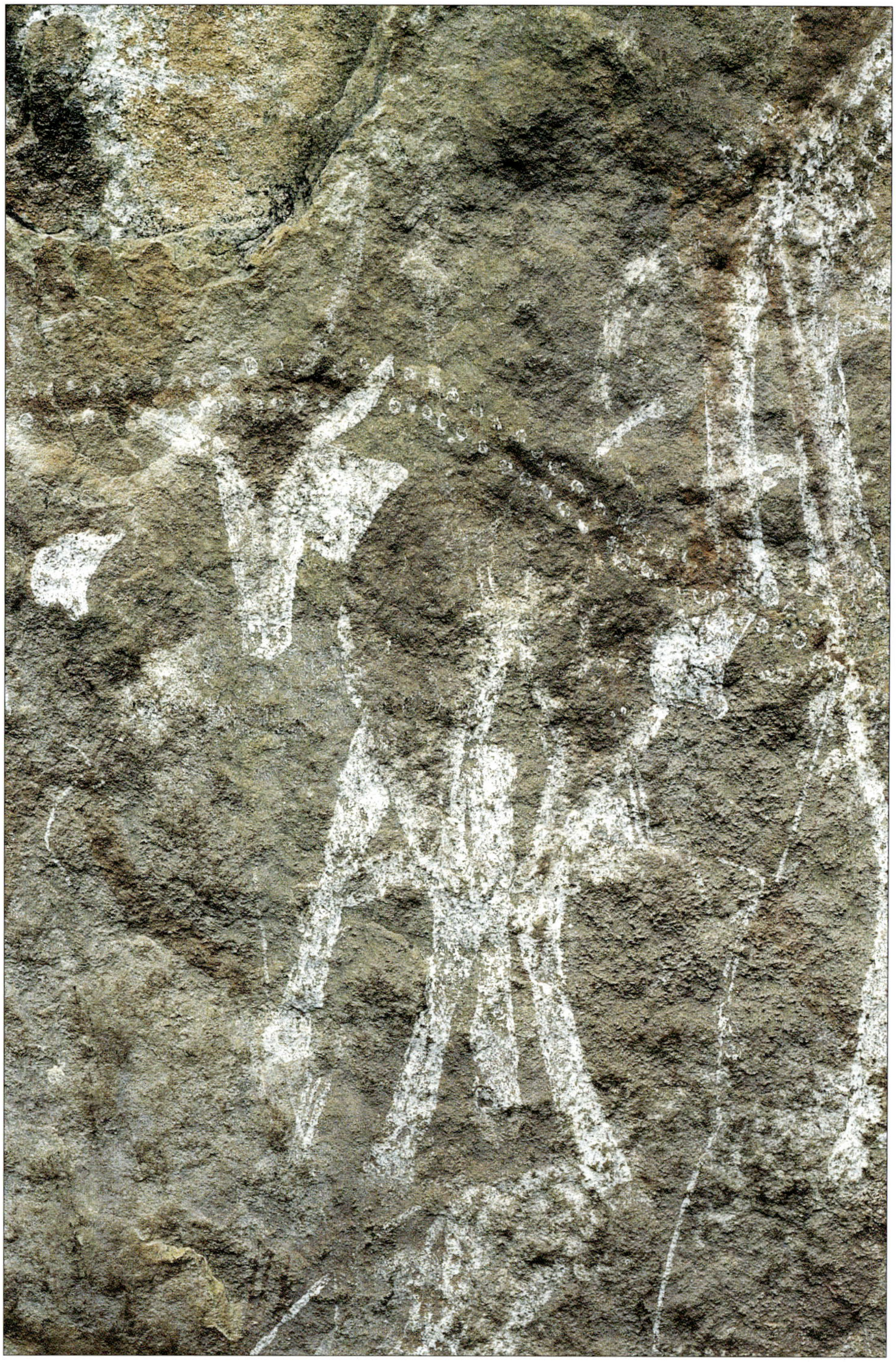

[n° 84] Roche de Fulton

Antilope vue de dos se retournant et regardant le spectateur.
Vallée de la Ncidibwane, environs de Giant's Castle.

Être au monde ?

Une même figure réunit donc un regard et l'imaginaire de la sexualité dont ces « femmes mythiques » sont aussi, à l'évidence, le symbole. Le regard rend sensible la vie dans *l'individualité* qui est la forme universelle de son incarnation ; les yeux révèlent le dedans, l'intériorité de l'être comme aucun autre organe ne le fait. C'est pourquoi d'ailleurs le « portrait » est dans tant de cultures intimement lié au visage et notamment au visage qui nous tend son regard. Il exprime comme nul autre une présence, un être au monde. Pour autant il n'y a pas de « portrait » dans l'art des San, pas de visage reconnaissable, aucun être figuré dans la singularité de ses traits, juste une foule anonyme de silhouettes, des individus en groupe ou isolés dont personne ne se détache réellement... Les attributs ou les outils seraient certes une autre façon de distinguer des personnes : arcs et flèches pour les hommes, bâtons à fouir pour les femmes, voire décorations pour les « sorciers » comme le soutient d'ailleurs Denis Vialou à propos des peintures africaines. Selon lui « la parure investit pleinement la fonction sociale qu'elle a pour les vivants, elle est signe de pouvoir pour les sorciers à qui elle est réservée dans des célébrations collectives capitales pour la vie des tribus [46] ». Rien ne l'atteste dans la vie des San, et si Ill. n° 85
son observation est plausible, il faut encore remarquer que ces parures sont l'indice d'une *fonction* attachée à une personne, non de celui qui l'incarne, et que leur dessin ne témoigne d'aucun soin similaire à celui qui permettait de figurer dans toute l'intensité de leur sens des animaux aux silhouettes et aux attitudes singulières.

Si le monde n'apparaît pas dans l'individualité des êtres qui le composent, il surgit néanmoins dans la singularité de ses moments. Certaines peintures semblent ainsi de « simples » anecdotes, des scènes de genre, des débuts de récit ou d'histoire. Ainsi les abris pourraient conserver la mémoire d'événements existants. C'est le cas de danses, déjà évoquées, moins de chasses (dont peu de scènes semblent « réelles ») ; ce le serait aussi d'images de convois ou de batailles. Patricia Vinnicombe dit même d'une peinture connue sous le nom de Xalweni et représentant un détachement de vingt-deux cavaliers, qu'elle pourrait être une illustration d'un commando conduit par le capitaine Harding dans cette région, en janvier 1847 [47]. Sans être aussi précise, la fresque de Beersheba permet de recomposer les événements dont elle s'inspire et dont elle conserve la mémoire : on y voit un commando Ill. n° 111
de vingt à trente cavaliers, colons ou peut-être même soldats britanniques, donner la chasse à un groupe de San après que ceux-ci ont commis un raid et se sont emparés de têtes de bétail. La violence de l'affrontement est clairement figurée. Les colons ou soldats tirent au

fusil sur les San au moment où ceux-ci tentent de s'enfuir. De longs traits de peinture sortent même des canons des fusils et relient, « touchent » leurs victimes au moment où elles s'écroulent. Toutefois, comme David Lewis-Williams l'a observé [48], la présence d'une créature extraordinaire – un être ithyphallique paré de plumes qu'il identifie à un chamane – interdit de voir dans la peinture le simple compte rendu d'un épisode historique. Il n'empêche, un monde, son histoire et ses lieux se lèvent aussi dans la peinture avec une simplicité déroutante au regard des significations dont nous la croyons emplie.

Mais allons encore plus loin, approchons-nous des plus infimes peintures, celles qui n'ont pour elles que leur apparence banale : quelques silhouettes assises, deux ou trois personnages accueillis par un autre au retour d'on ne sait quelle expédition ; deux chasseurs
Ill. n° 86,90
peut-être poursuivis par un essaim d'abeilles, un musicien accroupi ; ailleurs un accouplement d'antilopes, une femelle et le faon qui la tète, etc. Leur importance est précisément de n'en avoir pas, de ne révéler aucun indice visible de leur valeur symbolique, ou d'une puissance dont elles seraient le corps conducteur. En elles le symbole a reflué, jusqu'à déserter ces images, désormais tout entières contenues dans la calme présence des apparences. Rendu à la simplicité du lieu et à l'évidence du temps où les choses se déroulent, l'art est aussi le moment d'un *lever de terre* peut-être affranchi du trouble des symboles dont nous le voyions jusqu'à présent habité. L'ordinaire du monde apparaît. Le monde ? Tout ce qui arrive…

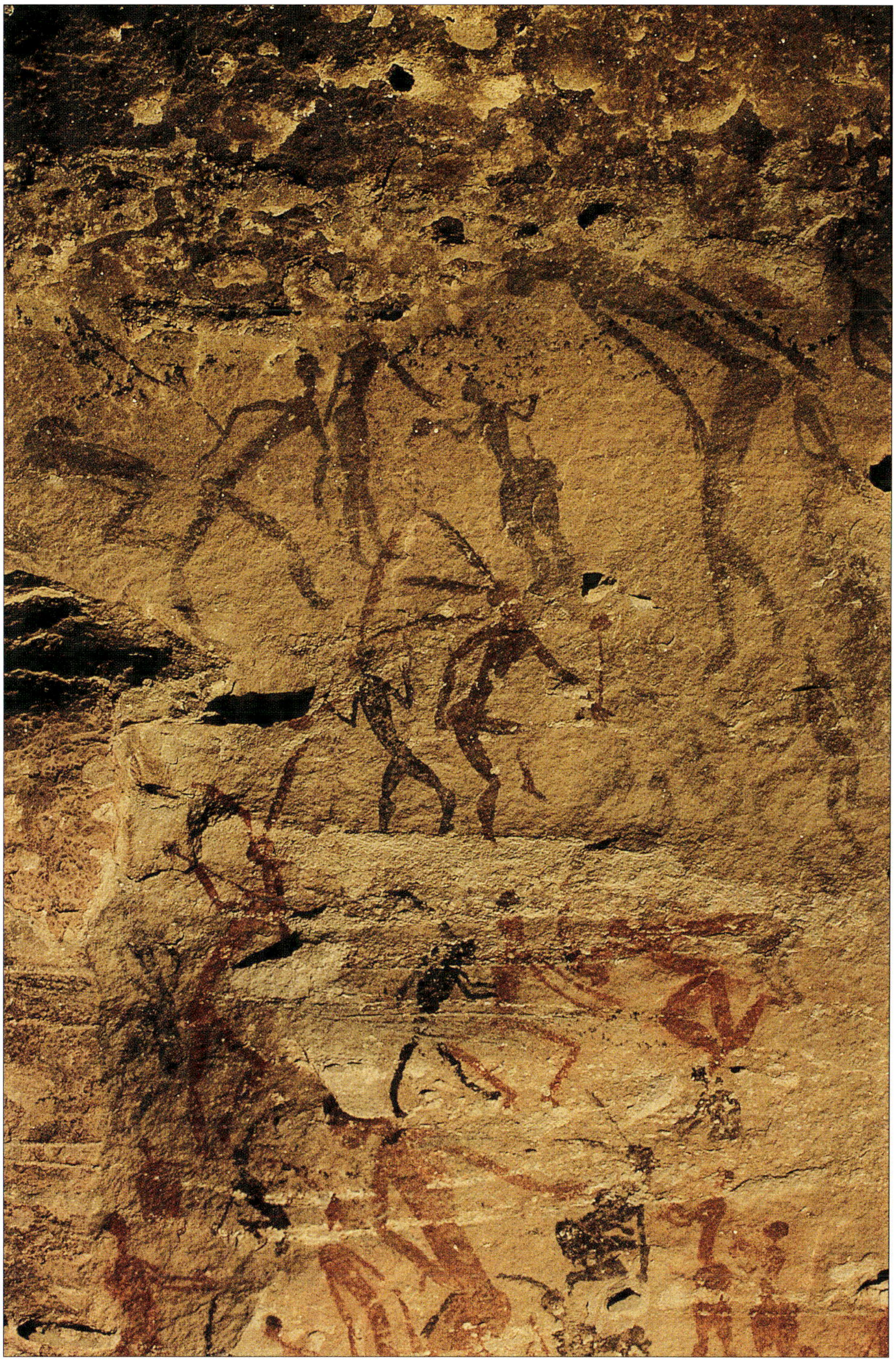

[n° 85] Abri de Barnes

Scène de danse. Au centre, deux personnages ont des coiffes à parures de plumes. Giant's Castle.

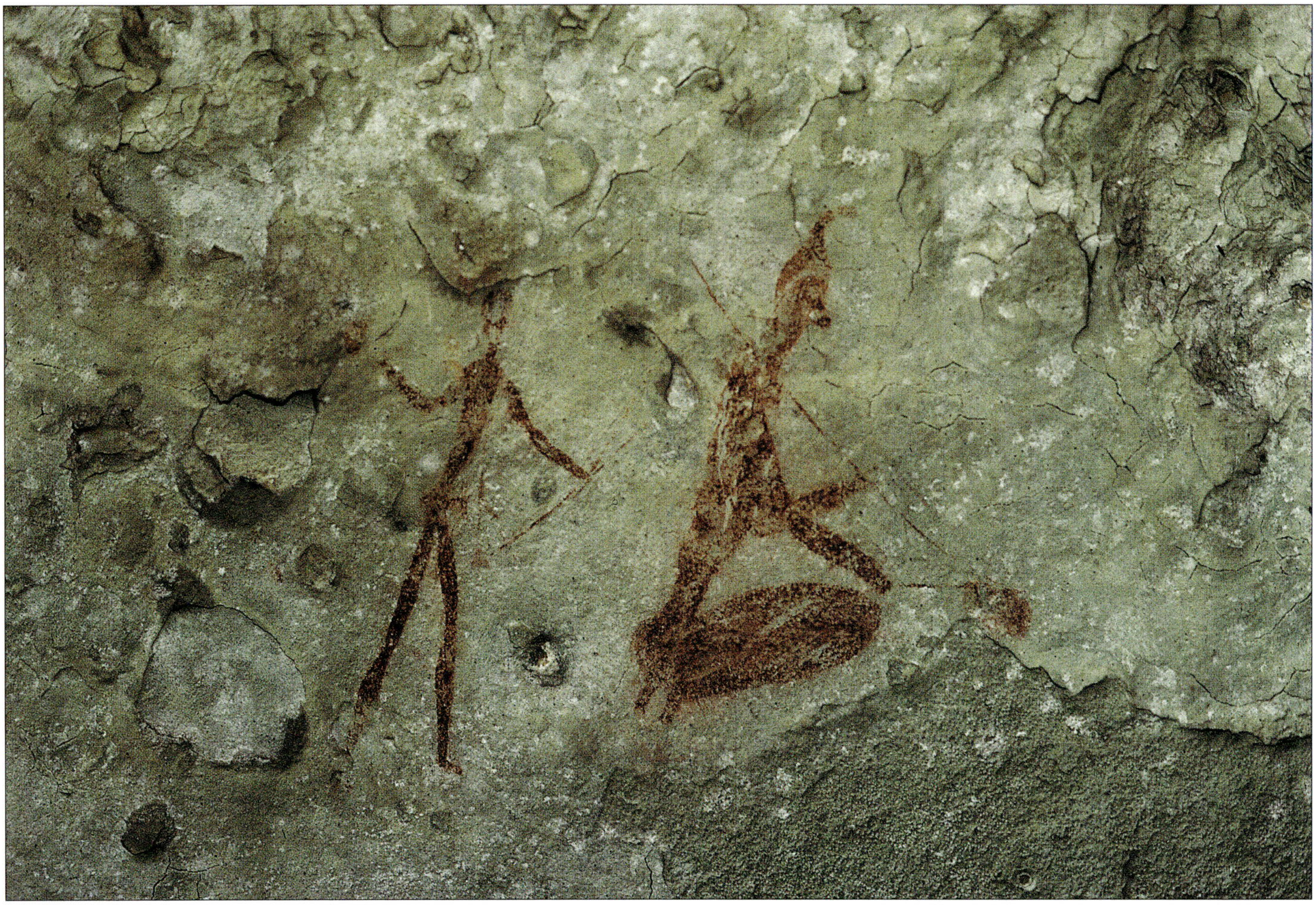

[n° 86] Mweni

Personnage accroupi jouant d'un « arc musical » dont l'extrémité est fixée dans une calebasse. Nord du Drakensberg.

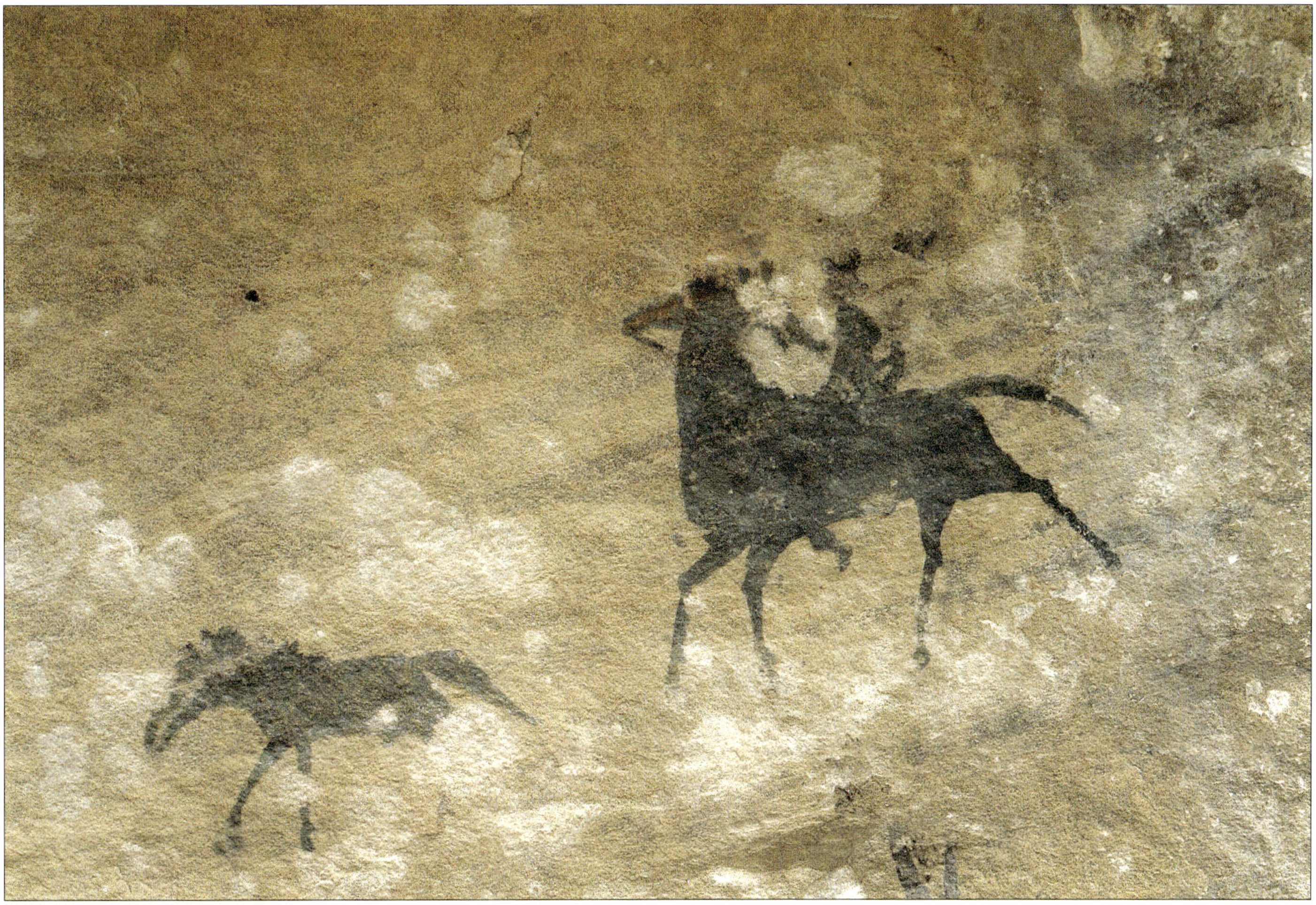

[n° 87] Seepongweni

Peinture tardive d'un cavalier (environ 12 cm) et d'un poulain. Région de Cobham.

La voie de la paroi

C'est à l'instant où le regard se pose sur la paroi que débute réellement la peinture. Comment les San regardaient-ils les parois ? Comment les choisissaient-ils ? Ce qui précède cet instant la concerne mais ne la cerne jamais d'assez près. Auparavant s'est accumulé dans la main ce qui va surgir et agir de pensée au monde et de pensée du monde, toute mobile et malléable encore de demeurer sans forme visible ni arrêtée. Mais manque en elle le trait à venir qu'elle porte et qui va la porter, manque l'aventure des lignes où l'œuvre va se faire.

Face aux parois, nous avons vu que les San avaient été requis par ces nodules ayant laissé après leur chute des anfractuosités dont les peintres firent un abdomen qui était aussi le regard irrévocable de la peinture. Riche du sens attaché à l'intériorité de la roche dont il faisait le corps de l'œuvre, cet exemple est toutefois celui d'une sollicitation assez commune dans l'art de la préhistoire. Les peintres de Marsoulas ou d'Altamira en France et en Espagne virent déjà dans quelques reliefs des visages pétrifiés et n'y ajoutèrent qu'une esquisse d'yeux et de bouche pour les faire apparaître. À Fond-de-Gaume, des béances lentement modelées par les concrétions de stalactites furent badigeonnées de rouge et devinrent ainsi les vulves que les peintres avaient entrevues. Et je pense bien sûr à cette découpe naturelle en forme de profil de cheval à Pech-Merle qu'une main habile pommela de noir et souligna en y dessinant le profil d'un autre cheval. Certes la paroi n'est jamais neutre, mais qui s'est tenu devant une toile blanche ou quelque support en instance d'être peint sait combien cette étendue permet au regard de *s'absenter.* Ce voile posé devant les yeux crée l'espace où la vue au-dedans s'expose aux formes qui vont l'accomplir, devient voyance et entame ce voyage hors d'elle à l'instant où la main donne corps à ce qui n'est encore qu'amorces fluctuantes embourbées dans l'ombre où elles pourraient à tout instant retourner et se perdre. Il y a une absence préalable à toute apparition, un silence des formes qui précède leur naissance.

Ainsi posé le regard se déplie devant cet obstacle étrange que la paroi oppose moins à la vue qu'elle ne l'interpose – elle qui est tout à la fois (ou peut-être tour à tour) opaque, réfléchissante et transparente. Opaque, elle est ce relief plus ou moins plan que le regard ausculte pour inventer le lieu de *ce qui va avoir lieu,* la rencontre de l'œuvre et de la roche ; réfléchissante, elle est ce par quoi la vue se retourne, se resserre et entre en elle-même pour la venue des formes qui vont naître ; transparente enfin, la paroi

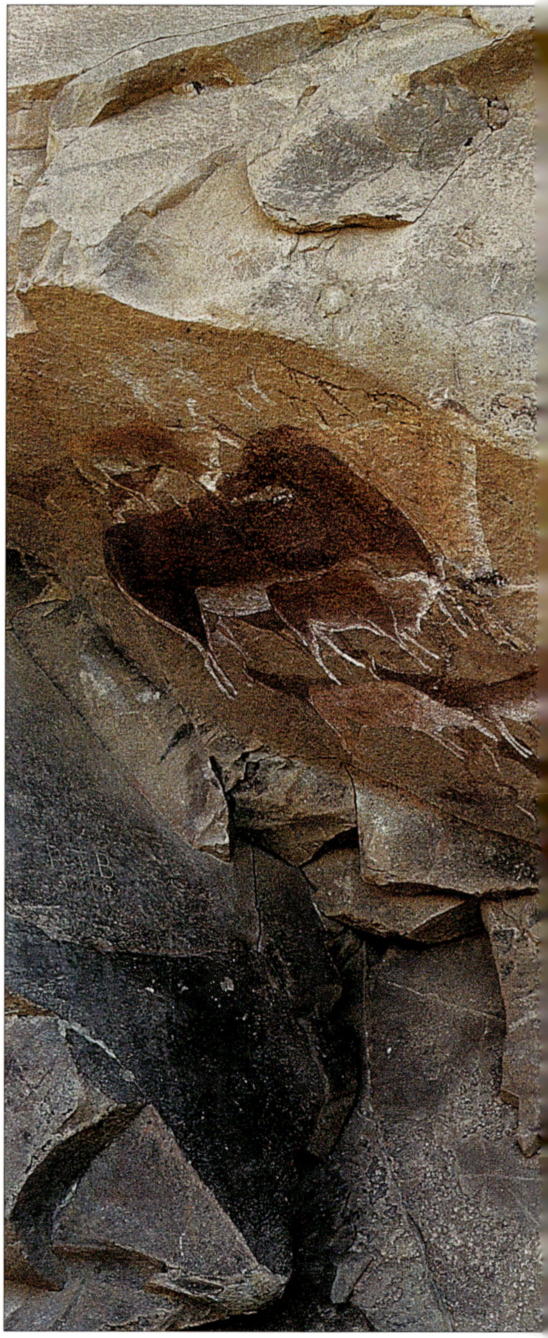

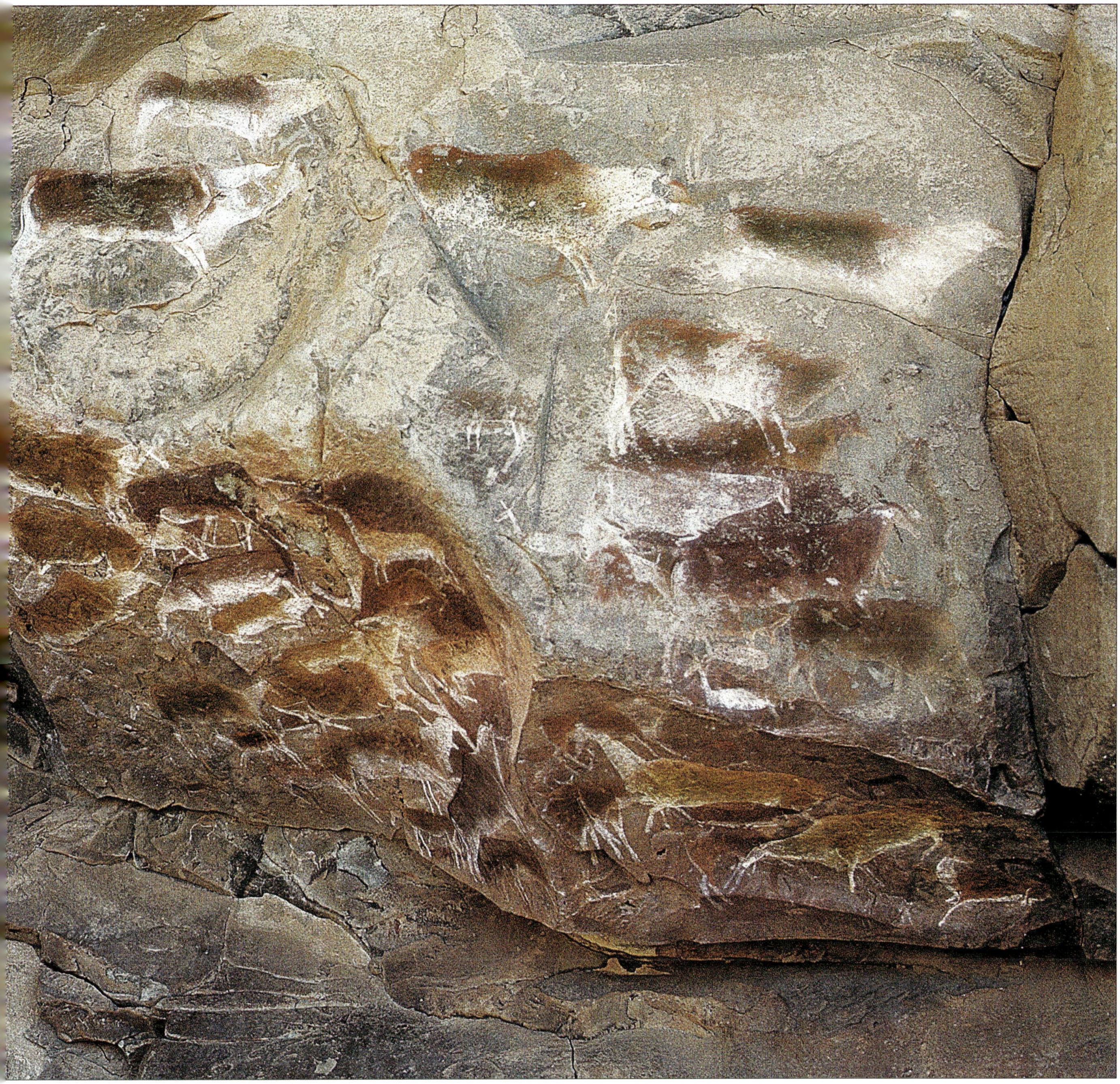

[n° 88] Eland Cave

Grand panneau d'élands (2,5 m environ). Nord du Drakensberg.

s'efface derrière les formes jusque-là natives, et s'ouvre de toute sa profondeur, laissant ainsi la vue se projeter *à travers* les images. Ici se révèle ce qui est pour moi l'essentiel : les sollicitations plastiques de la roche et les impulsions créatrices de l'imagination engagent le regard et la main à réinventer le monde perçu. L'image n'est pas donnée d'avance. Certes, il existe parfois une relation minimale entre les œuvres et la paroi, quand elles sont moins posées que déposées sur la roche sans souci de sa texture superficielle, de son grain, de ses accidents, bref de tout ce relief qui n'en fait jamais une surface vierge, une « page blanche ». Mais même ainsi, les œuvres durent vivre quelque peu de l'immobile dureté et davantage encore de la durée que la paroi leur insufflait. Ce « dur désir de durer », qui douterait qu'il n'ait animé l'homme ainsi porté à confier aux matières les plus stables – la pierre, mais aussi les ossements qui survivaient seuls à la disparition des corps – l'invention de figures engagées dans un questionnement confus de l'existence ? Qui douterait qu'il ne se soit lié à la durée, non pour que les figures lui survivent, mais simplement pour arrêter la dissipation permanente des apparences ? Sans esprit de système ni goût désinvolte du hasard, cette méditation des voies offertes à l'art par les parois témoigne de l'intégration des qualités naturelles de la roche au processus de création. Non un banal support, la paroi est un fond qui anime les peintures et les gravures de l'une ou l'autre des significations attachées à la matière. Comme l'écrit Denis Vialou d'une belle formule, « l'image prend à la matière la substance de son universalité ».

[n° 89] Hunter's Rock

Antilopes ailées jaillissant d'une faille naturelle dans la paroi. Vallée de la Mhlwazini.

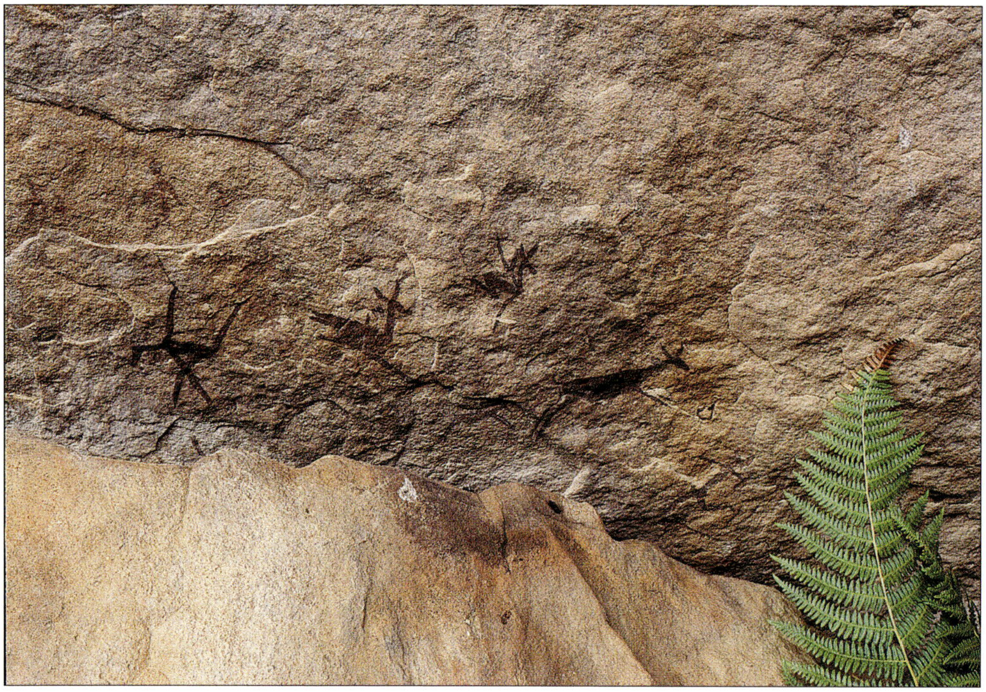

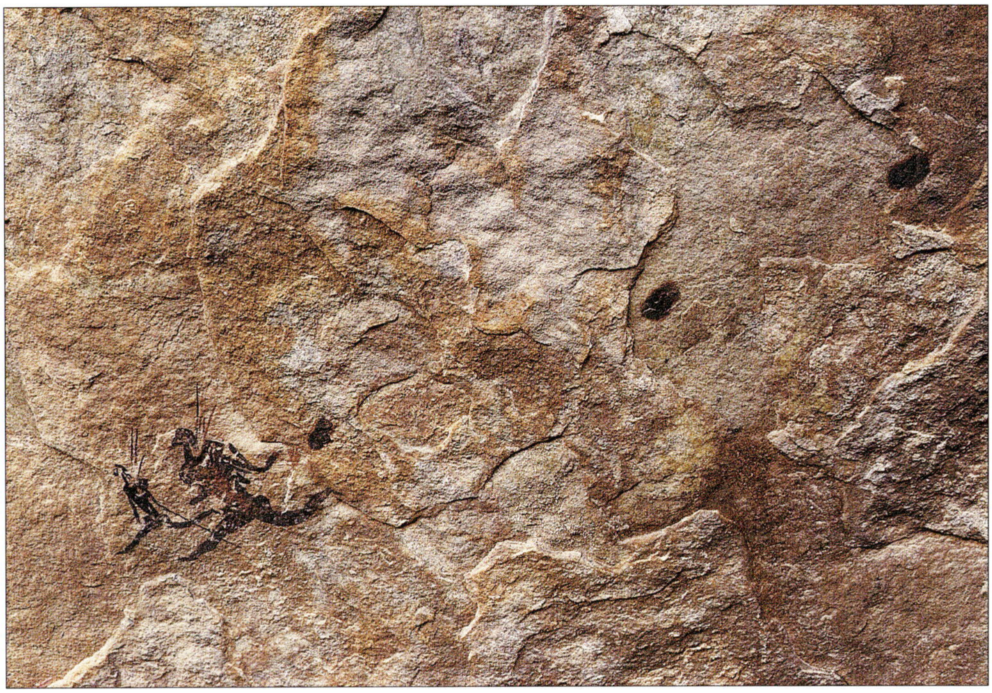

[n° 90] Hunter's Rock

Deux personnages fuyant ce qui pourrait être un essaim d'abeilles (environ 40 cm). Vallée de la Mhlwazini.

L'appel du vide

L'apparence de l'inapparence fut l'une des qualités que les San recherchèrent dans les parois. Des surfaces lisses, sans accident accrochant le regard, convenaient à l'invention de territoires imaginaires structurés par les proximités de sens entre les choses, non par l'espace réel où elles ne se déployèrent jamais ainsi. Sur de telles surfaces tout est à la fois insituable et là, présence conjecturale, comme dans ces récits des San, étranges de se dérouler dans des lieux précisément évoqués mais sans localisation possible, sinon celle, vague, qu'une main tendue dans leur direction pourrait suggérer. Étrangers à toute perception objective, ces territoires sont doués d'une fluidité qui permet d'y circuler sans entrave, d'y voler. Ill. n° 65

Requises pour leur dureté, leur stabilité, les roches ont ainsi répondu de façon paradoxale à un appel du vide, et même à un « appel au vide ». À Mweni, le saut des « danseurs » est suspendu à l'absence de tout relief pouvant être le proche ou concret rappel d'un sol. Ailleurs, les figurations de chasseurs dont la course est apparentée à un vol se détachent sur un fond absent, aérien et translucide. La peinture se réalise grâce à ces qualités de la roche et accède à la légèreté dans cette forme d'abstraction que lui tend la paroi. Aérienne est aussi la peinture déjà évoquée d'une girafe-pluie approchée par trois personnages, comme le suggèrent certains motifs peints (les plumes par exemple, le nuage dont l'animal est couronné) mais aussi l'espace vide de la paroi. Il a été avancé que l'eau avait Ill. n° 27 Ill. n° 55,66

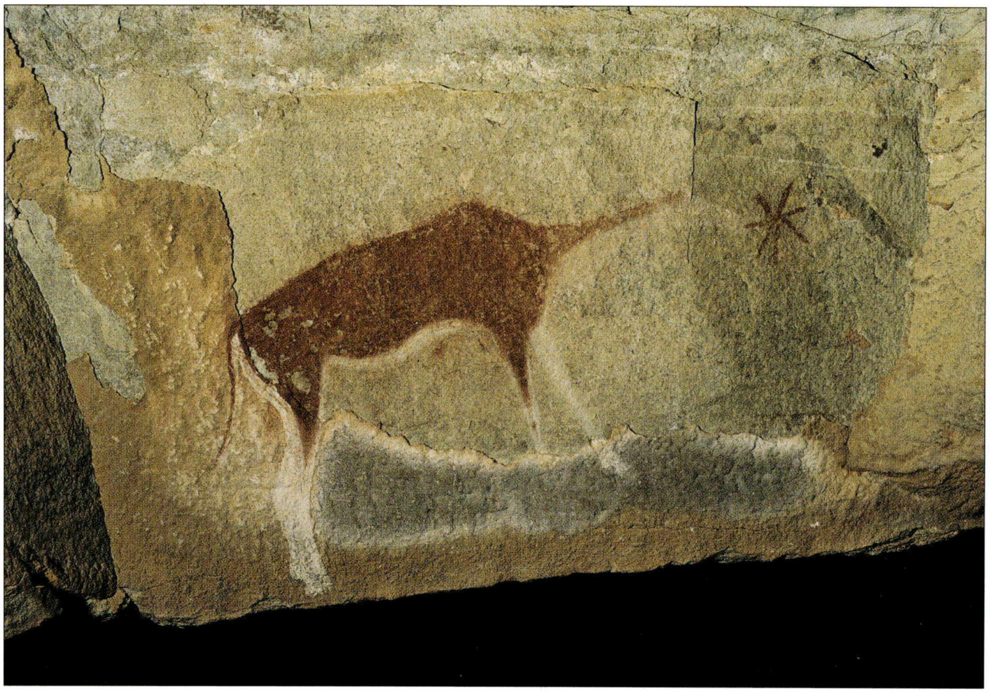

[n° 91] Injasuti
Une antilope, tête allongée vers un motif stellaire ou floral (19 cm).

détruit une partie de l'image de la girafe comme semble en effet l'attester la couleur plus pâle de la roche là où aurait été le corps de l'animal dont seuls subsisteraient la tête et le cou*. En fait, l'altération de la couleur de la roche n'est pas la conséquence d'un écoulement d'eau (elle n'a pas la forme verticale d'un ruissellement) et ne paraît pas davantage pouvoir être attribuée à l'humidité. La teinte grise de la pierre à cet endroit est une modulation naturelle de sa texture, intégrée à la composition à la façon d'un motif de nuage d'où émergeraient le cou et la tête de la girafe. Ici, la paroi est un fragment de ciel. Ailleurs, ce sont toutes les virtualités en elles d'un paysage qui vont être sollicitées.

Les métonymies du paysage

Une simple ligne de sol, et un cadre apparaît. Qu'est-ce qu'un cadre ? C'est une incitation à recentrer le regard, c'est un mécanisme visuel pour construire l'unité d'une scène. Souvent la paroi elle-même est un espace circonscrit par ses propres bords à l'intérieur des-
Ill. n° 92 quels les peintures sont placées. Il y a là une attention aux qualités de la roche qui donnent à voir les peintures mais aussi les construisent. Bandeaux, crêts de pierre, strates de roche dure en saillie parmi d'autres

* *Harald Pager,* op. cit., *1995, p. 87. Un regard attentif distingue d'ailleurs la ligne de dos poursuivant l'encolure là où l'eau est censée avoir effacé la peinture mais ne discerne aucune trace des motifs de la robe. Pourquoi cette ligne aurait-elle seule survécu au ruissellement mais aucun des dessins de la robe, pourtant posés en traits plus larges et abondants ?*

pierres tendres, les formes singulières de la paroi sont systématiquement exploitées pour leurs qualités plastiques permettant aux peintures de mieux se détacher. À Solar, deux élands ont été peints sur les bords d'une niche qui, d'un même mouvement, les expose et les protège, conduit le regard vers eux et confère à l'ensemble de la scène une intimité qui semble une valeur naturelle attachée à cet accident de la paroi.

Mais ce cadre visuel devient véritablement un lieu par l'intégration des motifs de la roche à la composition. Le signe le plus simple, le plus courant d'une telle fusion, c'est l'usage des lignes naturelles qui courent à sa surface : un bandeau, une faille, etc. dessinent un sol sur lequel les figures se tiennent. Autant la course, par sa proximité de sens avec le vol, ne requiert pas de tels points d'appui (voire les évite), autant la marche ou la station immobile les appelle. Ill. n° 93,94,98

La roche forme ainsi un fond actif. Un éland prend appui sur un relief de pierre et, du museau, touche exactement une faille; un okapi se dirigeant vers une autre faille s'apprête à y entrer; des antilopes jaillissent d'une roche située en avant du rocher sur lequel elles sont peintes; quelques marcheurs passent au-dessus de ce qui paraît être une ligne de crête, etc. Les irrégularités naturelles de la paroi sont autant de métonymies de paysages intégrées aux compositions. Sans doute est-ce ce qui explique l'extrême rareté des motifs rappelant un décor – une telle représentation serait redondante : le paysage est *dans* la peinture. Ill. n° 89

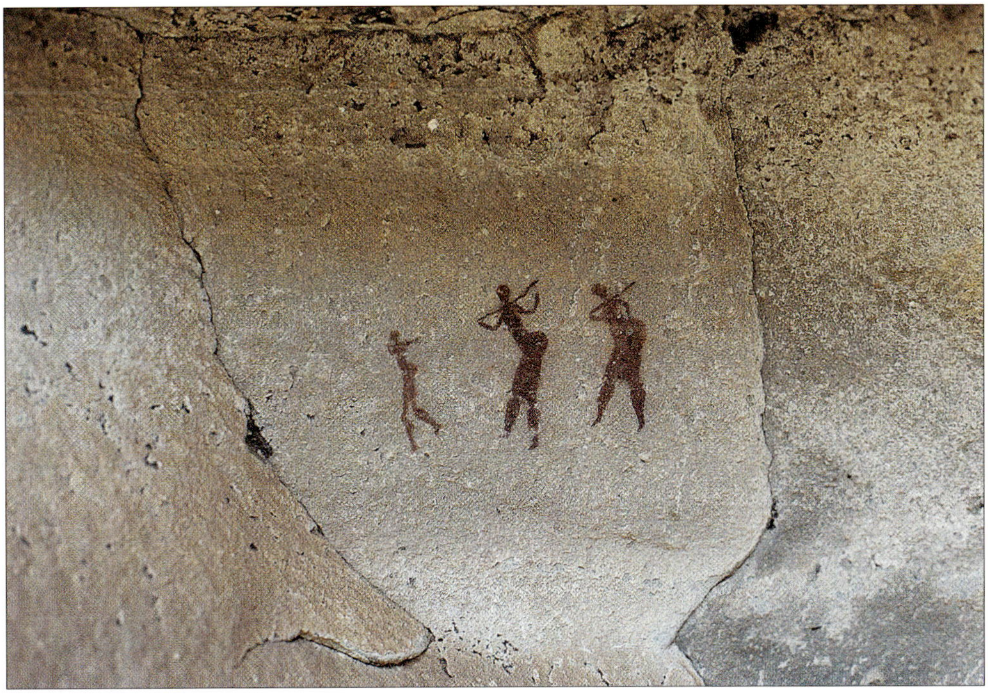

[n° 92] Injasuti

Trois femmes portant leur bâton à fouir sur les épaules. Chacune mesure 5 cm environ.

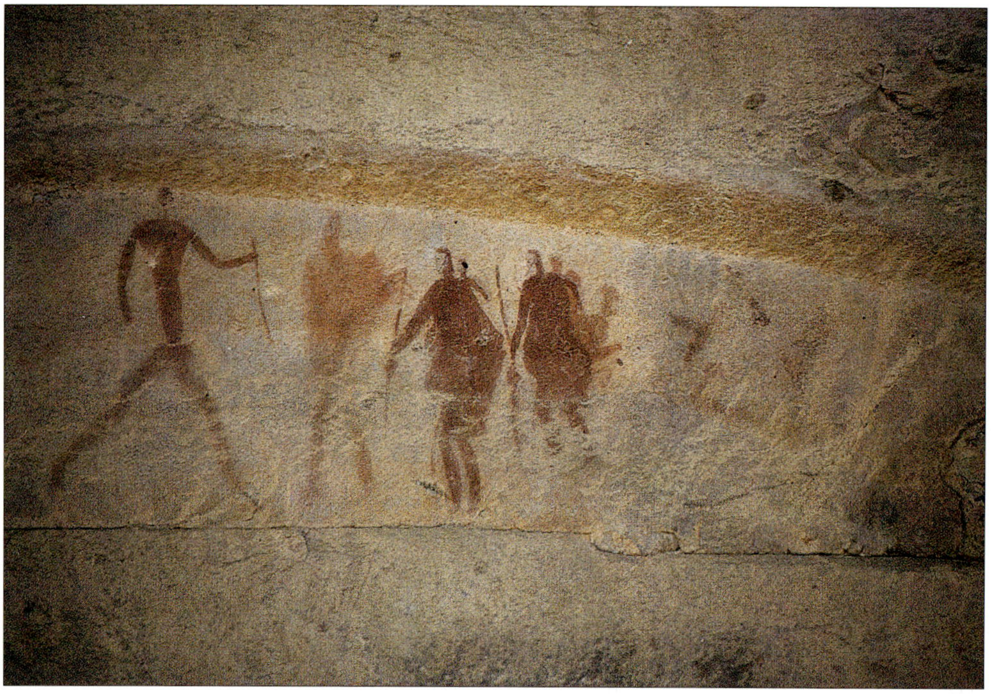

[n° 93] Eland Cave
Deux femmes portant distinctement leur bâton à fouir, lesté d'une pierre, marchent le long d'une ligne de roche, au-devant d'un homme. Nord du Drakensberg.

Ill. n° 39,123

La roche qui est elle-même un fragment de paysage le devient, une seconde fois, en abyme. Elle offre à l'image son décor et sourd dans les figures comme l'énigme même du lieu qui n'a pas besoin d'être représenté pour être. Espace naturel et espace artificiel se confondent ici, échangent leurs significations : l'okapi peint qui entre dans la faille naturelle se charge des valeurs associées à l'intériorité de la pierre, à sa profondeur, mais à son tour, elle les réanime en les figurant. À Balloch, les corps ailés coursés par un lion (identifié par David Lewis-Williams à un esprit malveillant poursuivant des chamanes) s'échappent en direction d'une cavité naturelle dans la voûte, que, par leur seule présence, ils douent de la valeur d'un passage. Dans l'ouest de la vallée Amis, deux femmes dont l'une a les lèvres du sexe distinctement figurées, courent de part et d'autre d'une anfractuosité en forme de fente vulvaire qui suscita, suggéra leur image, mais dont en retour elles rehaussent la signification. Ailleurs, un animal-pluie émerge d'une rainure exactement comme, dans l'abri dit du Sorcier, des lignes aux sinuosités et divisions de rivière sortent d'une faille semblable à une résurgence. La peinture suscite visuellement et symboliquement l'intériorité de la pierre; reliefs, rainures, nodules, etc. prennent part aux peintures comme autant d'accès symboliques vers d'autres territoires, et c'est pourquoi David Lewis-Williams et Thomas Dowson ont raison d'évoquer à cet égard « le voile » tendu entre les mondes réel et spirituel que sont, dans certaines circonstances, les parois. Oui, la paroi est un voile et les peintures, les médiatrices des mondes soustraits aux apparences.

Des surfaces actives

Sollicitée pour ses formes superficielles ou pour les significations attachées à son intériorité, la roche l'est aussi pour les changements d'apparence dont sa surface est animée. J'ai dit précédemment que la mouvance du dessin maintenait vivants – et comme parcourus d'un sens d'autant plus fascinant qu'il demeurait fluctuant – les monstres et corps ailés. Parmi eux, le serpent-à-oreilles qui est l'un des corps donnés à l'animal-pluie, vit de son contact avec l'écoulement de l'eau sur les parois. Comme je l'ai observé dans le Brandberg, la plupart des figures de serpents-à-oreilles sortent de coulées d'eau ou s'y dirigent. Parfois, les deux extrémités du reptile disparaissent dans les traces de ruissellement; elles ont été effacées. Il ne s'agit pas d'une détérioration accidentelle des figures, bien au contraire, ce contact a été recherché, comme une fécondation mutuelle de la créature imaginaire et de l'élément dont elle est un symbole. Dans ce processus la peinture devient, au-delà de l'image, une surface sensible de sens; l'eau est le principe actif d'une « solution » de sens vivifiée par ce qui la détruit, par ce qui la baigne et la *liquide* d'un seul mouvement. Ce mouvement est moins paradoxal qu'il n'y paraît : il a l'ambivalence même de la pluie, elle qui est mâle et femelle, fertile et dangereuse, créatrice et destructrice; et au-delà de la pluie, il a l'ambivalence des choses qui vivent, elles aussi, de la mort différée en elles.

Ill. n° 95

[n° 94] Eland Cave

Personnages courant le long d'une saillie naturelle de la paroi. Nord du Drakensberg.

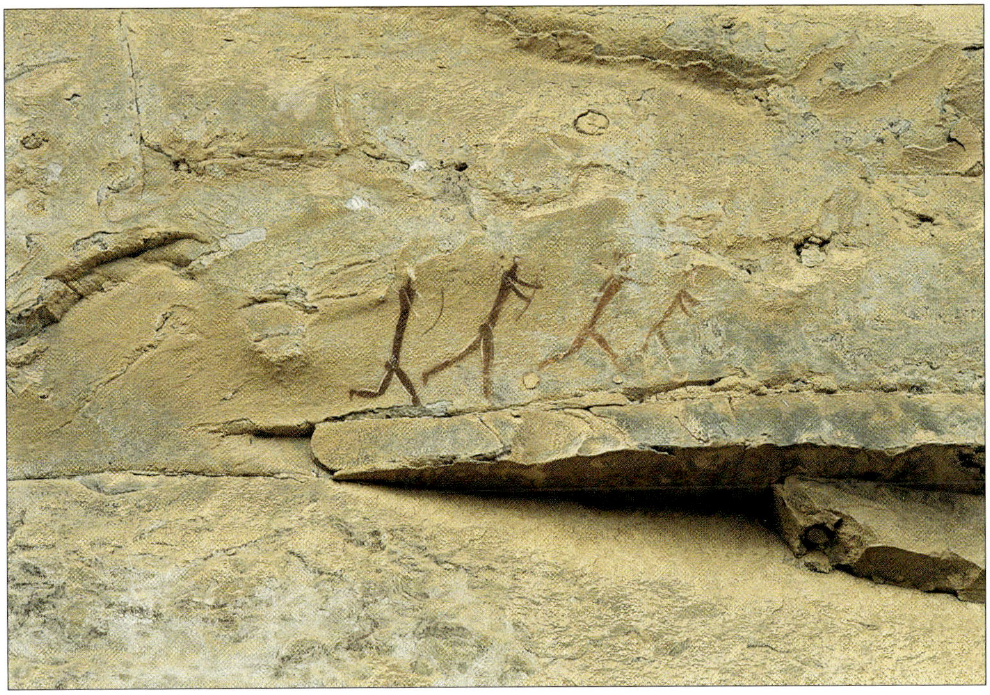

Ill. n° 21

Si le ruissellement est un agent actif des peintures (mais peut-être aussi des gravures de Driekops Eiland), le soleil ne pourrait-il l'être lui aussi ? Selon l'heure et l'éclairage, peintures et gravures rayonnent différemment de la lumière qu'elles reçoivent, changent en profondeur, au point que certaines œuvres semblent vivre de ce contact qui les fait apparaître puis disparaître. Les San y ont-ils été sensibles ? Sans doute l'ont-ils intégré aux gravures, elles dont le relief s'anime naturellement du jeu des ombres que leurs glyphes suscitent. Ont-ils intégré la course du soleil aux peintures ? Nous l'ignorons absolument, même si pour certaines d'entre elles, comme celle qui à Junction associe dans une même scène territoires réels et imaginaires, le passage de la lumière puis la venue de l'ombre ont pu participer à l'élaboration de leur sens. Ont-elles été touchées, leur puissance a-t-elle été activée par des mains se portant sur elles, et s'est-elle alors transmise aux doigts qui y couraient ? L'idée a été avancée, mais l'excellent état de conservation des peintures ne rend pas toujours cette idée vraisemblable.

ill. n° 71, 96, 103

L'art rupestre des San vit du contact *élémentaire* des parois qui l'accueillent. Ce fond est la substance des œuvres, non son seul support. La couleur de la roche monte dans une figure pour être le pigment de sa chair, ou, martelée dans des gravures, elle en est la matière ; sa profondeur ouvre aux peintures les mondes souterrains qu'elle loge, sa surface tend aux figures un lieu où se tenir, selon un

[n° 95] Vallée d'Amis

Un serpent, peint intentionnellement dans une zone de ruissellement de la pluie, dont il est l'un des symboles. Déplié, il mesurerait 4 mètres de long. Brandberg.

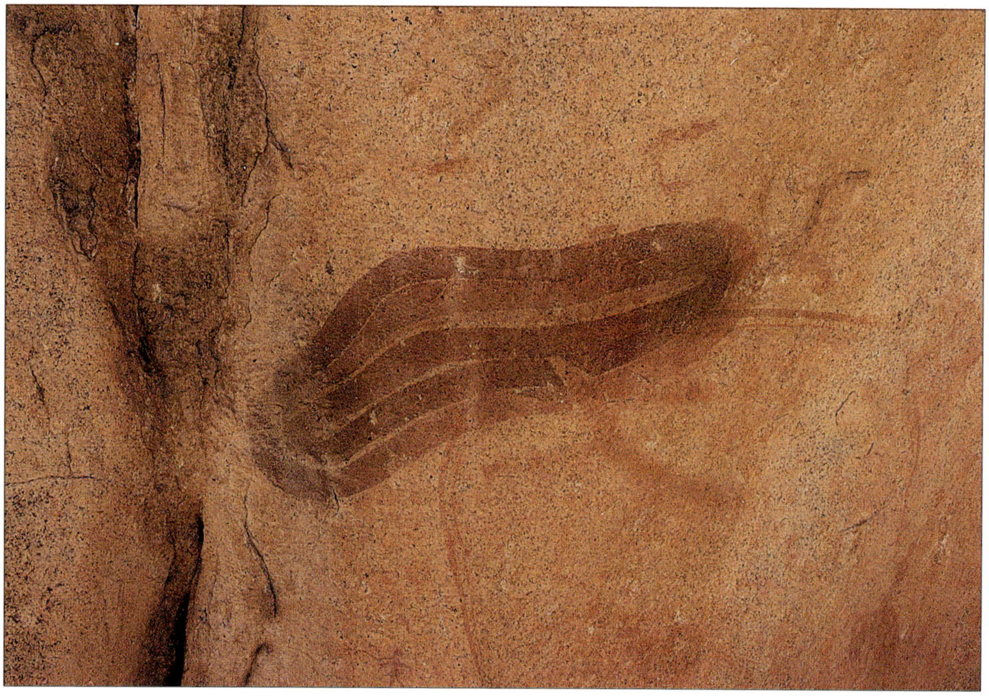

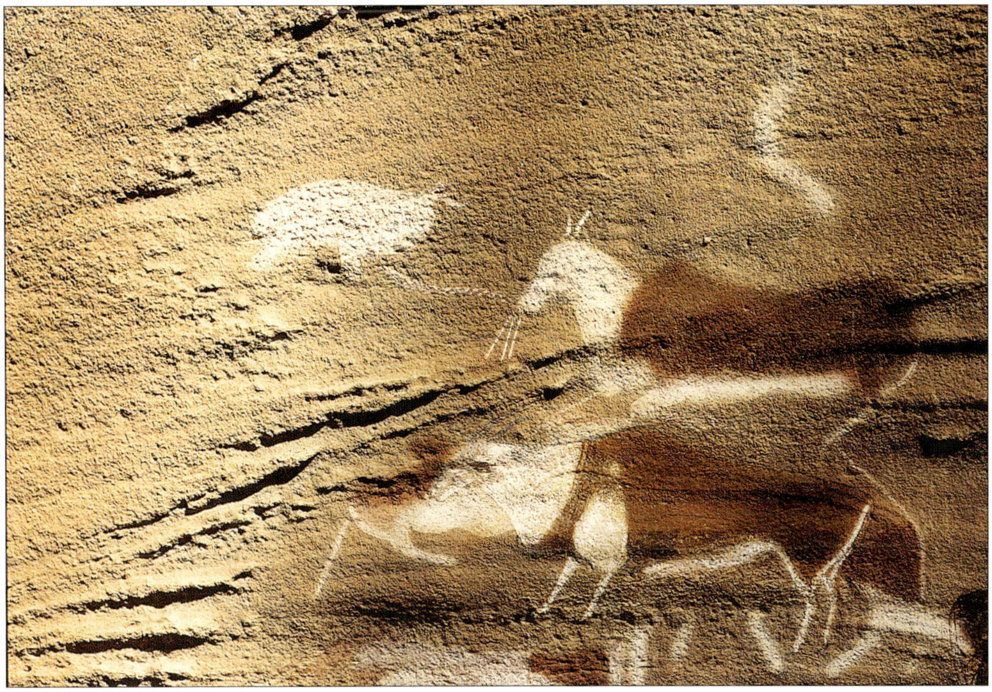

dialogue constant de la matière et de la main, où il me semble voir un peu de cette « consécration de l'accident » dont Claude Lévi-Strauss faisait l'une des dimensions essentielles de l'œuvre. « Nulle forme d'art ne mériterait ce nom si elle se laissait capter tout entière par les contingences extrinsèques, écrivait-il, que ce soit celle de l'occasion ou celle de la destination, car l'œuvre tomberait alors au rang d'icône (supplémentaire du modèle) ou d'instrument (complémentaire à la matière ouvrée). Même l'art le plus savant, s'il nous émeut, n'atteint ce résultat qu'à la condition d'arrêter à temps cette dissipation de la contingence au profit du prétexte et de l'incorporer à l'œuvre, conférant à celle-ci la dignité d'un objet absolu. Si les arts archaïques, les arts primitifs et les périodes primitives des arts savants sont les seuls qui ne vieillissent pas, ils le doivent à cette consécration de l'accident au service de l'exécution, donc à l'emploi qu'ils cherchent à rendre intégral du donné brut comme matière empirique d'une signification [49]. »

Toujours dans cet art, nous pouvons suivre le geste de la main qui lui donna naissance ; nous entrons de nouveau dans le regard du peintre et, par lui, dans une pensée à l'œuvre, avec ses hésitations, ses pauses, les points d'appui qu'il trouva sur la paroi, selon un va-et-vient où la pensée fut modelée par ce qu'elle modelait dans une confusion essentielle de l'acte et du lieu de l'art.

[n° 96] Buttermead

Un éland agonisant et dont le museau saigne est relié à un oiseau dont l'attitude accroupie évoque celle des charognards. L'oscillation quotidienne de la lumière sur ce panneau activait-elle la signification de cette peinture ? Région de Rhodes.

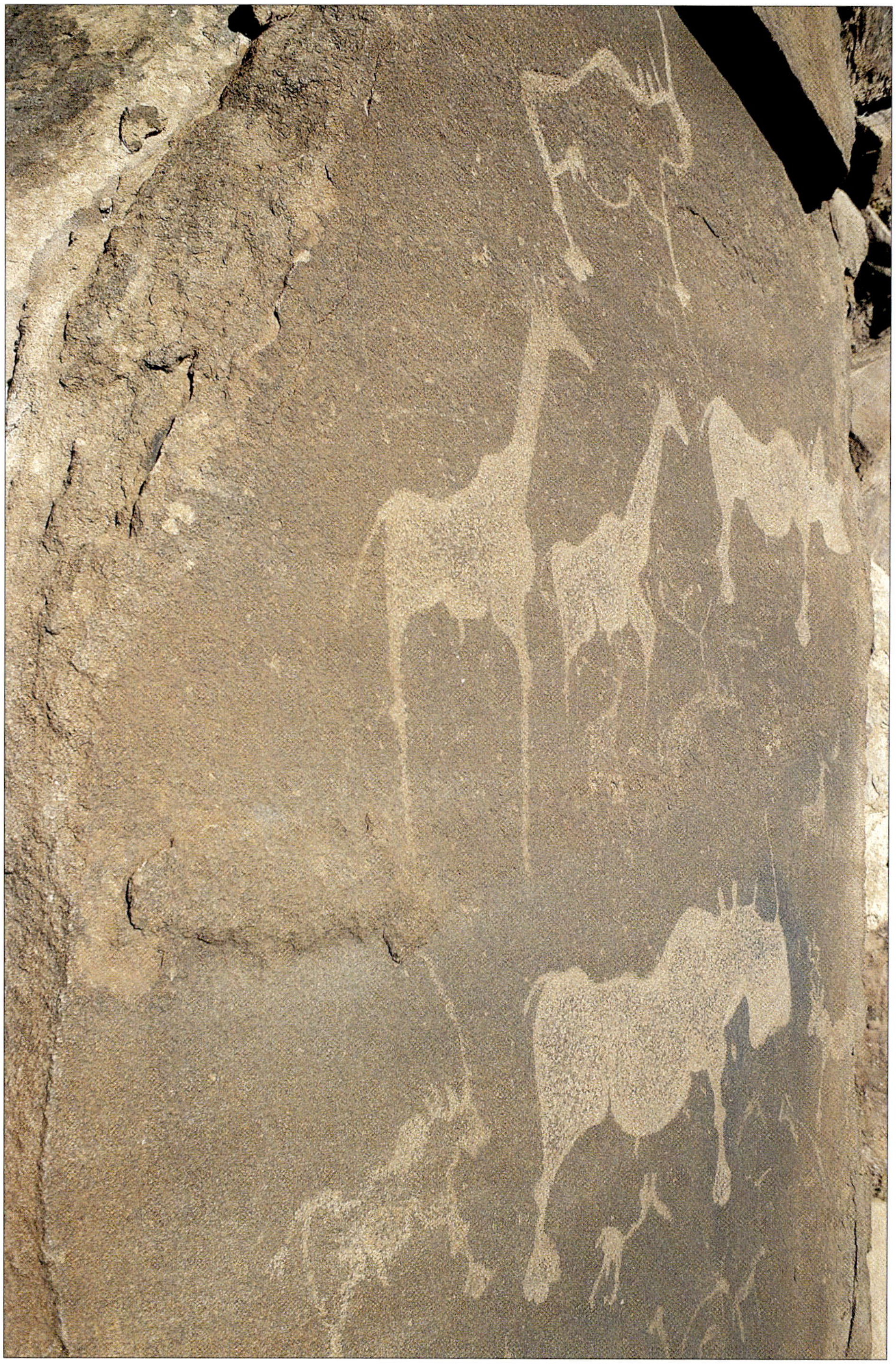

[n° 97] Twyfelfontein

Un panneau associant différents « animaux-de-pluie », girafes et rhinocéros.

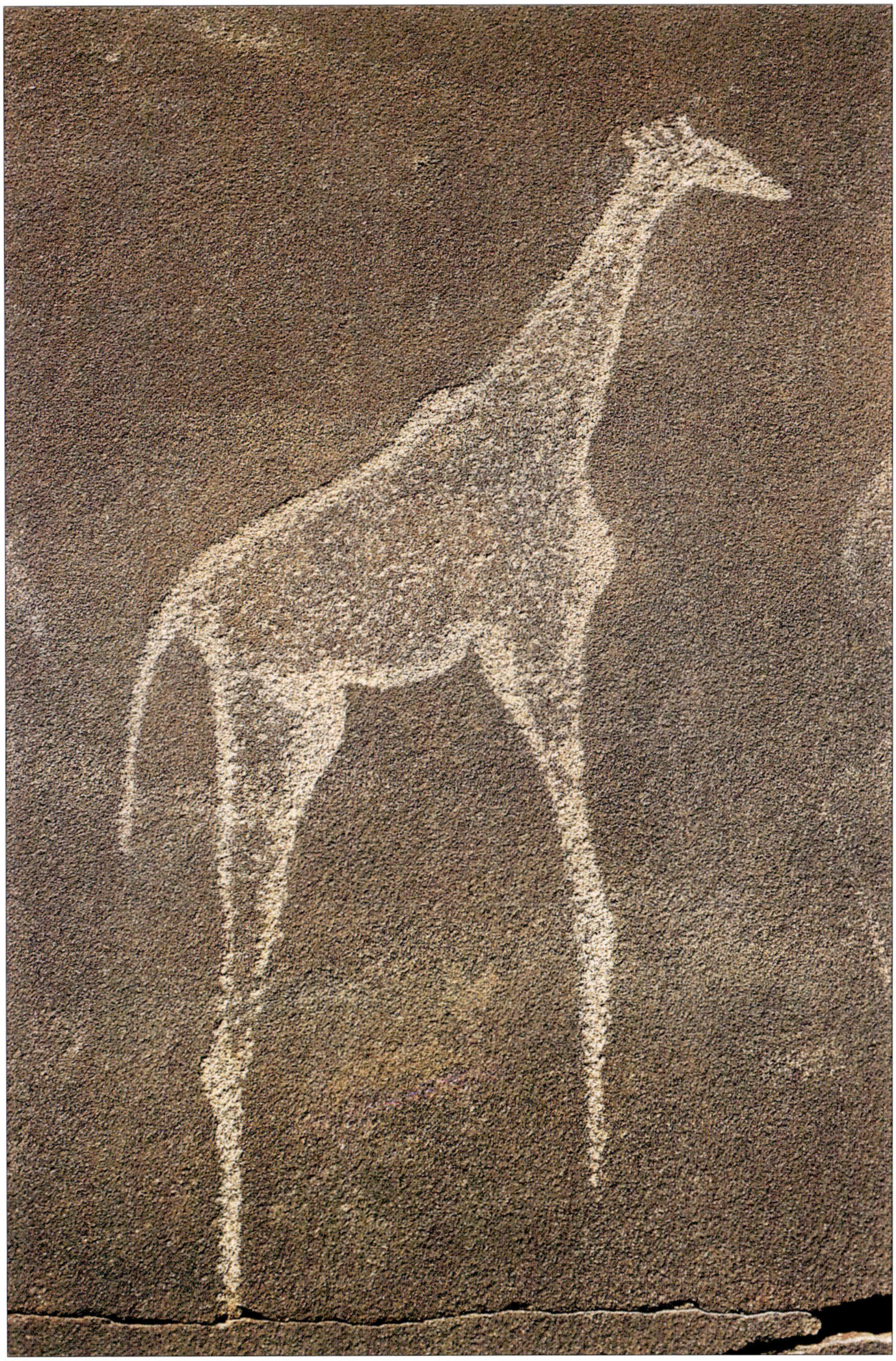

[n° 98] Twyfelfontein

Une girafe en appui sur une faille naturelle de la roche.

Acheminement vers la vue

La texture de la moire

Devant les peintures et les gravures des San, j'ai toujours pressenti qu'une part d'elles-mêmes restait à découvrir au moment où elles me retenaient aussi d'être en apparence lisibles quand s'avançaient avec une certaine clarté ces motifs d'hommes et d'animaux. Mais l'évidence est ce qui évide l'espace d'autres sens dans le visible ; l'apparence est la superficie d'une apparition qui n'est pas encore montée de ses profondeurs. Voilà la question des arts visuels posée dès leur origine. Tout est là dans une surface et tout n'y est pas encore. Elle nous contente car elle contient tout sans que nous le voyions. Opaque et transparente, ainsi est-elle : le visible en elle peut révéler ou dissimuler ce qui ne l'est pas, et l'invisible surgir d'elle et pareillement se retirer. C'est une moire. Son chatoiement est ce qui nous regarde et fixe notre regard. Elle est une invitation à voir.

Il n'y a rien de surprenant à ne pas voir ce qu'on regarde. Nous faisons couramment l'épreuve de cet aveuglement. Mais tel est le pouvoir captivant de la peinture de se tenir ainsi à la surface d'elle-même et de rayonner, en dissimulant dans le visible sa propre profondeur. La condition de cette lueur est fragile : elle doit, pour vivre, s'envelopper d'obscurité. Son séjour est un clair-obscur nécessaire, qui s'éteint d'ailleurs quand une lumière trop tranchante est projetée sur elle du dehors. Une image pour moi illustre cette fragilité, c'est une scène de *Fellini Roma*. On y voit des ouvriers creuser les galeries du métro romain lorsqu'ils butent sur un mur. Appelés, les ingénieurs le font percer et découvrent dans le faisceau de leurs lampes une villa préservée depuis près de deux millénaires par l'obscurité de la terre. Ses parois sont couvertes de fresques ; un instant, la lumière balaie une galerie de portraits dont les visages ont conservé cet éclat qui les fait paraître vivants et comme bruissants encore de la conversation que semble avoir interrompue l'irruption des torches. Immobiles, leurs regards trahissent la surprise d'être ainsi découverts. Alors, imperceptiblement, ils commencent à s'altérer. Leurs couleurs perdent de leur vivacité et bientôt les peintures s'effacent, se retirent, retournant à cette obscurité au cœur de la lumière qu'est l'absence, l'invisibilité. Il faudrait ne jamais oublier cette lueur vacillante de la peinture que toute explication dénature en posant sur elle une lumière trop blanche. Cela est plus vrai

Moins on comprend, plus on imagine.
On n'imagine que de l'inconnu.

Élias Canetti

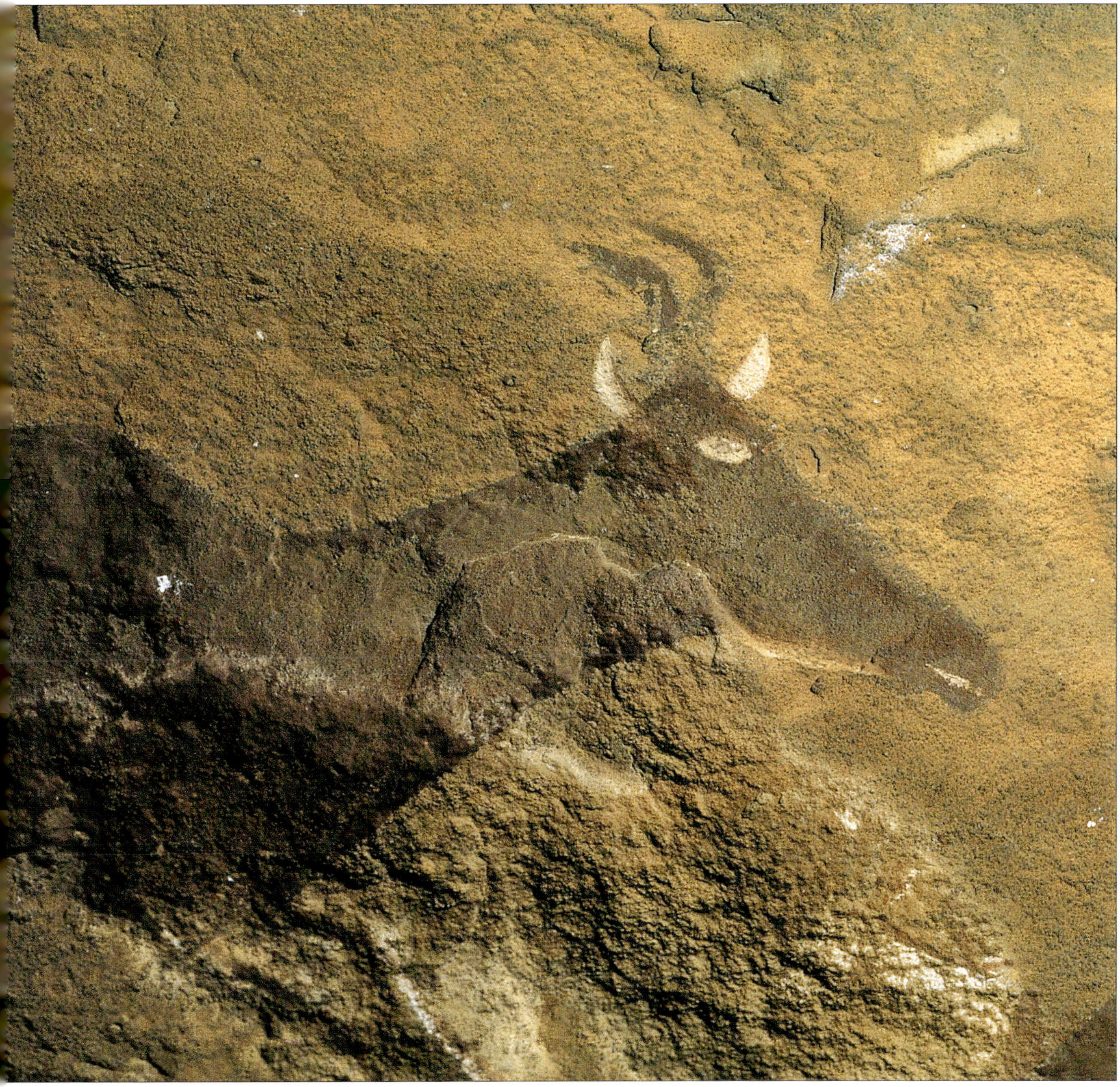

[n° 99] Hartebeest's Cave

Une rare peinture de bubale. Environs de Giant's Castle.

encore d'œuvres qui, parmi les premières, vibrèrent de l'obscure évidence du monde qu'elles exploraient, en l'exposant dans la pleine clairière d'un séjour rupestre. « Les décrire, les commenter, comme le dit Bernard Noël des peintures d'Henri Michaux, c'est les retirer, leur faire lâcher le vif pour le naturalisé, la vibration pour la fixité. » Il y a de la nuit dans les peintures des San, une nuit plus lointaine, plus reculée, toujours plus avancée que « la nuit des temps » qui fut aussi, à sa façon, le mobile de ce livre.

La vue à venir

Si ces œuvres m'ont retenu, si elles continuent à le faire, c'est donc par ce double fond en elles que nous ne cessons d'apercevoir et qui ne cesse de se dérober. Ce qu'elles montrent n'est pas seulement ce dont elles parlent ; jamais. Nous manque toujours l'injonction qui poussa ces peintres à poser un trait, pour la première fois. Pourquoi avoir peint ces « retables » qui paraissent dédiés aux élands ? Pourquoi avoir représenté ces scènes de paisible vie domestique ou ces fictions de chasse ? Pourquoi avoir inventé un bestiaire imaginaire des forces visibles et sans visage ? Pourquoi avoir dessiné – et parfois avec un luxe de délicatesse – de minuscules silhouettes plus saisissantes d'orner des roches nues au milieu d'immensités sans autre signe humain ? Et dans chacune de ces questions il faudrait entendre non le but qui pouvait être confusément poursuivi à travers les œuvres mais *l'initiative*, l'impulsion initiale qui les a rendu possibles. Vivant dans un univers saturé d'images, héritiers d'une culture où la peinture semble avoir existé de tout temps, il nous est difficile de concevoir un monde sans image où soudain la peinture, la gravure apparaîtraient. J'écris dans l'écho ruiné de cette apparition.

J'ai dit de ces œuvres qu'elles étaient une moire, oscillation prolongée entre le visible et l'invisible. Mais cette oscillation des motifs comme des mobiles de la peinture, c'est-à-dire de ses apparences comme du mouvement qui les anime, n'est-elle pas précisément ce qui est à l'œuvre et se joue de nous en nous liant aux œuvres par un regard fasciné ? N'est-elle pas apparue à leurs auteurs, comme à nous-mêmes maintenant, sous la forme d'un jeu interminable demandant toujours à être recommencé ? Le chatoiement de la moire nous attache à elle par la vue qui nous manque encore. La vue à venir. Merleau-Ponty nous rappelle combien notre expérience du monde repose sur une sorte de « foi perceptive », c'est-à-dire sur notre confiance que le monde *est* bien ce qu'*il y a* devant nos yeux. Pourtant à peine nous arrêtons-nous à cette évidence que « ce que nous voyons devient un labyrinthe ». Les peintures des San sont à la fois le dessin d'un labyrinthe et une tentative de l'explorer. Elles sont cette vue à venir engagée à la poursuite d'elle-même qui s'invente et se représente en même temps qu'elle se cherche. C'est elle que l'art nous engage à découvrir, c'est elle qui mobilise le peintre lorsque

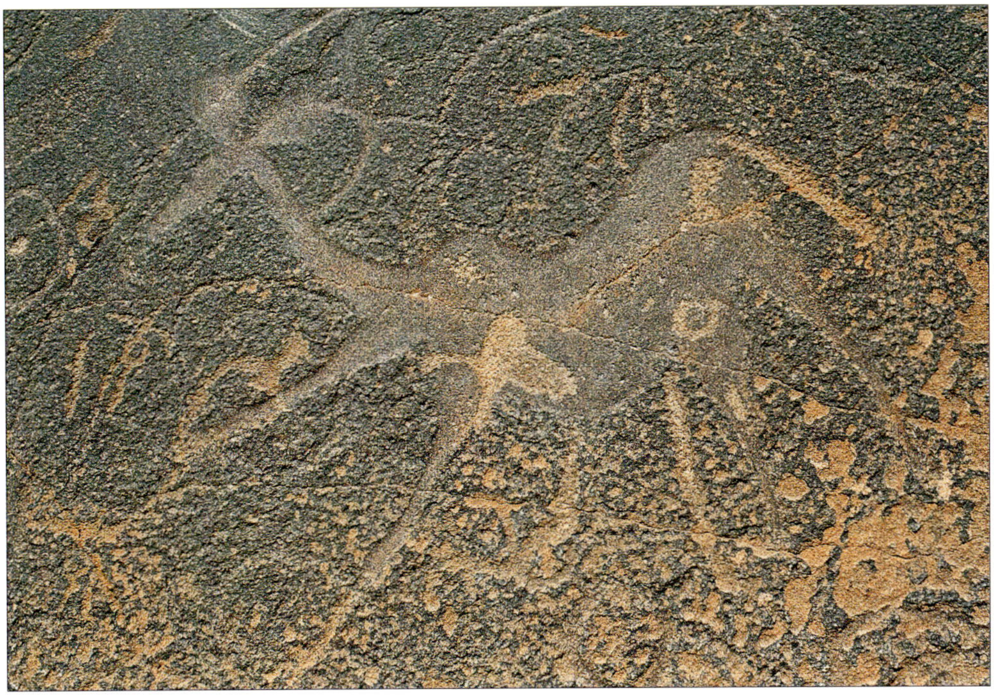

[n° 100] Twyfelfontein
Gravure d'antilope au galop.

reprenant interminablement certains motifs d'élands par exemple, il découvre dans la vue et par elle ce qui lui échappe, ce qu'elle atteint seule à distance, mais à distance duquel elle est condamnée à demeurer. Son lointain intérieur.

Cette distance intérieure que l'œuvre accueille en elle et dont elle vit, est sa part agissante, son mécanisme de fascination. C'est ce qui nous fait la regarder et revenir à elle. Il n'y a rien de tel dans un outil, il ne nous échappe pas ; toujours coïncident en lui son essence et ses usages. Regardant un arc et une flèche par exemple, nous pouvons sans mal remonter jusqu'à l'idée qui leur a donné naissance et qu'ils ont concrétisée. Il n'y a pas de mystère en eux, ils sont une idée qu'une forme accomplit – ici : franchir la distance (s'affranchir de l'espace) afin d'atteindre (blesser ou tuer) une proie ou un adversaire. La peinture ou la gravure se dérobe à une telle saisie. Regardons-les ainsi miner les assises des significations que la préhistoire (la discipline, non l'époque) leur a prêtées : seraient-elles un plaisir cultivé pour lui-même comme l'avance la théorie assez absurde de « l'art pour l'art » ? Ni le dessin ni la couleur ne témoignent de leur pouvoir à le satisfaire. Viseraient-elles à favoriser la chasse en s'appropriant à l'avance l'esprit de l'animal convoité ? Mais l'image ne saurait prétendre l'avoir capté, ni rendre lisible ce qui fait d'elle un instrument doué de « magie sympathique » aux yeux de ses auteurs.

Irréductible à toute fin prédéfinie est la peinture, quand aucune en elle n'est un terme qui en épuise la substance. Cela seul suffit à la distinguer d'un outil, sans pour autant la priver de l'utilité (qui peut-être ici était la *fascination*) qu'elle conservait aux yeux de ses auteurs. Mais, comme Georges Bataille le remarque avec justesse, « il est bon de protester contre cette habitude d'attribuer beaucoup de sens à cette volonté d'action efficace. Nous devons bien admettre qu'en toute opération rituelle, la recherche d'un but précis ne joue jamais qu'entre autres dans les intentions de ceux qui opèrent : ces intentions englobent toujours la réalité entière, religieuse et sensible (esthétique) [50]. » Une constante passion de la science pour l'explication matérielle de l'art manque l'essence singulière de l'œuvre. Le comble de la peinture est bien de ne rien combler et de s'accomplir dans un espace qui la laisse en suspens, l'obligeant (ou lui donnant la liberté) de recommencer toujours. Et puis, « pourquoi devrions-nous, dans ces origines obscures, placer une explication partout ? Quand justement il apparaît que l'art d'imiter par la gravure ou la peinture l'aspect des animaux ne put être utilisé avant d'*être* [...][*] » Il y a beaucoup de vérité dans cette remarque. On a souligné la part intime, personnelle, de philosophie tragique que Georges Bataille aurait prêtée aux peintures de Lascaux. C'est vrai mais c'est passer à côté de l'essentiel, à savoir qu'il libère l'art d'une visée purement instrumentale pour en faire un geste inaugural.

Quand voir, c'est pouvoir

Quelque chose débute par ce geste qui ne s'achève pas avec lui, exactement comme nous le montrent les peintures des San, avec leur répétition entêtante des mêmes thèmes que l'art n'épuise pas. Ce qui a été aperçu, cela qui est si précieux que son apparition sur la paroi a été à ce point soignée, méditée, regardée, demande à être vu et donc à être regardé encore. L'art donne à voir, et dans cette vue montre qu'il y a encore à voir. Un mot condense ce pouvoir des peintures : la suggestion. Les œuvres ne désignent pas les figures mais *suggèrent* avec elles la profondeur d'un monde intelligible. Suggérer c'est donner à penser et, dans ce mouvement en avant, pressentir puis montrer avec discrétion qu'il y a encore à voir. Ce qui s'accomplit là est inaccompli et ne peut que l'être. Il est la mesure de ce qui n'en a pas. L'art est ici l'invention d'un questionnement, et la forme de questions auxquelles seule la suggestion des formes convient.

[*]Ibid., *p. 37. La citation exacte est : « Pourquoi devrions-nous, dans ces origines obscures, placer une explication partout ? Quand justement il apparaît que l'art d'imiter par la gravure ou la peinture l'aspect des animaux ne put être utilisé avant d'*être *et que, pour* être, *il fallut que ceux qui s'y exerçaient les premiers aient été conduits au hasard et par jeu. » Autant la remarque sur l'être de la peinture est essentielle, autant l'origine que son auteur lui prête, le hasard, le jeu, est, elle, conjecturale.*

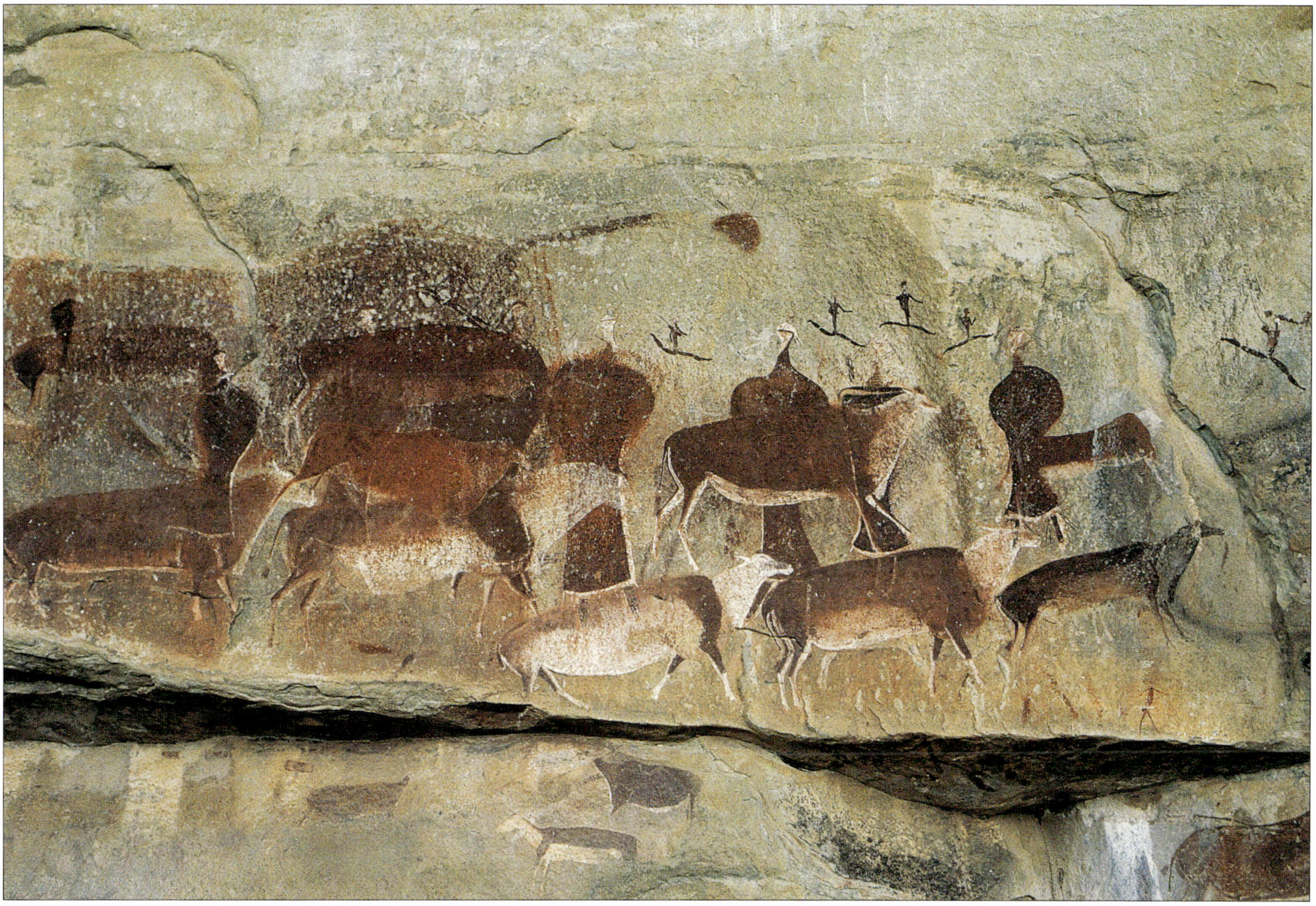

[n° 101] Game Pass

Une procession d'élands et d'hommes-antilopes cheminant le long d'un relief naturel de la paroi (environ 2,50 m). Région de Kamberg.

Que la peinture et la gravure aient été puissantes, je n'en doute pas. Comment leurs auteurs auraient-ils pu les croire dépourvues de pouvoirs, elles qui possédaient celui de rendre présent ce qui ne l'était pas, de conter ce qu'elles ne pouvaient pas contenir ? Qu'on leur ait prêté la vertu de favoriser la chasse, d'infléchir le cours de la pluie ou de protéger les vivants, pourquoi pas, ce ne serait que la conséquence des forces qu'elles rendaient sensibles et peut-être accroissaient. Avec une intuition très juste, Claude Lévi-Strauss fait de la « miniature » l'essence de l'œuvre d'art, et cela induit que la propriété – magique si l'on peut dire – de cette réduction est d'élever au prestige ce qui se révèle à jamais plus grand et plus lointain que ses représentations. L'image est un corps conducteur immédiat de sens et d'effets. Si elle est habitée de pouvoirs « magiques » (suscités pour des fins matérielles), ils sont la conséquence des pouvoirs spéculatifs (immatériels) qu'elle exerce sur les choses visibles. *L'œuvre d'art agit d'être œuvrée.* La fascination qu'elle exerce est l'exercice qui en elle s'est activé à entrer par le regard dans ce dont le regard et la pensée sont irrémédiablement séparés.

La peinture, la gravure sont en elles-mêmes un préalable énigmatique, et plus envoûtante encore que leurs usages est l'injonction qui porte l'homme au dessin. Dessiner (peindre, graver), c'est ouvrir une béance sans fin dans le réel qui suppose une pensée nouvelle capable de franchir le fossé qui se creuse entre l'image et ce qu'elle représente ; c'est doubler le monde d'un miroir, et le douer de ce qu'il n'avait pas – un reflet – qui le réfléchissant le donne à réfléchir. Cette relation et la différence dont elle est faite distinguent l'art de tout autre art de faire. Avec l'art « la foi perceptive » entre dans une crise permanente qui est aussi le territoire singulier où l'homme construit sa différence. Peintures et gravures sont des plans d'interprétation du monde, des miroirs projectifs qui le mettent en jeu de l'ouvrir à l'attente des questions.

Peint, gravé, le monde s'avère différent de ce qu'il est, à la fois réduit et exhaussé. Cette différence est une naissance. Naissance d'un monde autre dans le regard et par la main, d'un monde qui cessant d'être quelconque devient cette question qui l'interroge en prenant la forme d'une image. Redoublant d'une image ces choses qui n'en ont pas, l'homme les *réalise*, c'est-à-dire les rend réelles en prenant conscience d'elles dans leur présence et leur épaisseur véritables. Si, par les outils, il nouait un rapport nouveau à la matière, en la façonnant pour ses propres usages, il inaugure une autre relation au monde en le figurant : il *l'envisage*, le regarde (le questionne) dans le visage qu'il lui prête et, le faisant autre qu'il n'est, fait de lui-même quelqu'un d'autre qu'il n'était : il naît une seconde fois du pouvoir infini de regarder le monde à l'œil nu, dans le mystère que les choses soient et peut-être qu'elles

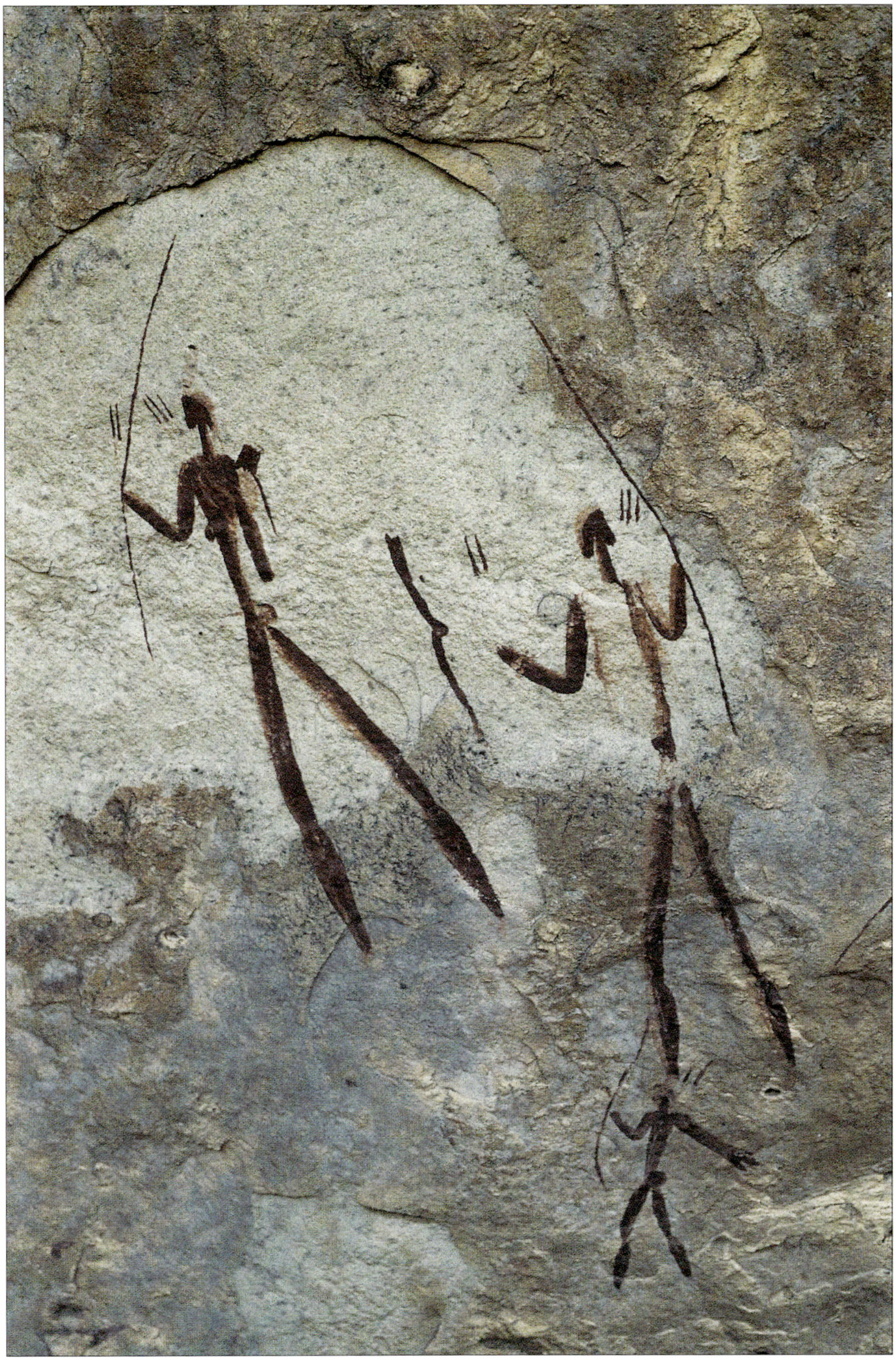

[n° 102] Gxalingenwa 1

Trois chasseurs armés d'arcs et de carquois (environ 26 cm de haut). À noter les disproportions entre les personnages. Région de Cobham.

soient comme elles sont. Dans une lecture inspirée des pages écrites par Georges Bataille sur Lascaux, Maurice Blanchot constate : « [...] ce que suggèrent les premiers grands moments de l'art, c'est que l'homme n'a contact avec son propre commencement, n'est affirmation initiale de lui-même, expression de sa propre nouveauté, que lorsque, par le moyen et les voies de l'art, il entre en communication avec la force, l'éclat, la maîtrise joyeuse d'un pouvoir qui est essentiellement pouvoir de commencement, c'est-à-dire de recommencement préalable [51]. » L'homme est à l'origine de lui-même dans cet instant où, par l'art, il conte, narre, dessine, invente, imagine, c'est-à-dire, chaque fois, appose sur le monde les initiales de son imagination.

Les peintres san ont eu souci d'animer les figures dont ils soignaient tant l'apparence. Au spectacle de ces apparitions, sans doute éprouvèrent-ils le trouble de rendre présent ce qui ne l'était pas, et plus encore de s'avancer dans le territoire sans vue que cette image leur ouvrait. Mais même enveloppé d'incertitudes leur geste inaugural conserve la valeur d'un arrachement. L'image est une métamorphose. De celui qui la réalise, de ce qu'elle représente, et de ceux qui la regardent. Dans la lumière décomposée où se tiennent les peintures, nous voyons des hommes naître au prestige de l'inconnu dont ils sont la source et dont ils vont peupler le monde. L'art rupestre y est le visage que prend cette naissance seconde de l'homme, quand il est l'autre nom, sauvage et peut-être ludique, de la connaissance.

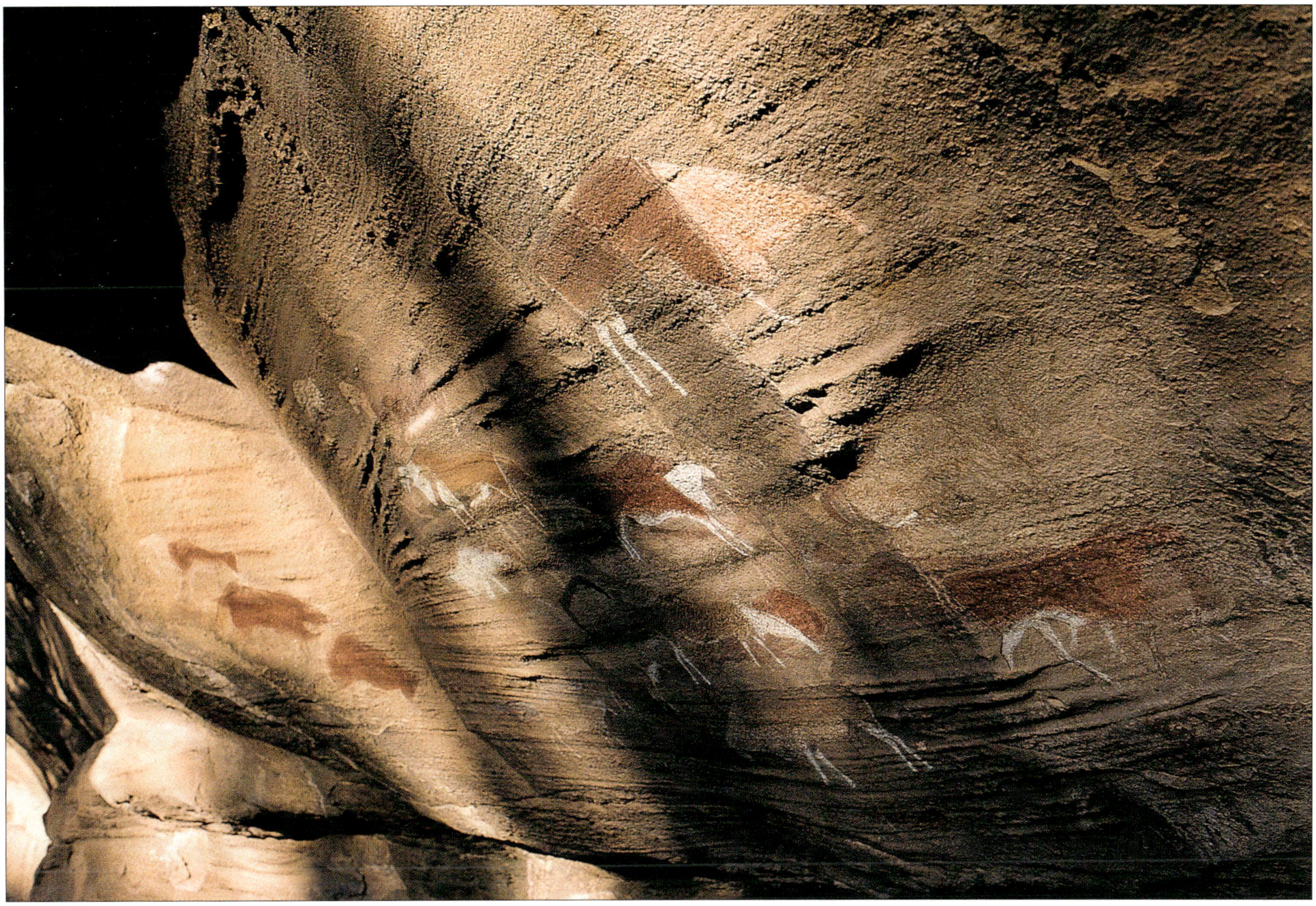

[n° 103] Seepongweni

Panneau couvert de différents motifs d'animaux (environ 3 m de long). Région de Rhodes.

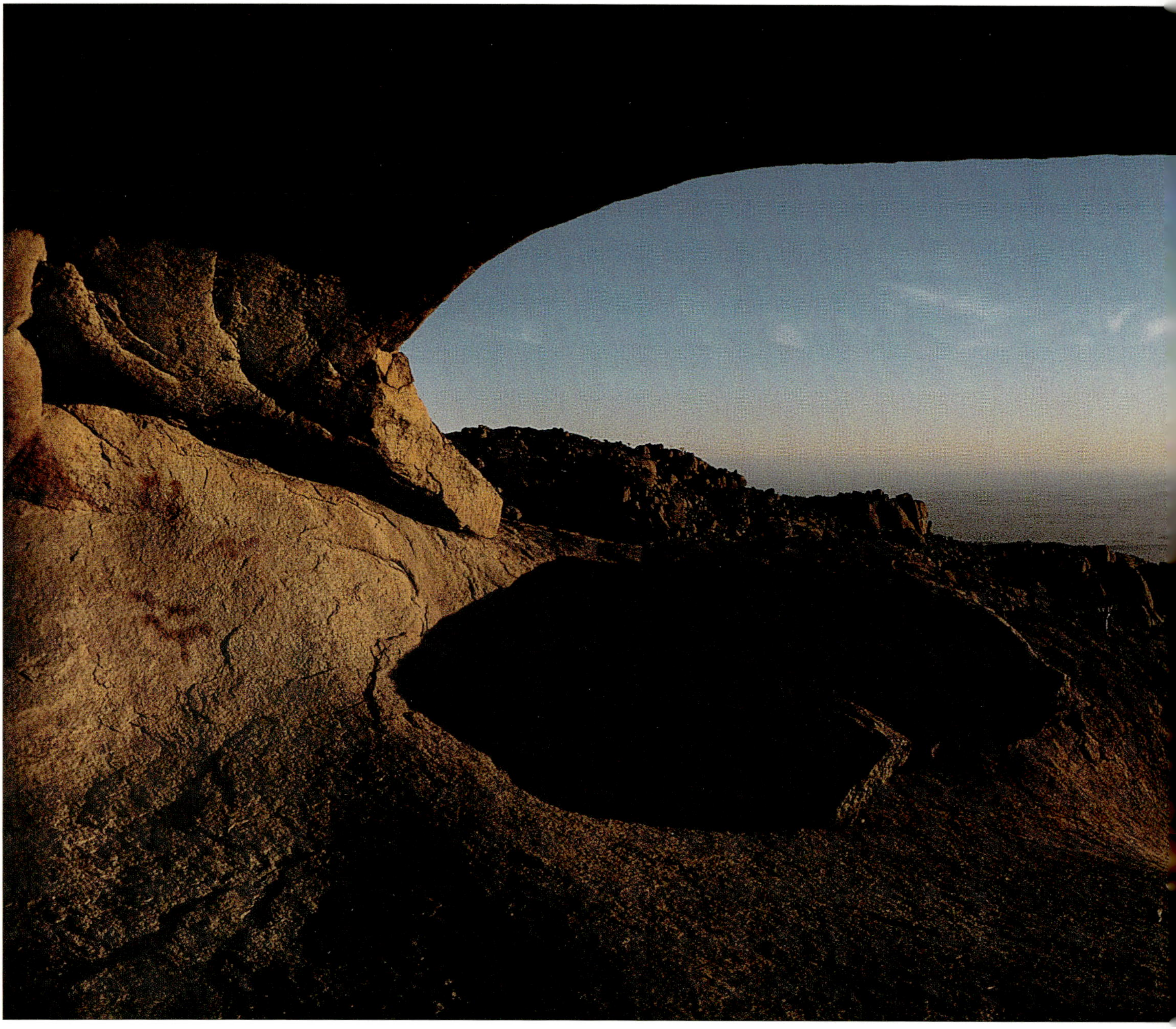

MARGES

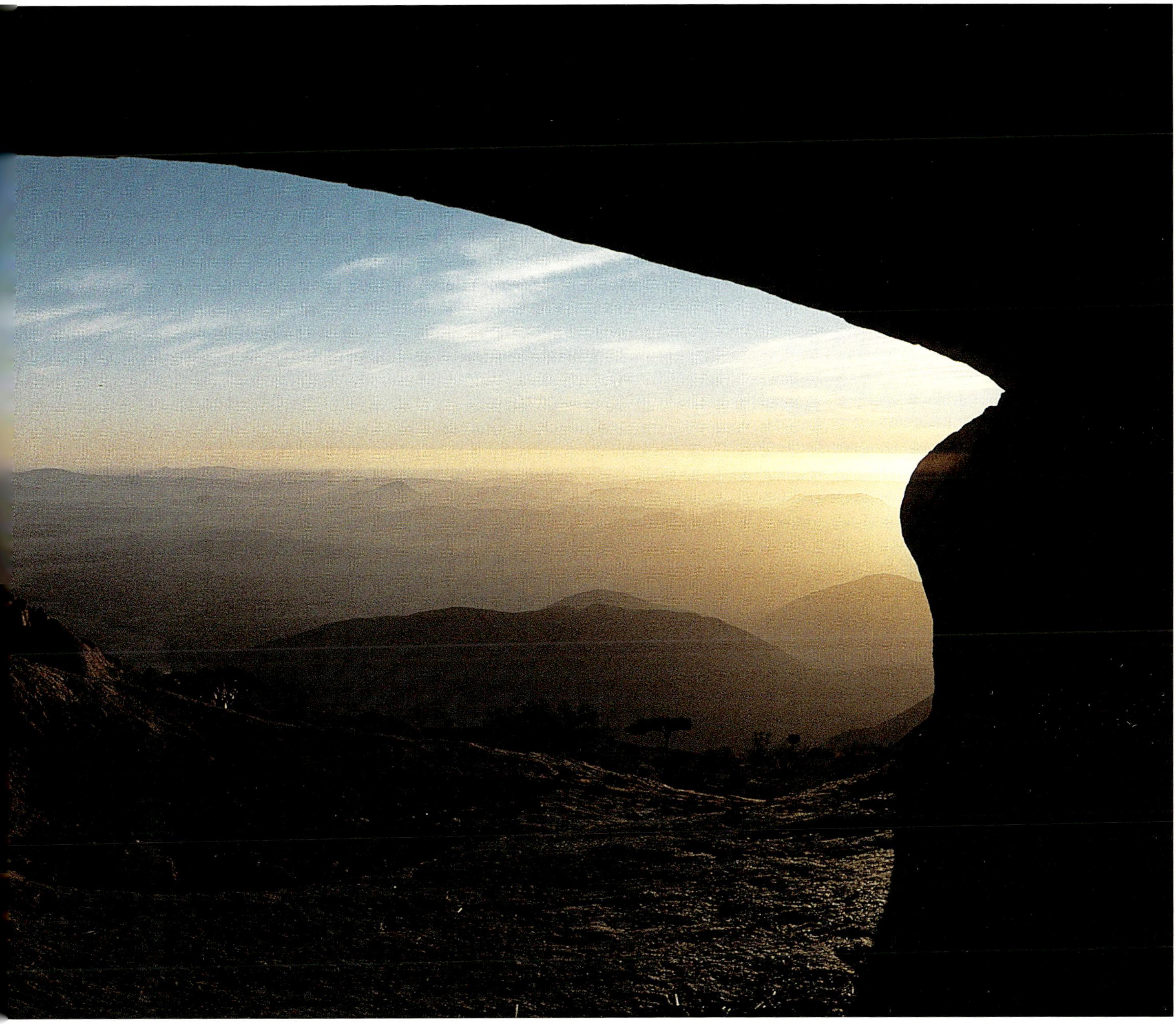

[n° 104] Le Damaraland
La steppe désertique namibienne vue depuis le sommet de la gorge d'Amis, dans le Brandberg.

Le « Bosjeman » et ses doubles

La conquête de l'Afrique australe et la découverte des San

L'étonnement est souvent le premier tropisme du voyage. Hérodote, tout au long de son périple méditerranéen, souligne à l'envi la diversité des hommes, comme la variété et l'étrangeté de leurs mœurs. Près de vingt siècles plus tard, quand les premiers navigateurs débarquent au Cap, en 1497, leur témoignage est lui aussi la longue litanie des différences perçues comme autant d'agressions ou de séductions intellectuelles : vieil exotisme ! En revanche, la réciprocité des regards est inexistante, il n'y a jamais d'échange réel des vues. À peine les peintures de chariots bâchés, de cavaliers en armes et parfois d'affrontements ornant tardivement quelques abris suggèrent-elles un rendez-vous manqué. Dans l'histoire des découvertes, la vision des vaincus forme toujours la part du sable des chroniques.

Ill. n° 105

La conquête de l'Afrique australe n'a rien d'exceptionnel à cet égard. Il n'y a ici que la violence banale, la cupidité coutumière aux conquérants et leur cortège d'exactions dont le plus souvent nulle trace n'a été conservée. Au cœur de cette histoire néanmoins, le « Bosjeman » (ce nom hollandais donné aux San) demeure une invention étonnante. Pendant trois siècles c'est un miroir qui renvoie une image changeante et trouble des San. Jamais il ne coïncide avec ceux qui en sont le modèle. Quelle que soit cette image, d'ailleurs, une différence est toujours signifiée, différence de comportement, de race, de langue, semblable à l'ombre portée d'une culture qui finit par disparaître dans cette image et par elle. Il importe de comprendre l'invention de cette image et de ses doubles, car elle a pesé sur la perception que nous avons des peintures des San comme sur le destin de ce peuple.

Premiers et longtemps uniques habitants de l'Afrique australe avec leurs cousins khoekhoe, les San furent rejoints il y a environ deux mille ans par des pasteurs bantous, venus d'Afrique Noire. Si leurs relations ne furent pas toujours amicales, elles furent marquées par de vrais échanges, linguistiques notamment, dans le cadre d'un voisinage assez pacifique. Plus que les Khoekhoe, les Zoulous, le Xhosas, etc., les San intriguèrent les colons. Qu'ils ne fussent pas des éleveurs ou des agriculteurs comme les autres peuples, mais des chasseurs et cueilleurs nomades ne leur conféra qu'un léger surcroît d'étrangeté. Mais au contraire des autres peuples, leur différence ne cessa d'être accentuée. D'étranges ils devinrent étrangers – peut-être parce qu'eux-mêmes étaient trop profondément étrangers à l'économie agricole et au monde sédentaire qui se mettait en place pour s'y intégrer. Puis, franchi ce cap extrême de la différence où il est désormais indifférent de la nier, ils furent exterminés.

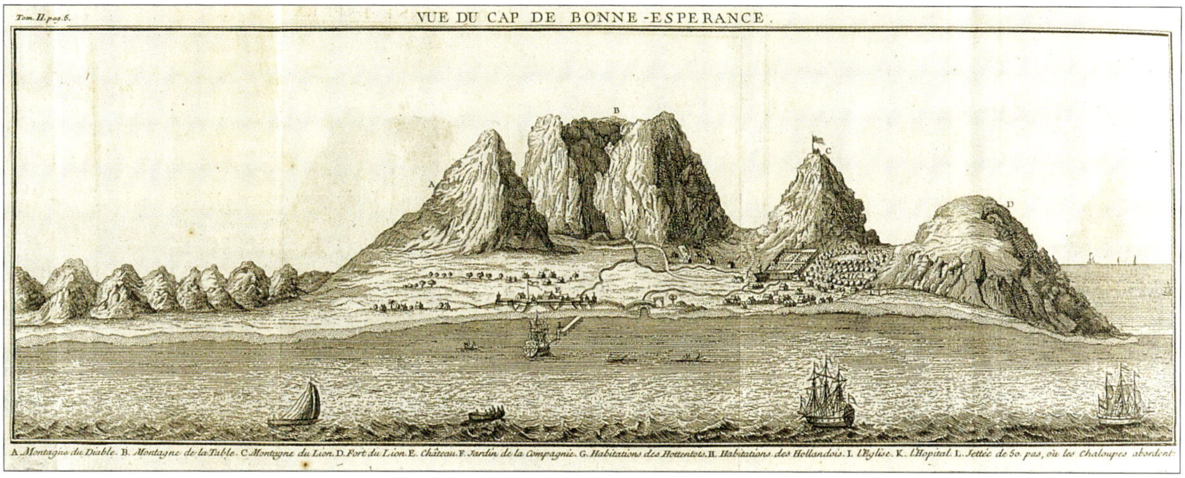

[n° 105] Le cap de Bonne-Espérance

Une gravure représentant les premières maisons de la colonie du Cap (Peter Kolb, 1741).

La construction d'une sauvagerie

L'un des premiers voyageurs à avoir séjourné parmi les San et à en avoir rapporté une longue description est François Le Vaillant, aventurier dont le témoignage est parfois fantasque, mais qui ne manquait pour l'époque ni de perspicacité, ni de ce qu'on appelait alors « grandeur d'âme », c'est-à-dire une certaine générosité de pensée. Parti en 1784 et 1785 pour deux longs voyages à l'intérieur de l'Afrique du Sud, collectionnant au cours de son trajet anecdotes – parfois mensongères ou fabulées, qu'importe –, observations et impressions comme on se constituait alors des cabinets de curiosités, Le Vaillant rencontre ceux qu'il appelle les « Houzouanas » – les San. Bien qu'ils soient précédés d'une réputation de sauvagerie qui les fait craindre de tous, il en donne une description mesurée : « L'Houzouana, écrit-il, est de très petite taille, et parmi eux c'est être fort grand que d'avoir cinq pieds ; mais ces petits corps, parfaitement proportionnés, réunissent, à une force et une agilité surprenantes, certain air d'assurance, d'audace et de fierté, qui en impose et qui me plaisait infiniment. De toutes les races de sauvages que j'ai connues, nulle ne m'a paru douée d'une âme aussi active et d'une constitution aussi infatigable [...] Lorsqu'ils sont en course, la disette d'eau ne les inquiète point, même au milieu des déserts. Par un art particulier, ils savent découvrir celle qui est cachée dans les entrailles de la terre [...] [l'Houzouana] se couche le ventre contre terre, regarde au loin, et si l'espace qu'il a parcouru de l'œil recèle quelque source souterraine, il se relève et indique du doigt le lieu où elle est. Il lui suffit, pour la découvrir, de cette exhalaison éthérée et subtile que laisse évaporer au-dehors tout courant d'eau, quand il n'est pas enfoui à une trop grande profondeur [52]. »

Ill. n° 106

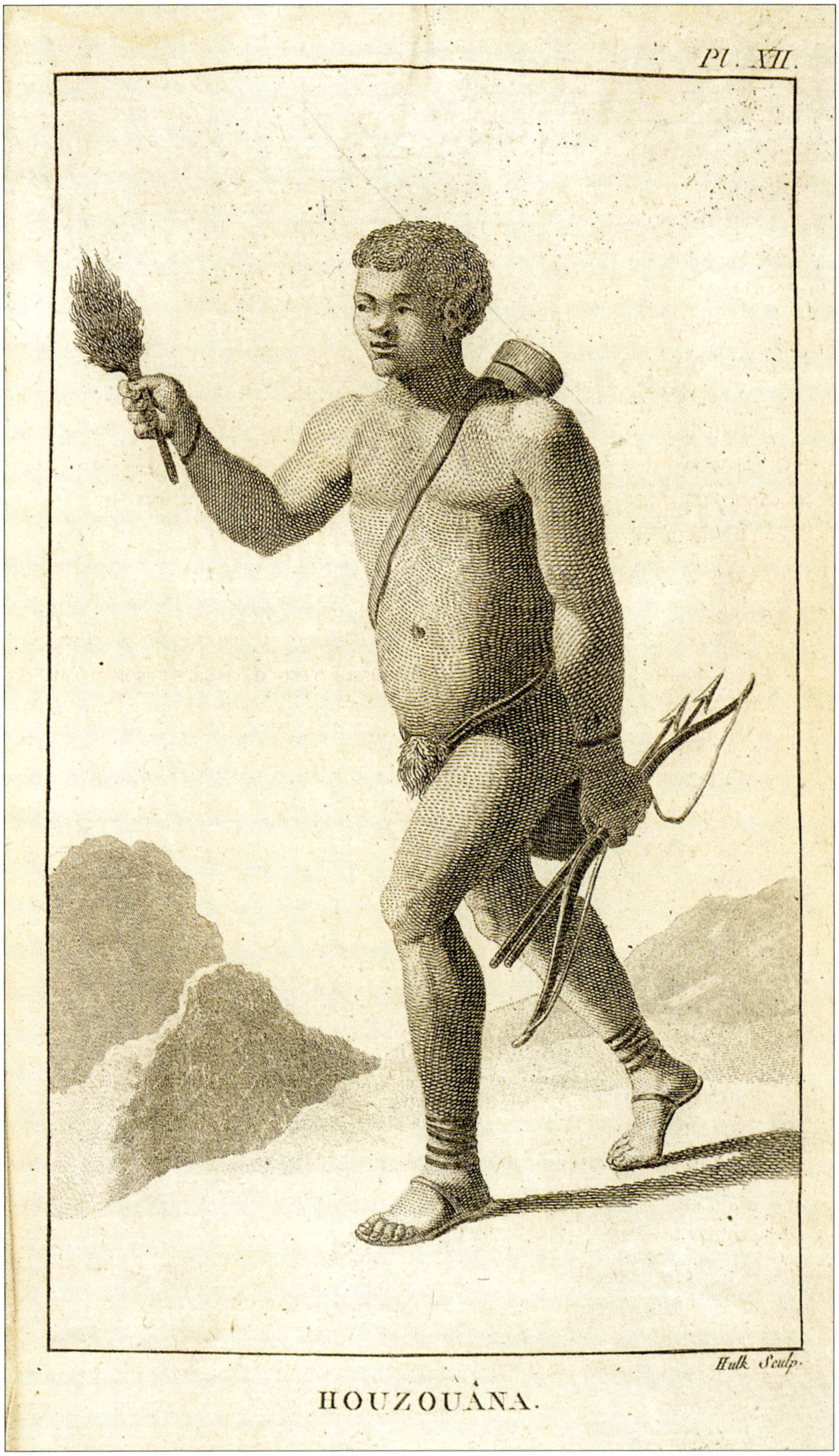

[n° 106] Houzouana

Portrait d'un Houzouana – c'est-à-dire un San – tel qu'un graveur l'imagina d'après le récit de François Le Vaillant (fin du XVIIIe siècle).

Comparée au portrait des San qui s'est peu à peu construit tout au long des XVIIe et XVIIIe siècles, cette description est assez extraordinaire. Le respect, l'étonnement admiratif l'emportent ici sur la si coutumière répulsion dont tant d'autres témoignages sont empreints. Dès le début de la conquête en effet, les observateurs insistent sur l'animalité des San. Quand Vasco de Gama rencontre un homme « petit de corps », « qui allait recueillant du miel dans les halliers », l'un des compagnons du navigateur, Ludovic Varthema, relève que sa langue est moins faite de sons articulés que d'interjections et d'onomatopées : « Les dits Mores, écrit-il, parlent tout à la manière que les muletiers chassent les mulets au royaume de Naples et de Sicile : ils parlent avec la langue dessous le palais [53] », première notation de ces « clics » qui parsèment la langue des San et des Khoekhoe. Est-ce d'ailleurs une langue ? Les colons installés au Cap hésitent. John Milward écrit que leur « discours est plutôt un caquetage qu'un langage » (1614) ; Thomas Herbert évoque quant à lui un langage « simiesque plutôt que fait de sons articulés » (1627) ; un autre dit que « leur discours nous semble un bruit inarticulé [...] comme le gloussement des poules ou le caquet des oies », toutes choses qu'un dénommé Jean-Baptiste Tavernier résume ainsi : « Quand ils parlent ils pètent avec leur langue dans leur bouche [54] »(1648). Au milieu du XIXe siècle encore, Thomas Arbousset écrira : « On serait tenté de dire qu'ils jappent plutôt qu'ils ne parlent. » Aussi « n'est-ce pas sans raison qu'on a dit d'eux qu'ils gloussent comme des dindons », ajoute-t-il. L'existence d'un San qui « savait parfaitement bien contrefaire le singe, le chacal, et généralement tous les animaux [55] » confirme à ses yeux la proximité des San avec le monde animal.

La parole est une frontière. Qu'on la traverse et la compréhension mutuelle s'accompagne d'un sentiment commun d'appartenance. Qu'elle demeure imperméable, et la barrière des races, voire de l'espèce se dresse, rejetant au-delà d'elle celui qu'on ne comprend pas. Parce que leur langue ne fut pas traduite avant que Wilhelm Bleek n'en esquisse un dictionnaire et une grammaire, vers 1875, les San ont toujours oscillé dans le regard des colons entre le règne des espèces humaine et animale. Voyageurs, observateurs, paysans en quête de terre, tous insistent sur les spécificités physiques des San ; ils relèvent l'accumulation parfois considérable de graisse dans les fesses et les cuisses, en particulier des femmes, cette *stéatopygie* qui suscite commentaires désobligeants ou paillards ; certains Ill. n° 107
soulignent encore l'hypertrophie des grandes lèvres du sexe (appelée « tablier hottentot ») qui semblent pouvoir être comparées, « pour la couleur, la taille, la forme » à « la crête d'un dindon [56] », comme le dit John Barrow, un voyageur au regard pourtant souvent plus généreux. C'est comme si, croit-on entendre dans ces commentaires, les San, par leur petite taille et les détails de leur anatomie, étaient demeurés au stade d'un développement inachevé, une sorte d'enfance de l'espèce humaine encore mal débourbée du règne animal et curieusement échouée sur les rives de l'histoire. Seule trouve grâce aux yeux des colons la couleur de leur peau, un brun clair tirant vers le jaune souvent comparé à la teinte d'un abricot.

Du sauvage au réprouvé

Le Vaillant lui-même constate que les San ont le nez « plus écrasé encore que celui des Hottentots », ajoutant que « de cette nullité de nez, il résulte que, vu de profil, l'Houzouana est laid et ressemble à un singe [57] ». Comme le singe d'ailleurs, « il se fait un jeu de gravir les montagnes et les pitons les plus hauts [58] » ; à quoi John Barrow répond, en un écho remarquable par sa similitude, que « les Bochimans sont à tous égards les plus laids des hommes » et que leur figure présente « une grande ressemblance avec celle des singes [59] ». Arbousset quant à lui leur trouve une « autre difformité, celle d'être presque manchots [60] », tandis que Jonus Edward Alexander et le révérend Campbell relèvent l'un et l'autre leur saleté [61]. Même la surprenante adaptation des San à un environnement souvent hostile fait d'eux les pairs des animaux plus que des hommes. « On dit qu'ils vont si vite, écrit ainsi John Barrow, que sur un terrain raboteux ou bien en escaladant les montagnes les chevaux ne peuvent les joindre [62]. » Est-ce parce qu'on veut les confondre avec des animaux que les San sont, comme l'écrit par exemple Jonus Edward Alexander, « excessivement sauvages [63] » ou bien l'invention de cette sauvagerie appelle-t-elle cette relégation hors du monde humain ? Difficile d'y répondre. Notons toutefois qu'il est encore fréquent au XVIIIe siècle de considérer l'homme comme un animal parmi les autres ; il faut en effet attendre 1735 pour que Linné distingue l'*homo sapiens* parmi les espèces de la famille des primates.

La coexistence des colons et des nomades est loin d'être pacifique. À l'incursion sur leurs terres et à la prise des points d'eau, à la destruction des troupeaux d'antilopes, les San vont répondre par le vol du bétail, amorçant ainsi un cycle d'expéditions punitives d'une violence croissante, justifiées par la réputation de sauvagerie qui est désormais la leur. Arrivant dans le Sneeuberg en 1797, John Barrow écrit que « ces montagnes et le pays immédiatement derrière recèlent une race d'hommes qui, par leurs habitudes et leurs manières de vivre ont mérité le nom de *sauvages*, nom dont il est à craindre qu'ils se soient rendus plus dignes encore par la conduite qu'ont tenue à leur égard les habitants européens [64]. » Campbell peu après écrit que « les pauvres créatures ont été si maltraitées par les Boers de la colonie que maintenant, ils entreprennent de tuer tout homme portant un chapeau, car c'est pour eux le signe qui leur permet d'identifier un Boer [65]. » Colons et San étant désormais précédés d'une réputation de cruauté, la crainte troublant mutuellement le regard des uns et des autres, il n'est pas rare que la rencontre prenne immédiatement la forme d'une bataille ou d'une fuite éperdue, et quand ce n'est pas le cas, chacun s'en montre surpris. Ainsi, arrivant dans un campement de San, Alexander le trouve déserté « à l'exception d'un vieil homme qui semblait prêt à fuir comme son peuple venait juste de le faire [...] et comme nous n'avions pas saisi les armes de ce premier Bochiman et ne l'avions pas froidement tué – ce que subissent parfois ces gens –, notre réputation de clémence ne cessa ensuite de nous précéder [66]. »

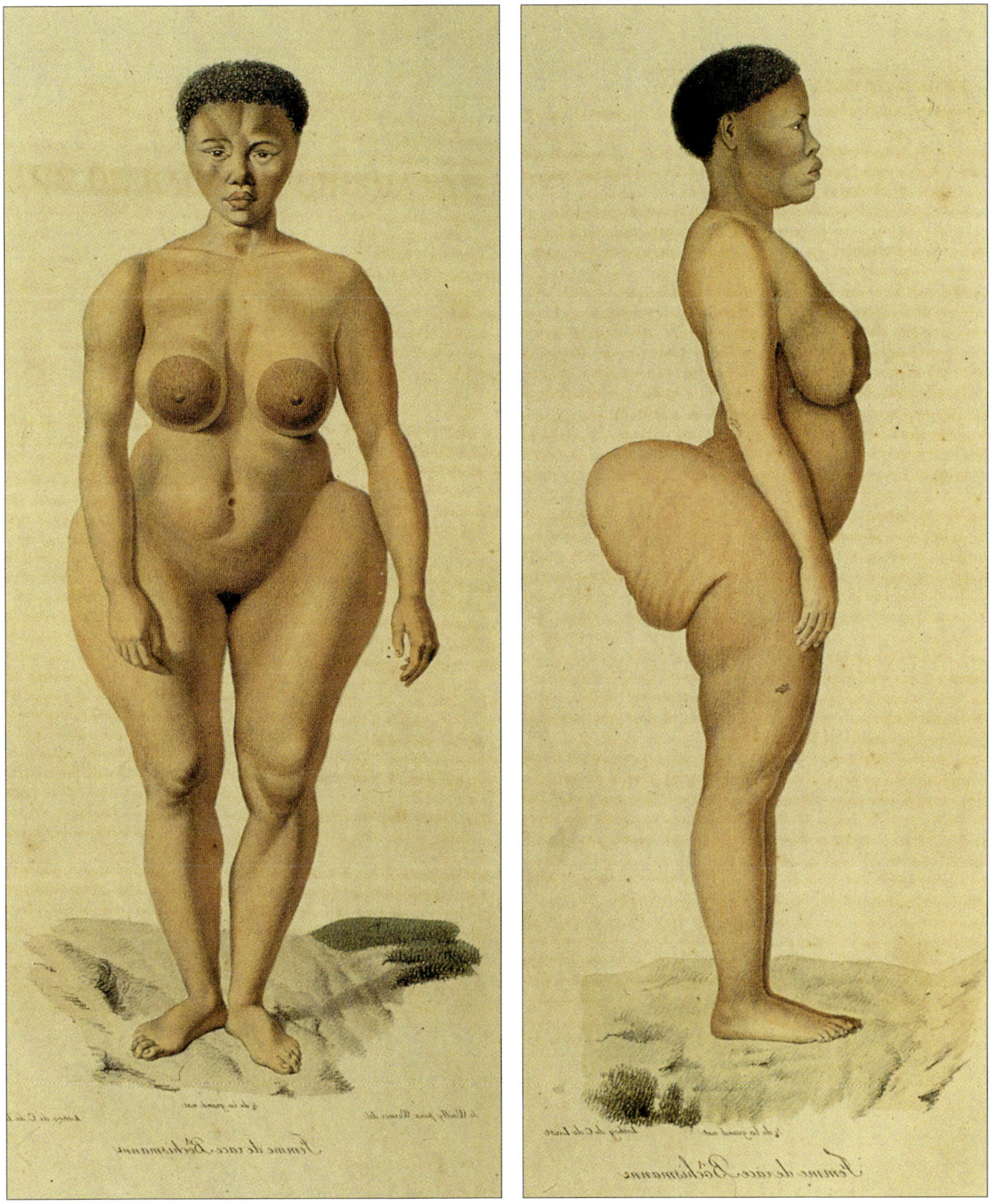

[n° 107] Saartje Baartman

Le portrait d'une femme bochimane illustrant l'*Histoire naturelle des mammifères* de George Cuvier et Geoffroy Saint-Hilaire (1824). Cette femme s'appelait Saartje Baartman et, connue sous le nom de « la Vénus hottentote », fut exhibée en Europe comme une curiosité.

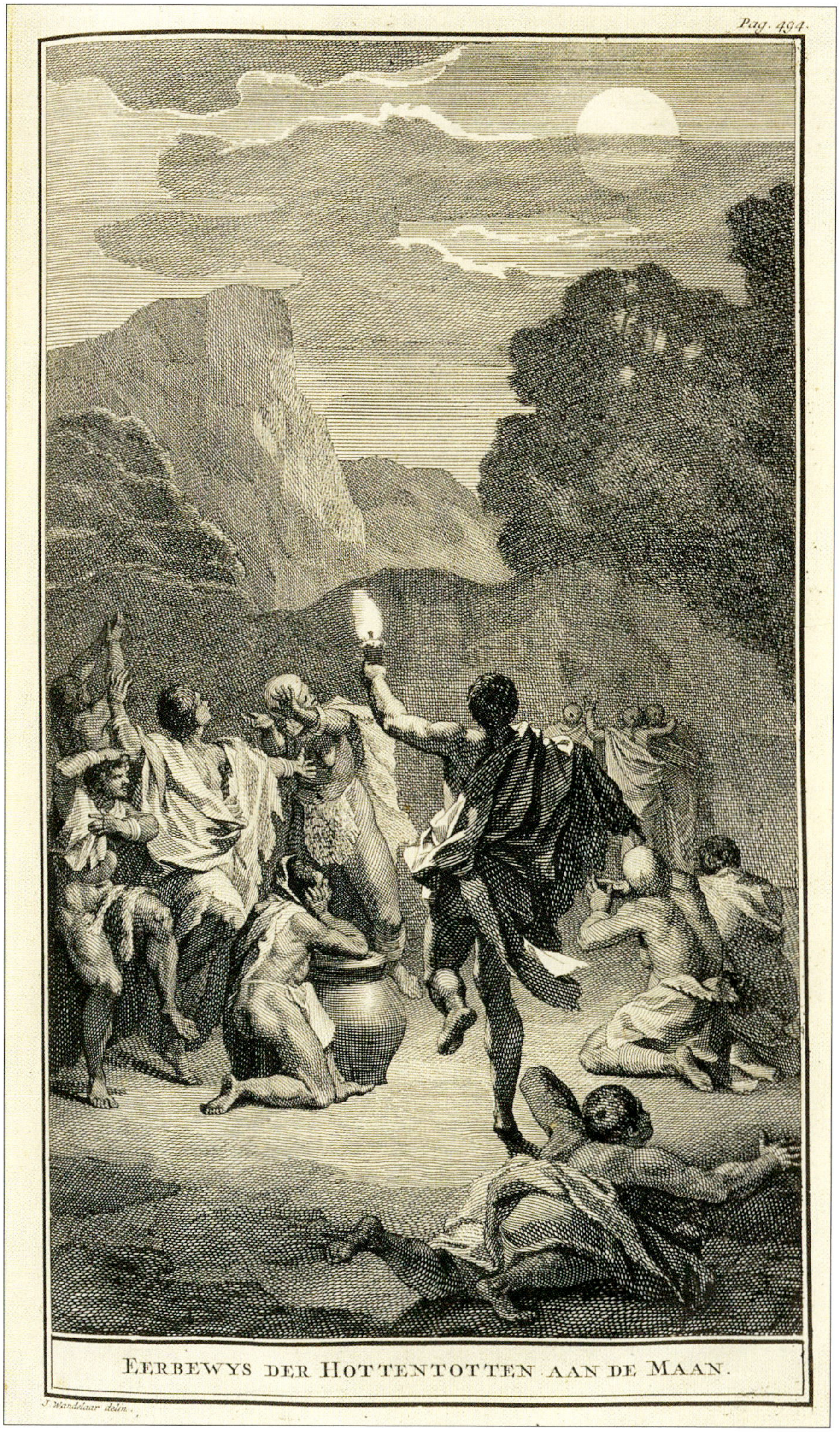

[n° 108]

Au XVIIIe siècle, les colons européens pensaient que les peuples khokhoe vouaient un culte à la lune (Peter Kolb, 1741).

Le Vaillant a cette observation très intéressante. Il remarque ainsi que, vers la fin du XVIIIe siècle, on désigne sous le même nom de Bochiman une culture, celle des San (ou, comme les appelle Le Vaillant, les Houzouanas), et un comportement criminel : « J'ai dit, écrit-il, qu'au Cap on désignait sous ce nom général tout homme, de quelque nation ou de couleur qu'il pût être qui, désertant, se retirait dans les forêts ou les montagnes, s'associait à d'autres fugitifs, y vivait avec eux sans autres lois que celles que comporte un assemblage de voleurs, et subsistait de brigandage [...] Les Houzouanas n'étant connus que par leurs incursions et leurs pillages, on les confond dans la colonie aussi sous la dénomination de Boschjeman [67]. » Réaction à la violence de la conquête, la violence des San est présentée comme un comportement naturel, puis comme un comportement criminel. Se met alors en place un mécanisme d'exclusion qui suscite et légitime dans les deux camps toutes les violences.

Confondus avec les hors-la-loi, flottant entre les espèces humaine et animale les San ont-ils au moins une religion, cet autre signe de l'humanité ? La question est très tôt débattue dans la colonie. Pynard de Laval écrit que les indigènes du Cap, où se mêlent Khoekhoe et San, « vivent sans loi ni religion, comme des animaux [68] » (1610), un point de vue longtemps partagé qui surimpose parfois aux traits de l'impie les stigmates du réprouvé. Thomas Herbert voit ainsi dans les San les descendants de Cham que Noé a maudits, ce qui lui fait dire que « leur visage comme leur corps semblent avoir hérité de cette malédiction [69] » (1634). Mais vingt ans plus tard, Johan Nieuhof déclare que « les Khoisan ont une religion "naturelle" fondée sur l'adoration de la lune [70] », un constat que de nombreux observateurs après lui vont étayer d'analyses plus ou moins fantasques. Alors comment comprendre que deux siècles plus tard, des missionnaires se demandent encore si les San ont ou non une religion ? Ill. n° 108

Est-ce le désespoir de ne réussir à en convertir aucun qui pousse Moffat à écrire que le San « ne connaît aucun Dieu, n'a aucune idée de Dieu, ne sait rien de l'éternité, aussi redoute-t-il la mort et n'a aucune église ou déposer ses soucis et sa peine » ? Est-ce l'aveuglement qui pousse John Tindall à déclarer en 1856 que le San « n'a ni religion, ni loi, ni gouvernement, ni autorité reconnue, ni patronyme, ni toit fixe, une âme certes, mais avilie, chamboulée et tout entravée par sa nature animale [71] » ? Plus perspicace, Thomas Arbousset écrit tout de même d'une danse « burlesque » dont il est le premier à donner une description détaillée : « Je serais porté à penser qu'il s'y mêle plus que du profane ; mais je ne voudrais pas pousser trop loin cette supposition [72]. »

Le vide et le plein : l'appel de la frontière

En fait, comme David Chidester le montre bien, les colons reconnaissent que les Khoekhoe et les San ont une religion, mais seulement lorsqu'ils sont intégrés, comme esclaves ou travailleurs, dans le système administratif colonial. Cette reconnaissance fluctue dans le temps et dans l'espace, au gré notamment du déplacement de la frontière. Plus on s'en approche et plus cette reconnaissance se dilue ; jusqu'à se perdre. Que la colonie s'étende et conquière de nouvelles terres, et l'on dénie alors à ceux que l'on chasse ou massacre toute qualité humaine. Ainsi à mesure que progresse, semblable au liseré d'un incendie, la ligne mouvante de la frontière, la question de l'humanité du nomade est suspendue. Cette ligne où la violence s'exerce est celle où il importe que l'humanité de ceux que l'on chasse soit abolie, obscurcie, niée. Celle des San l'est doublement. Ils sont à la fois hors de la loi des hommes et hors de la loi de Dieu. La frontière est bien pour eux « une zone de mort », écrit ainsi Robert Gordon [73].

La frontière est surtout un appel. Appel de terres vierges ou presque, peuplées certes mais si peu et par qui ? Des nomades dont la nudité est moins outrageante, la conformité physique moins dégradante encore que cette absence de propriété qui les caractérise. Arbousset ne note-t-il pas qu'« ils sont généralement fins et rusés, pauvres et indépendants outre mesure, comme s'ils avaient juré au pied d'un druide de rester toujours libres et sans propriété [74] » ? Comment cette liberté et cette absence de propriété peuvent-elles être perçues par des émigrés protestants, eux qui puisent la force d'entreprendre la conquête périlleuse d'un continent dans la certitude d'œuvrer par leur travail terrestre à la gloire de Dieu ? Même ému par les malheurs des San, le révérend Campbell exprime bien cet appel de la terre que rien n'arrête – pas même la résistance de ceux qui l'occupent moins qu'ils ne l'habitent –, lorsqu'il s'émerveille devant l'immensité vide de l'espace : « Il est assez singulier, écrit-il, que nous ayons traversé le pays bochiman sans rencontrer un seul de ces êtres, à l'exception d'une famille, le jour où nous y avons pénétré. Que ce territoire soit habité, j'en suis convaincu par les restes de huttes qu'en deux ou trois endroits nous avons découverts. Mais leur nombre doit être très faible. J'ai l'âme emplie de regrets de voir une si grande et si belle étendue de la terre de Dieu si pauvre d'habitants, et de penser à ce qu'elle pourrait produire de richesses année après année, et offrir
Ill. n° 109 de pâturages à des milliers de têtes de bétail, quand aujourd'hui, seules quelques bêtes sauvages y errent. Nombre des desseins de Dieu sont impénétrables, et l'est assurément qu'il autorise une telle situation [75]. »

Curieusement, c'est autour de cette figure du vide, de l'absence ou de l'invisibilité des San que se noue la contradiction essentielle des deux mondes. Et dans la parole du révérend est comme justifiée la fureur d'une conquête que semble déchaîner l'inadmissible *dépense* d'une terre que personne ne

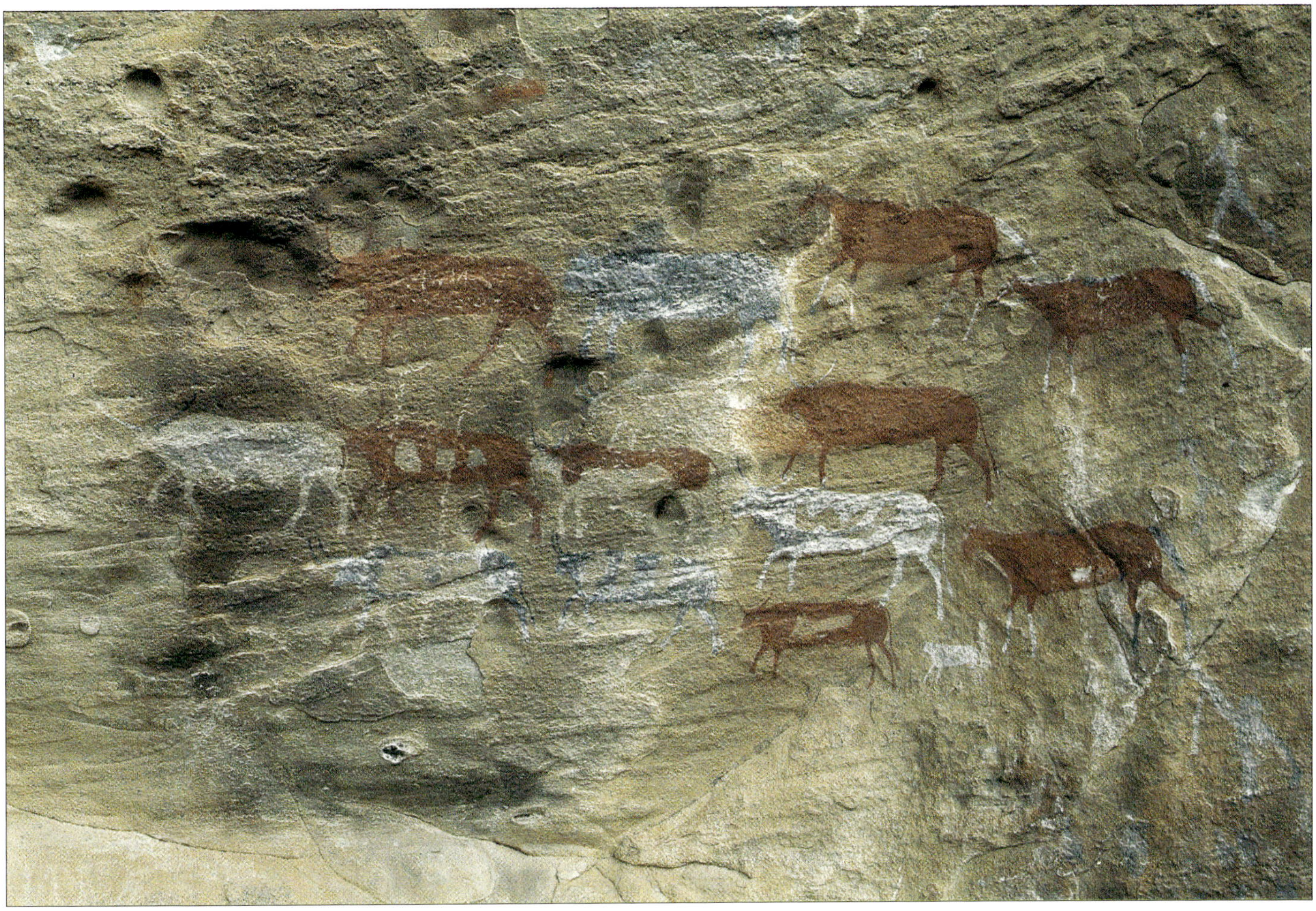

[n° 109] Seepongweni

Colons à cheval poussant un troupeau de bovins. Région de Cobham.

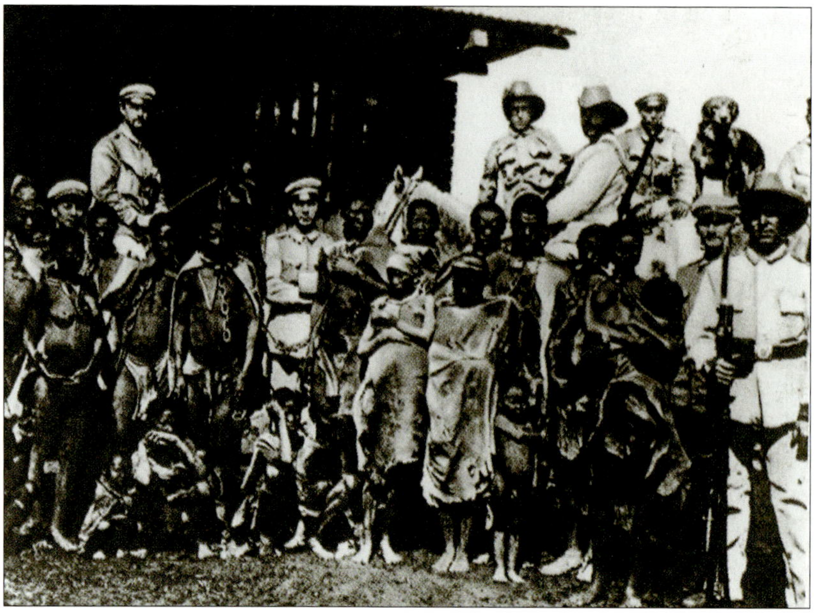

[n° 110] Fin d'une culture

Hommes, femmes et enfants san capturés en 1876 et ramenés à Windhoeck (State Archives of Namibia).

fait fructifier. Incompréhensible en effet est aux yeux des colons la façon des San d'habiter ainsi l'espace sans l'occuper, de lui appartenir mais de n'avoir pas de propriété, d'être là en somme sans y être. Ce vide, cette absence sont le visage le plus étrange du mystère, celui qui fait douter aux arrivants de la réalité des San. Sont-ils là, ne sont-ils pas là ? Plusieurs observateurs se déclarent troublés par cette capacité presque magique des San de s'absenter même en étant là, d'ignorer la présence de leurs hôtes si tel est leur plaisir, ou de disparaître sans que personne ne remarque leur départ. Que comprendre à celui qu'on ne voit pas (ne veut ni ne réussit à voir) ? Que lui doit-on puisqu'il *n'a rien* et partant *n'est rien* ? Rien ! Au moins avec les pasteurs khoekhoe, les colons partagent-ils cet attachement viscéral pour le troupeau : tous sont éleveurs. Mais que partager avec les San ? Le vide n'est pas une valeur d'échange, c'est un espace à combler.

Dispersé, mobile, léger, le monde des San qui se suffit à lui-même et se prolonge dans un équilibre de tout temps maintenu, rencontre celui, tout aussi précaire et éclaté, des colons, mais il s'agit là d'un monde qui ne se suffit ni de cette précarité ni de cet éclatement et qui cherche à recomposer dans ce nouvel espace le corps remembré et plein d'une communauté importée ici comme un souvenir et un rêve d'avenir. À leur frugalité va donc répondre l'appétit que rien ne contente des colons, une faim que rien ne rassasie. Déployée dans un temps sans durée réelle et une géographie sans bornes précises, l'histoire des San va s'éteindre à mesure que son espace va se tendre des clôtures que les colons apportent dans leur bagage, comme le symbole le plus visible de leurs propres limites.

La destruction des San

Au début du XVIIIe siècle, la colonie du Cap demeure cantonnée dans des frontières encore tenues. Mais à partir de 1740 elle s'étend, franchit ses propres barrières et s'aventure au-devant d'un espace où elle doit affronter des peuples ignorant ses lois et peu disposés à s'y soumettre. Elle s'y heurte en particulier aux San qui composent une partie du peuplement de la province du Cap. La colonie, qui est encore jusqu'en 1795 un comptoir de la Compagnie Néerlandaise des Indes, ne contrôle pas les agissements des colons. Ces derniers sont libres d'user de tous les moyens pour s'ouvrir les chemins de l'Afrique. Il n'est de sanction que celle des armes.

Entre 1740 et 1770 la frontière se déplace des abords du Cap jusqu'aux premiers escarpements du Roggeveld, du Nieuweveld et du Sneeuberg, une progression ralentie à l'est par la résistance des Xhosas et ailleurs par celle des San. Longtemps aucune position n'est assurée. Des terres prises un jour sont abandonnées peu après et passent ainsi des uns aux autres avant d'être définitivement conquises. Un temps le front se stabilise au pied des escarpements qui délimitent les régimes de précipitations – avec des pluies d'hiver au sud et des pluies d'été au nord. Naturellement, c'est un front que le gibier ignore, comme les chasseurs et les cueilleurs ; tous se déplacent sur la carte mobile des floraisons. Et bien sûr, c'est un front que les troupeaux domestiques vont ignorer eux aussi, pour les mêmes raisons. La frontière est ainsi une zone perméable où le danger est omniprésent et le crime de sang l'unique règle. Et c'est pour mettre fin à l'incertitude qui y règne que les colons organisent sur un modèle militaire, leur action. Ainsi, en 1774, est planifiée la mission de trois détachements connus sous le nom de Commando général [76]. Composé en moyenne d'une soixantaine d'hommes parmi lesquels on compte une moitié de colons et une autre de Khoekhoe, chaque détachement s'engage sur un front pour une campagne de trois mois environ. Leur efficacité est certaine, comme le soulignent les archives du Cap. Le premier de ces détachements détruit 17 campements, capture 89 San et en tue 142 ; le second fait 21 prisonniers et 96 tués ; le dernier, 129 prisonniers et 256 tués. Preuve de la disproportion des forces en présence, le Commando général enregistre un seul mort et quelques blessés. Preuve aussi du caractère impitoyable des combats, les blessés san sont systématiquement achevés, comme l'atteste le nombre de tués bien supérieur à celui des prisonniers. Parmi ces derniers il y a peu d'adultes mâles, remarque Nigel Penn. Ils se battent jusqu'à la mort, car ils savent qu'ils seront exécutés. D'ailleurs ils le sont parce que les colons savent qu'ils ne parviendront pas à en faire des esclaves, juste des captifs qui s'enfuiront à la première occasion. Les femmes, elles, sont données en tribut aux membres de l'escorte khoekhoe ; acculturés dès leur plus jeune âge, les enfants font

Ill. n° 111

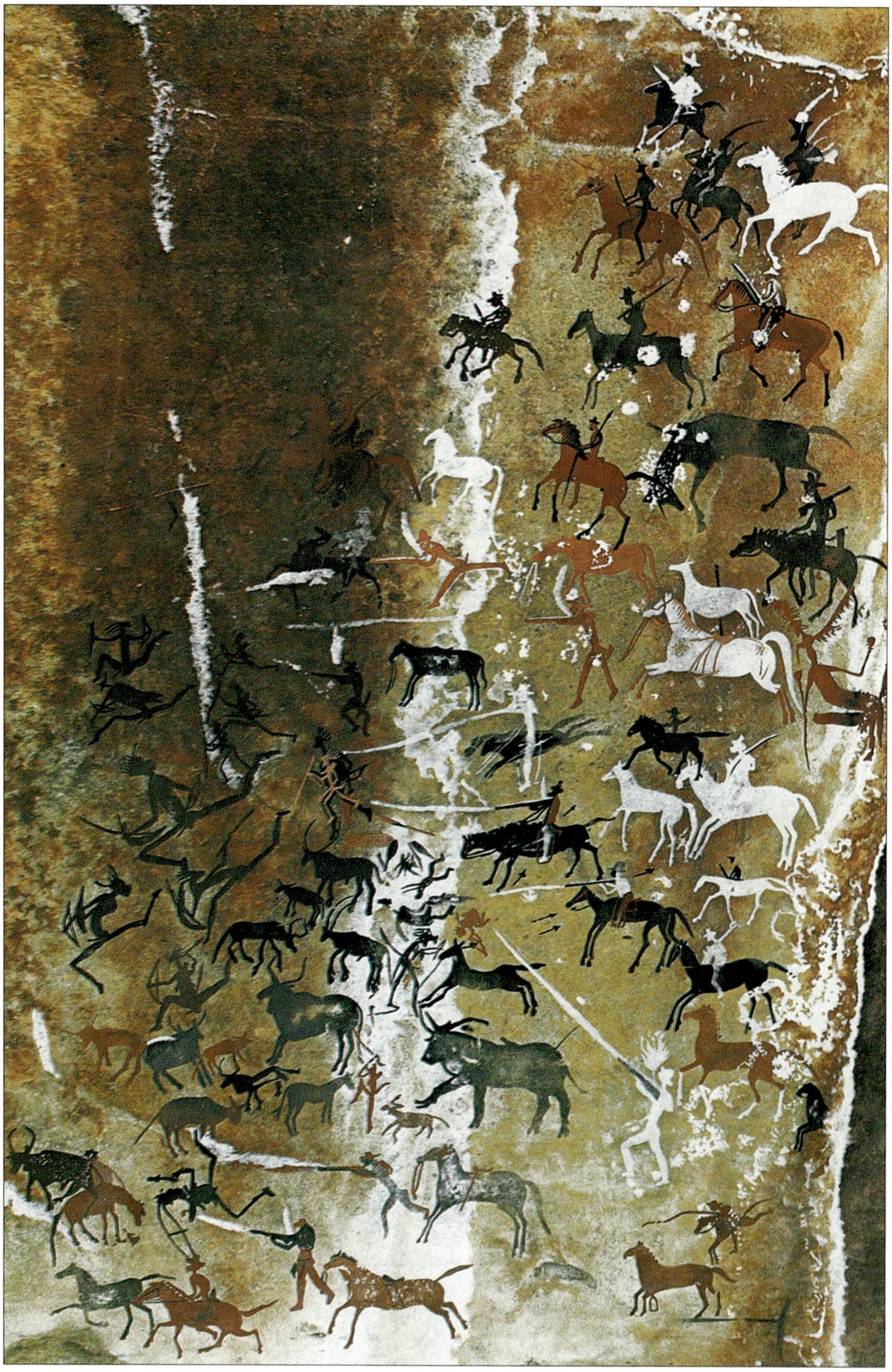

[n° 111] Beersheba

La fresque de Beersheba, d'après un tracé d'Harald Pager. À noter les longs traits de peinture jaillissant des fusils des colons pour toucher à distance les San dans leur fuite. Région d'Underberg.

quant à eux une excellente main-d'œuvre. L'usage va ainsi se répandre d'avoir à son service des domestiques san qui seront d'autant plus recherchés que, tôt formés, ils se montreront diligents, efficaces et dévoués.

Lorsque, au début du XIXe siècle, la colonie passe sous le contrôle de la Couronne britannique, les autorités anglaises prennent la mesure des atrocités commises en ses confins, et tentent d'y mettre fin. John Barrow est l'un de ces émissaires dépêchés sur la frontière en qualité d'observateur. Parmi les colons, remarque-t-il, l'usage est d'attaquer les campements à l'aube, de tirer sans sommation « et de poursuivre et de fusiller sans pitié tout ce qui échappait au premier carnage. On saisissait alors leurs femmes et leurs enfants et on les emmenait en esclavage [77] .» Si, rétrospectivement, la bataille semble un combat douteux par l'inégalité des forces opposées, elle fut en fait très longtemps incertaine. La résistance des San ne fut pas aisément vaincue malgré les lourdes pertes qui leur étaient infligées. Après l'arrivée des Anglais, missionnaires et marchands vont réussir à s'établir là où les soldats n'avaient fait que brièvement pénétrer. Pendant les périodes de trêve, la mobilisation des chasseurs et leur méfiance s'émoussent ; la progression des colons continue, mais avec plus de discrétion. De trahisons en défaites, de trêves rompues en états de fait, la défaite s'organise. Dispersés, les San sont toutefois moins faciles à saisir ; ils compensent leur faiblesse numérique par des attaques savantes qui ne sont plus exemptes de cruauté. Parmi eux, certains deviennent d'excellents cavaliers ; il leur arrive Ill. n° 126
également de disposer d'armes à feu. Évincés de leurs terres, privés de leur espace et de leurs ressources, les San entreprennent des raids et pillent le bétail des colons. Et afin de les convaincre de l'inutilité des poursuites, ils abattent systématiquement le bétail si, rattrapés, ils doivent fuir en abandonnant derrière eux leur butin. À l'audace, ils joignent l'efficacité : en 1840, aux abords du Drakensberg, ils dérobent en neuf raids sept cents têtes de bétail et près de cinquante chevaux [78]. Les colons somment les autorités britanniques d'assurer leur sécurité et exigent, comme l'un d'eux, Jacob Uis, le demande, « que les hommes qui résisteraient soient tués et les autres mis au service des gens et soient ainsi civilisés au lieu de survivre par le brigandage et le meurtre [79] ». Les expéditions punitives se succèdent, et jusqu'aux ultimes raids – le dernier, dans le Drakensberg, date de 1869 – la même impitoyable violence demeure à l'œuvre, comme le raconte le capitaine Drayson [80] :

« Nous cheminions sur un éperon des hauteurs du Drakensberg, non loin de la rivière Mooi, quand l'un des Boers arrêta son cheval et s'exclama :

– Là, regardez, les empreintes d'un maudit Bochiman.

Descendant de cheval, il examina le sol et déclara :

– C'est un homme. Il a un pied nu et l'autre enveloppé de peau.

Aussitôt tous les membres de l'escorte se dispersèrent comme une meute en chasse. Certains se dirigèrent vers la crête la plus proche, d'autres pistèrent la trace, tous à la recherche du Bochiman.

"Il n'est pas loin, dit l'un de mes compagnons.

– Soyez donc prêt, répondit un autre.

– Prêt à quoi, demandai-je ?

– À abattre cette vermine.

– Parce que vous allez le tuer ?

– Exactement comme je tuerais un serpent, oui !" »

L'extermination des San s'accompagne, on l'entend, d'une rhétorique étrange et pourtant familière. Jamais la parole ne désigne frontalement « le » San ; elle est au contraire courbée par sa différence, son étrangeté et c'est toujours par le biais d'une comparaison animale qu'elle cerne l'identité de l'Autre, comme s'il ne pouvait être saisi dans un miroir humain. Un événement, en apparence anecdotique, a pour moi valeur de symptôme. Le révérend Campbell le raconte, alors qu'il fait sa toilette entouré des quelques membres d'une famille san qui se sont joints à lui en chemin : « 21 mai 1813. Pendant que je me préparais à me raser, je tendis mon miroir devant les yeux de chacun d'eux. Tous parurent abasourdis à la vue de leur visage, qu'ils vérifiaient bien être le leur en ouvrant grand leur bouche et en tirant la langue, comme ils pouvaient voir leur reflet le faire au même moment dans le miroir. Tous détournèrent la tête et se couvrirent la bouche de leurs mains quand ils se virent ainsi, pour la première fois, comme si leur vue les dégoûtait. » Plusieurs mois après, rencontrant de nouveau des San, le révérend réitère l'expérience et remarque que « tous se regardèrent avec un grand sérieux [81] ». Ce qui me frappe dans cette expérience à laquelle Alexander dit lui aussi s'être livré, c'est moins la réaction des San que la brutalité du geste initial. Que veut montrer celui qui tend ainsi le miroir ? De quelle vérité ou nudité *vue* par lui mais non de ceux qu'il regarde, veut-il les persuader en les obligeant ainsi à se contempler ? Curieux redoublement de la vue, où l'observateur ne cherche pas la réciprocité de sa vue (cette condition de l'équité), mais appelle une confirmation, une justification de son regard, comme s'il lui fallait le faire accepter par celui sur qui il se pose. « Regarde-toi », dit en silence la main qui invente, pour celui qui n'en avait pas encore, son propre reflet. « Regarde qui tu es, *ce que* tu es ! » L'injonction est silencieuse, et transparente, la vérité supposée du reflet. On demande à celui qui découvre ainsi son visage de comprendre les raisons de la violence qu'on lui inflige, on la lui retourne : il en est l'objet parce qu'il en est la source initiale, condamné à disparaître pour que, avec lui, cette violence elle aussi prenne fin.

Le meurtre est la modalité extrême de la rencontre, son accomplissement total autant que sa négation. L'effacement auquel elle procède est un paroxysme de la vue, le point où celle-ci cesse d'être. Les San disparaissent

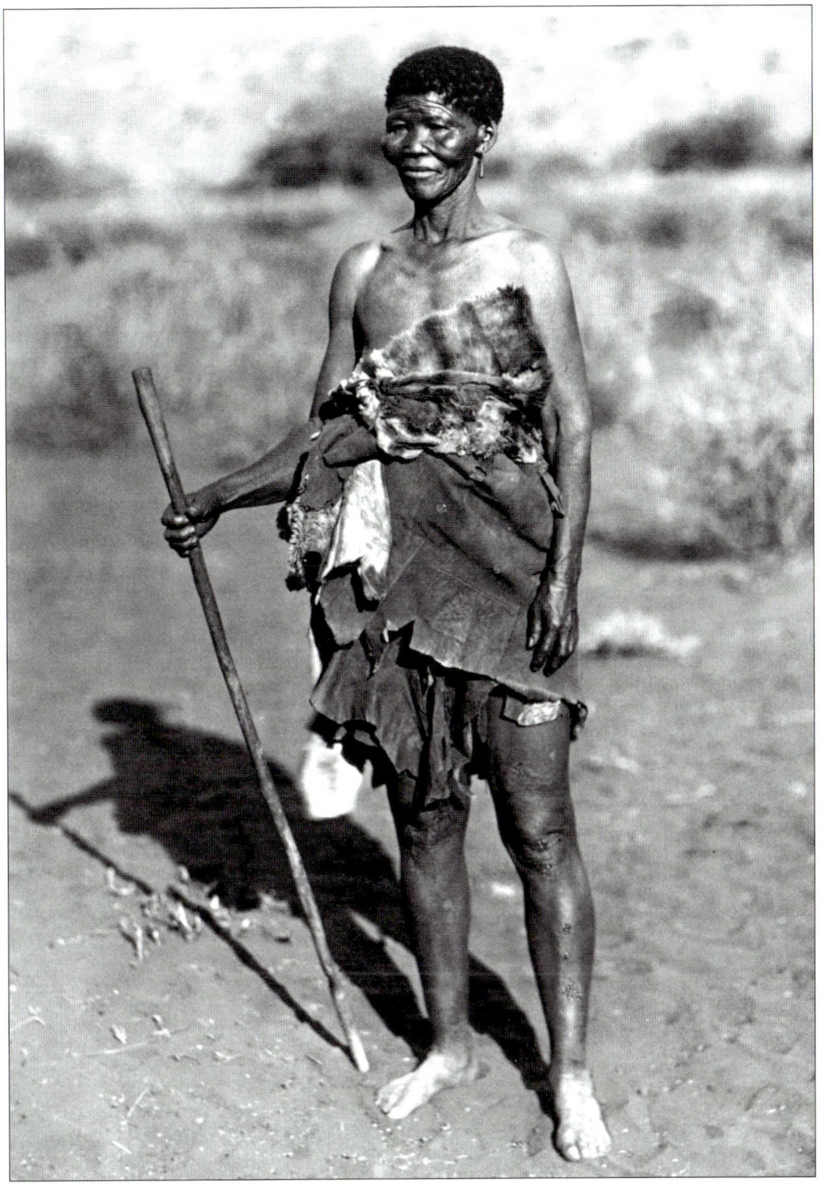

[n° 112] Femme san

Katje, une femme san de la tribu des N//n!ke, photographiée en 1919 par Joseph Duggan-Cronin à Mount Temple, dans le nord de l'Afrique du Sud.

ainsi de n'avoir jamais été vus en eux-mêmes mais selon les figures doubles qui leur furent substituées. À preuve par l'abject, s'il en était encore besoin, ces têtes de San naturalisées et montées en trophées comme de quelconques têtes de koudou ou de buffle ; ou encore, cette ligne dans la liste d'un marchand de peaux, en 1840 : « Peau de femme san », suivie d'un prix : 400 ! À titre de comparaison, le prix d'une peau de lionne est de 150 [82]. Il est vrai que, réduits à l'état de marchandise ou de gibier, les San avaient depuis longtemps été exclus de l'espèce humaine.

Trois pionniers de la découverte de l'art
Wilhelm Bleek, Joseph Orpen et George Stow

Naissance d'un art mort

L'unique témoignage révélant l'existence d'un « artiste » est aussi celui qui raconte les circonstances de sa disparition, de son assassinat en fait : il venait d'être surpris à voler des chevaux ; c'était en 1866*. Moins d'un demi-siècle plus tard, le 21 janvier 1910, les membres d'une société scientifique sud-africaine adressaient une lettre au juge fédéral de l'État du Natal, après que la rumeur eut couru qu'un collectionneur européen voulait acquérir des vestiges san : « Les peintures et gravures bochimanes, écrivaient-ils, sont les seuls vestiges d'une race primitive en situation d'extinction rapide, et leur présence au Natal est d'un intérêt et d'une valeur uniques. C'est pourquoi il serait extrêmement regrettable qu'elles puissent être acquises et mutilées par des personnes sans autorisation. Le comité de Pietermaritzburg estime que des mesures devraient être prises pour interdire de prélever ce qui devrait être considéré comme une propriété de la Colonie [83] ». Cette demande conduira à la création, l'année suivante, d'une loi relative aux « vestiges bochimans » (*bushman relics*), interdisant l'exportation d'outils ou d'œuvres pouvant leur être attribués.

Ces deux dates le montrent : l'art des San « naît », c'est-à-dire accède à une visibilité qui lui confère la dignité d'un objet d'étude, de contemplation et de préservation, au moment où s'éteint la culture dont il est le plus éclatant témoignage. Ainsi se croisent dans le temps un art et leurs auteurs, sans qu'ils aient pu coïncider dans la conscience d'une époque qui découvrait l'un au moment où elle finissait d'exterminer les autres**.

Il y a là comme un chiasme, une impossibilité mentale à faire coïncider des hommes avec cet art, une impossibilité que trahit bien le géologue E. J. Dunn : « Il semble incongru qu'une race de culture si primitive et vivant dans de telles conditions ait cultivé des arts attribués en règle générale aux civilisations avancées*** », écrit-il vers 1870, troublé semble-t-il par la vigueur d'un art qui révèle la profondeur d'une culture et rend surtout beaucoup moins justifiable l'extermination de ceux qu'on a présentés, à cette fin, comme des bêtes sauvages. Mais ce passage de témoins, cet échange de rôles est moins paradoxal qu'il n'y paraît. Ainsi, c'est parce que les San disparaissent que certains s'avisent de la

*(*Cf. supra* p. 38).

***Un vieux San solitaire était encore aperçu aux abords de Cathedral Peak, dans le Drakensberg, au début du XX*^e^ *siècle. Très farouche, il disparaissait sitôt qu'il se sentait vu. En 1926, un arc, un carquois, une fiole de poison et quelques autres ustensiles, tous remarquablement conservés, furent découverts dans le même massif montagneux, sans que l'on sache jamais si ce matériel avait été le sien. Cf. photo ci-contre.*

****Harald Pager,* Stone Age Myth and Magic, *1975, p. 26. Dans les années trente encore, le colonel Hoogenhout, administrateur de la Namibie, déclarait à propos d'une très belle peinture san découverte dans le Brandberg et connue sous le nom de « Dame blanche » : « Ce n'est pas une peinture bochimane. C'est du grand art. » Pour certains, il était encore inconcevable qu'une civilisation « primitive » ait inventé un art si raffiné.*

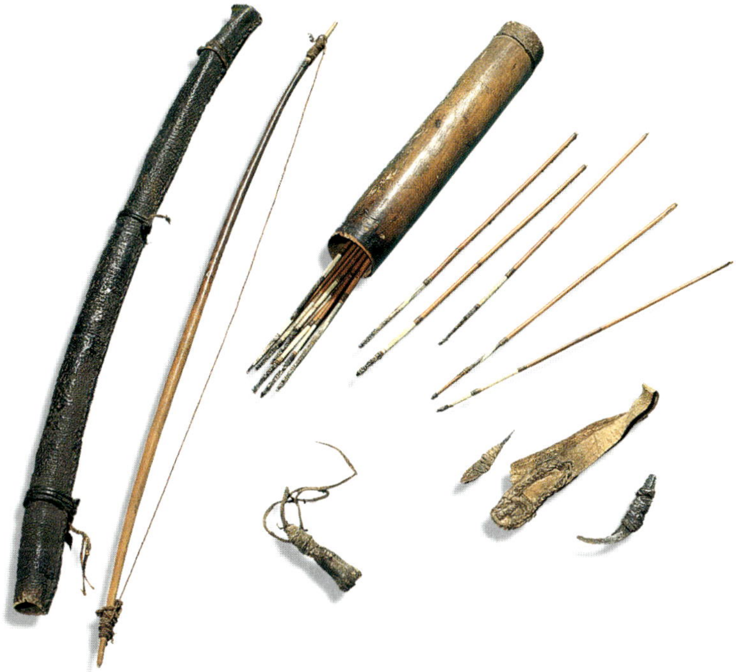

valeur (pas seulement scientifique) de cet art et en revendiquent la propriété. Cessant d'être vivant, devenu un vestige, l'art n'en est pas moins érigé en témoin fabuleux d'une civilisation engloutie. Tant que les San ont été vivants, tant que fut substitué à leur véritable visage l'un des masques monstrueux justifiant qu'on les combatte, il fut impossible de voir leur art. La disparition des San est la condition de l'apparition de leur culture : leur art « naît » de leur mort.

[n° 113] Armes
Arc, flèches, carquois, bourse de cuir, outils tranchants et spatule servant à l'application de poison sur les pointes de flèche, découverts en 1926 dans la vallée de la Mhlwazini. Nord du Drakensberg.

Auparavant l'existence des peintures avait été parfois mentionnée, sans jamais que leur valeur ou leur intérêt ait été souligné. En 1685 déjà, le capitaine Van der Stel relate avoir vu, au nord du Cap, des peintures qu'il qualifie de « grossières », en remarquant toutefois qu'elles sont « à l'heure actuelle aussi parfaites que si les couleurs en avaient été mises hier ». À l'opposé, il faut souligner l'enthousiasme avec lequel John Barrow relate à la fin du XVIIIe siècle sa découverte des peintures san. Pénétrant dans une grotte des monts Sneeuberg, Barrow note que « l'herbe sur laquelle [les San] s'étaient couchés était encore foulée. Nous aperçûmes sur les flancs unis de la caverne des dessins de plusieurs animaux, exécutés en différents temps par ces sauvages. Plusieurs n'étaient que des caricatures, mais les autres étaient trop bien réalisés pour ne pas attirer l'attention. Les différentes espèces d'antilopes étaient dessinées avec une telle précision, leurs caractères étaient si parfaitement saisis, qu'on reconnaissait immédiatement lesquelles on avait voulu représenter. Parmi les autres, nous remarquâmes la figure d'un zèbre, admirablement bien faite ; toutes les raies et toutes les caractéristiques de cet animal étaient fidèlement représentées et les

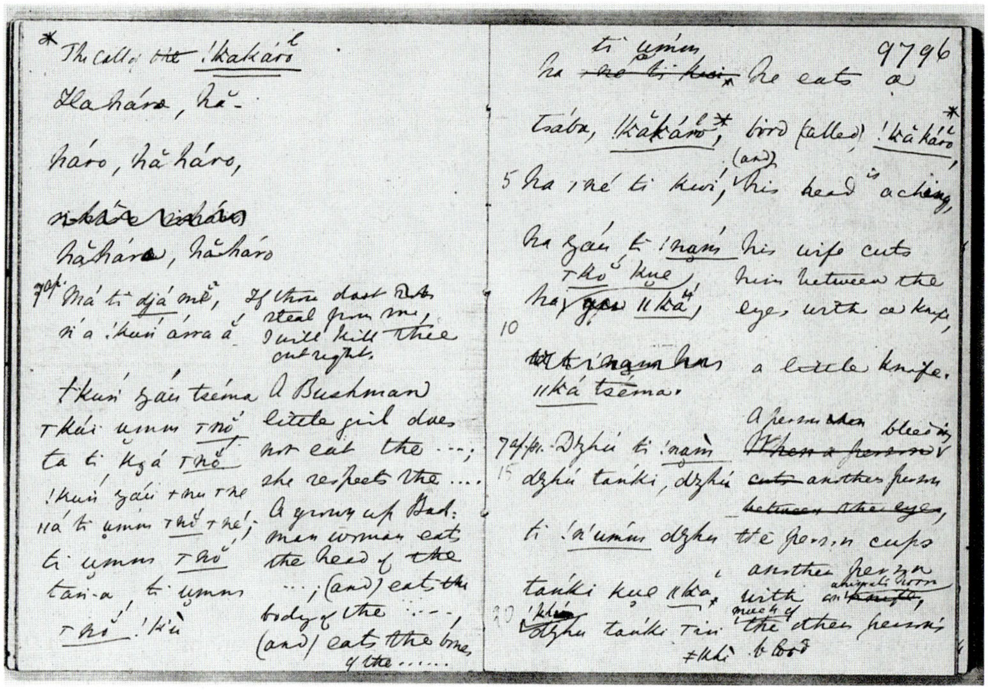

[n° 114] Récits /xam

Pages de carnet de Lucy Lloyd sur lesquelles elle transcrivit et traduisit les histoires des récitants /xam.

proportions en paraissaient correctes. On ne pourrait exiger de pareils sauvages cette rigueur de dessin, ces touches hardies et judicieuses, ces effets de lumière que produit le pinceau d'un maître ; mais quant à la correction du trait, on a fait graver des dessins inférieurs à celui de ce zèbre [84] ». L'attention de Barrow est remarquable de clairvoyance et de précocité, alors que l'apathie et l'aveuglement vont encore longtemps interdire à la vue de se dessiller.

C'est seulement aux alentours de 1870 donc que les peintures des San commencent à être considérées comme des témoignages estimables. Le climat intellectuel change, doublement marqué par l'invention de ce qu'on nomme alors « l'ethnographie » et par les débuts de cette discipline baptisée « la préhistoire ». C'est le moment où quelques pionniers s'engagent dans une course de vitesse pour sauver de l'oubli les pans d'une civilisation qui agonise sous leurs yeux.

Bleek et la découverte de la langue san

On doit à la perspicacité d'un philologue allemand, Wilhelm Bleek, de connaître la langue des San (du groupe dit des /Xam). Conscient de leur proche extinction, il décide vers 1870 d'en étudier la langue et de recueillir auprès de ces ultimes descendants quelques récits et mythes qui en éclaireraient la culture. Né en 1827, il avait émigré en Afrique du Sud en 1855 afin d'établir une grammaire comparée des langages bantou et khoekhoe. Une partie en sera d'ailleurs publiée en 1862. Mais très vite, il lui apparut que cet ouvrage serait incomplet s'il y manquait une étude de la langue des San dont l'influence sur la langue khoekhoe lui paraissait essentielle. Il décida donc d'interrompre son œuvre initiale, considérant que d'autres pourraient la mener à son terme, pour étudier la langue des San avant qu'ils ne s'éteignent. En 1870 donc, Bleek convainquit le gouverneur de la province du Cap de le laisser emmener dans sa ferme quelques conscrits san. Ils termineraient d'y purger leur peine d'emprisonnement et il aurait les moyens d'apprendre leur langue. « Comme vous l'imaginez, racontera plus tard la fille de Wilhelm Bleek, Dorothea, un Bochiman qui n'avait jamais appris à vivre dans une maison et qui ignorait tout de l'agriculture ne faisait pas un très bon homme de maison, mais mon père n'en avait cure. Ce qu'il voulait, c'était entendre leur langage [...]. Mon père s'asseyait avec eux dans le jardin et mit au point un procédé qui leur permettrait de se comprendre rapidement. Il avait l'habitude de prendre des livres d'images pour enfants, y compris quelques-uns des miens, où les objets de la vie courante étaient représentés, puis pointait son doigt sur un arbre, une personne, une rivière, tout ce que les illustrations montraient. Les Bochimans prononçaient alors le mot correspondant que mon père notait à l'aide d'un code phonétique qu'il avait inventé [85]. »

Pendant cinq ans, jusqu'à sa disparition prématurée en 1875, Bleek apprend la langue des San, écrit un dictionnaire et une grammaire, et, aidé

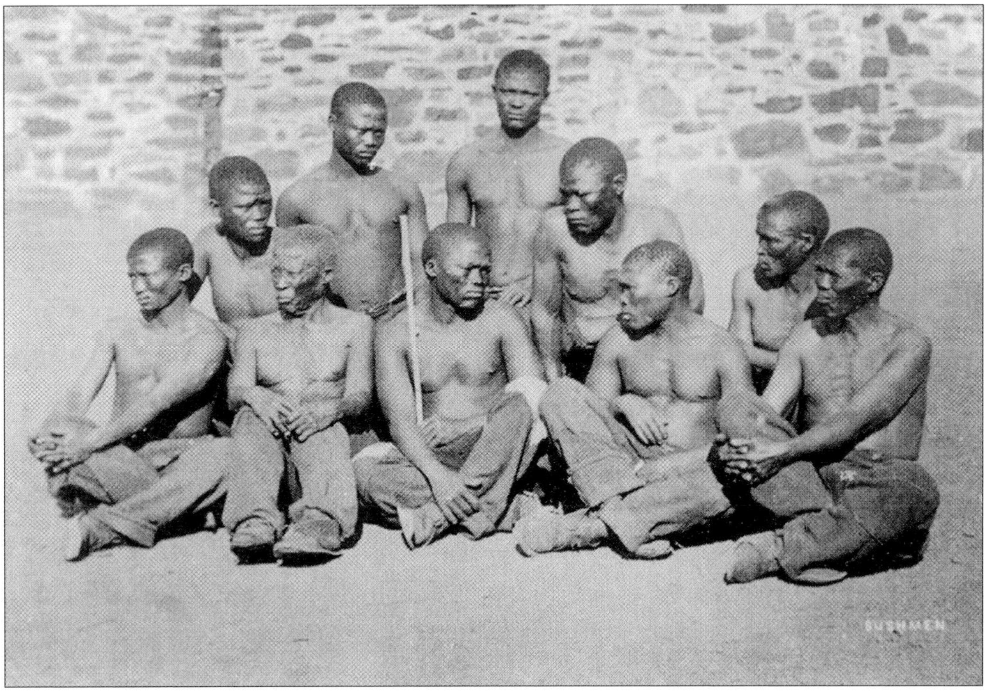

[n° 115] Prisonniers

Conscrits san à la prison de Breakwater, au Cap, en 1871, là-même où Wilhelm Bleek avait été chercher, l'année précédente, ceux dont il allait déchiffrer la langue.

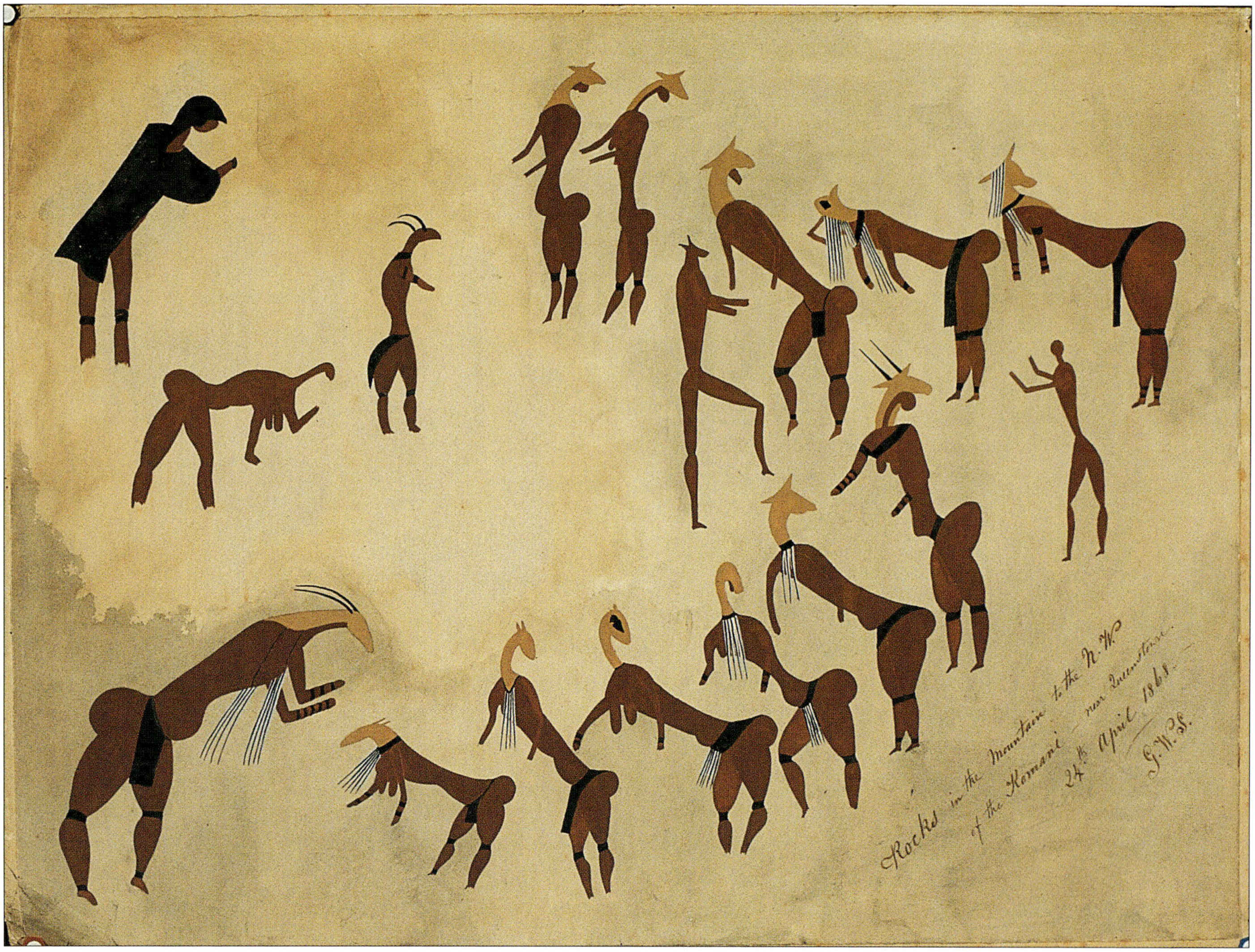

[n° 116] Premiers relevés

Relevé de peintures représentant des hommes et femmes-antilopes, réalisé par George W. Stow en 1868.

de sa demi-sœur, Lucy Lloyd, recueille sur quelques milliers de pages des récits, mythes, chansons et souvenirs personnels de ses informateurs. Ceux-ci étaient au nombre de cinq ou six mais l'essentiel des récits fut raconté par deux d'entre eux, Diä!kwain et //Kabbo*. « Nous sommes en mesure, écrivait Wilhelm Bleek en 1875, l'année de sa disparition, si nous prenons des mesures énergiques, de préserver non seulement quelques "bâtons et cailloux, ossements et squelettes" comme autant de reliques des races aborigènes de ce pays, mais aussi quelque chose de plus essentiel, quelque chose qui ait trait à leur pensée et à leurs idées [86]. » Toutefois il faudra attendre 1911 pour qu'une partie de ce matériau soit publiée sous le titre de *Specimens of Bushmen Folklore* (un livre qu'Élias Canetti tenait pour « le document le plus précieux sur l'humanité primitive [87] »), une autre l'étant par les soins de Dorothea Bleek dans les années trente. Bien qu'ils ne fussent pas contemporains des peintures, ces récits et mythes sont des documents essentiels pour comprendre la pensée sous-jacente aux peintures.

Ill. n° 114

Premiers regards sur la peinture

Avec George Stow et Joseph Orpen nous possédons deux témoignages directs sur la peinture. George Stow, le premier, commença à copier des fresques qu'il découvrait dans les montagnes du Drakensberg, vers 1867, et poursuivit ce travail jusqu'en 1882. Il confia d'ailleurs à Bleek quelques-unes de ses copies, afin que Diä!kwain et //Kabbo les commentent. Mais lui-même a recueilli la réaction d'un couple de vieillards san à qui il présenta le dessin d'une peinture de danse : « Ce vieux couple ne cessait de manifester son plaisir à la vue des différentes copies de ces peintures, expliquant tout ce qu'ils voyaient avec emphase, les appelant "*leurs* peintures", "*leurs propres* peintures", "les peintures de *leur* nation". Regardant la copie d'une scène de danse, la vieille femme dit : "Ceci est une grande danse, on l'appelle Ko'-Ku-Cuna" » avant de se mettre à chanter, provoquant d'abord l'émoi du vieil homme, puis le décidant à son tour à danser [88]. Stow note « l'effet puissant » que la vue des peintures eut sur ce couple de vieillards, sans que l'on sache si c'est un pouvoir que détenaient les peintures en elles-mêmes ou la vue du monde englouti dont ils étaient les derniers survivants qui les affectait de la sorte.

Ill. n° 116

Ill. n° 117

Magistrat de la région de Harrismith, dans l'État du Natal, Joseph Orpen recueillit pour sa part les propos d'un San du nom de Qing [89]. Orpen le rencontra alors qu'il se rendait en expédition dans les montagnes du Maluti, au nord-ouest du Drakensberg, afin de s'opposer à l'incursion de San sur le territoire de sa juridiction. Avant de faire la connaissance d'Orpen, Qing

« //Kabbo, constatait Lucy Lloyd, était un excellent narrateur et patiemment il attendait que chaque phrase ait été écrite avant de continuer à parler. Il se réjouissait que les mythes bochimans soient connus grâce aux livres. »

« n'avait jamais vu un homme blanc hors d'une situation de combat », déclare l'auteur. Les deux hommes sympathisent et, aidé de différents traducteurs, Orpen recueille le témoignage de Qing, l'un des plus fréquemment avancés dans l'interprétation des peintures. Alors que John Barrow n'avait été sensible qu'à la qualité de dessin des peintures, Orpen, lui, a l'intuition qu'elles « ont apparemment un sens mythologique ou représentent certains rites religieux », et Qing lui révèle que les êtres à têtes d'antilope sont en effet des hommes-médecine, même s'il se montre évasif sur ce chapitre, soit par méconnaissance, soit parce qu'il s'agit de secrets « connus seulement de ces hommes initiés que vous avez vus danser [dans les peintures]. »

Si l'ambition d'Orpen était de « rassembler les histoires fragmentaires de Qing en reproduisant le plus fidèlement possible ce qu'il lui a dit », il ouvrait en fait la porte d'une lecture plus profonde des peintures, où celles-ci finiraient par apparaître comme un système riche de symboles. Wilhelm Bleek, à qui l'on soumit l'article d'Orpen, l'apprécia d'ailleurs à sa juste valeur. Constatant que « aucun des mythes [racontés par Qing] n'est exactement identique aux nôtres », il y trouva la confirmation de la mobilité et de la variabilité d'une pensée s'étant diffusée sur un espace très étendu. Plus encore, il remarqua l'importance que pouvaient avoir les peintures. « De toute évidence, elles sont de nature mythologique ou illustrent des coutumes et superstitions bochimanes [...] Cela confère à cet art un caractère plus noble et nous enseigne à regarder ces œuvres non comme les simples barbouillages de figures d'un passe-temps fainéant, mais comme la tentative, même imparfaite, d'incarner dans une véritable conception artistique les idées qui animaient profondément leur pensée, et les remplissaient de sentiments religieux [90]. » Ces remarques sont essentielles dans l'histoire de la peinture des San. Pour la première fois, semble-t-il, on les regarde avec quelque sérieux. Leur profondeur vraisemblable, leur complexité d'*œuvres* sont pressenties. Un lien est esquissé entre des images visuelles et ce qu'on n'appelle pas encore des images mentales – les constructions symboliques qui organisent la culture des San, leur « mythologie ». Il s'agit d'un progrès, mais dont, pendant longtemps, personne ne va prendre la mesure exacte.

Ainsi, en 1905, paraît *The Native Races of South Africa* de George Stow, où les San et plus encore leur art n'occupent qu'une faible place. Stow n'approfondit pas les intuitions de Wilhelm Bleek et rejette l'idée que les peintures aient en priorité une signification mythologique. Pour lui, ce sont avant tout des descriptions historiques qui renvoient à l'existence réelle, quotidienne de leurs auteurs [91]. Ses copies, quant à elles, sont publiées après sa mort, grâce aux soins de Dorothea Bleek. Alors qu'elle fait paraître dans la même période nombre de récits recueillis par son père et demeurés inédits, elle non plus ne suggère pas l'existence d'un lien entre cet univers mythologique et celui des peintures. Que leurs auteurs aient

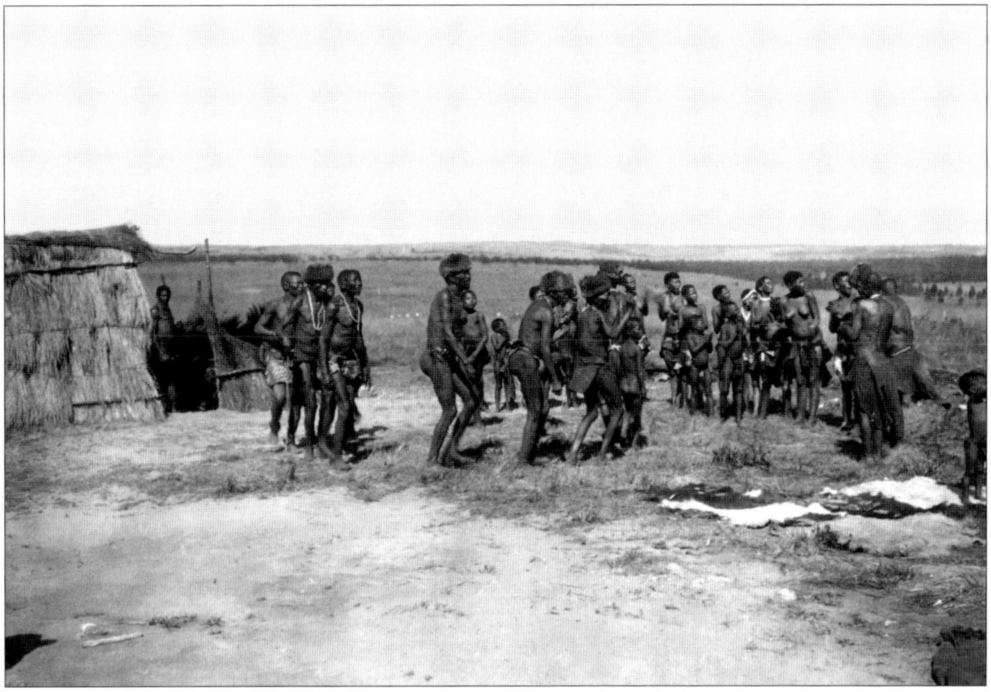

[n° 117] Une danse san

Membres de la tribu des Khomani, photographiés en 1936 dans le désert du Kalahari (Botswana) par Joseph Duggan-Cronin.

pu réaliser ces œuvres à des fins magiques « serait vraiment trop éloigné de l'état d'esprit étourdi et insouciant de leur race, écrit-elle. Tant qu'il y a des provisions et que le soleil brille, ils sont heureux ; l'angoisse de l'avenir ne les étreint jamais. » Qu'elles aient pu l'être à des fins décoratives ne la convainc pas davantage. Pour elle, il faut avant tout souligner « la grande part de plaisir, et la recherche du plaisir, qui gouvernait ces peuples primitifs [92] » dans une explication décevante, même si nous ne saurions négliger l'idée de plaisir au prétexte qu'il est aujourd'hui invérifiable. Avec le regard lyrique qui est le sien, le peintre Walter Battiss insistera lui aussi sur le rôle que joua le plaisir dans l'art des San [93], tout en esquissant une réflexion sur l'esthétique de ces peintures à travers l'inspiration qu'il y puisa pour ses propres œuvres.

Avancée en particulier par Léo Frobenius, l'idée d'une origine commune de cet art et de l'art rupestre européen va courir jusqu'à une date récente. Après ses voyages en Afrique au début du XXe siècle, l'anthropologue allemand publia en 1930 une synthèse de ses travaux sur l'art africain, mais où l'art rupestre (et plus encore celui d'Afrique australe) n'était qu'un élément de ce panorama continental où figurent des sculptures, des architectures, des outils, des masques et des tombes de différentes cultures. Son effort pour définir l'essence et les singularités de LA civilisation africaine le conduit aussi à envisager, au regard de certaines analogies entre les arts, l'existence de circulations et influences entre différents continents, notamment, bien sûr, entre l'Europe et l'Afrique. C'est sous cet angle qu'il considère l'art rupestre des San. « L'art de la peinture rupestre qui, en Europe occidentale, disparut à l'époque glaciaire, écrit-il, s'infiltra en Afrique jusqu'aux abords de son Œcumène, c'est-à-dire jusqu'aux États du Cap. Dans ce bassin, une civilisation ancienne et féconde s'est perpétuée chez les Bochimans, derniers peintres rupestres d'Afrique, épigones de l'époque moyenne de l'âge de pierre, porteurs d'une spiritualité vieillie. Ce sont là les derniers restes d'une civilisation qui prit naissance dans un domaine très éloigné [94] ! » Peu après, l'abbé Breuil développera une hypothèse similaire, après la découverte au pied du Brandberg namibien d'une peinture censée représenter une « dame blanche ». Le préhistorien français y verra le signe stylistique d'une civilisation méditerranéenne infiltrée jusqu'en Afrique australe. À leur insu, de telles théories serviront les desseins politiques racistes de ceux qui justifieront la prééminence de la race blanche sur les peuples africains par l'antériorité supposée de son occupation du territoire.

Il va falloir attendre la fin des années soixante pour que les textes réunis par Wilhelm Bleek et Joseph Orpen soient évalués à leur juste place.

Le texte et l'image

La valeur désormais reconnue de ces sources ethnographiques a néanmoins un effet moins positif. Elles placent les images dans la dépendance de sources écrites qui, toujours, paraissent une trouée plus vive dans la culture de leurs auteurs, et un prisme suffisant à la compréhension des œuvres graphiques. Ce biais était déjà en germe dans la hiérarchie que Wilhelm Bleek établissait entre les récits et les peintures. À ses yeux en effet, « une collection d'exactes copies de peintures bochimanes est tout de même de moindre importance que le recueil de leur folklore et de leur langage. » Illustration d'une réalité extérieure ou d'une pensée, la peinture n'en est pas moins perçue comme l'expression passive, seconde, d'une représentation qui lui préexiste et dont elle n'est que l'enregistrement dans le visible. C'est tout le statut de l'image, comme *mobile*, comme *acte*, ainsi que nous avons tenté de le définir dans ce livre, qui est ici en jeu ou plutôt comme déjà joué d'avance. Miroir du monde animal, tel qu'il se tient dans le regard, ou miroir d'un monde intérieur, c'est-à-dire du réel, mais tel que le construit une culture, la peinture est conçue depuis un siècle par les anthropologues comme un reflet. Jamais n'est réellement posée la question de son autonomie relative, de *la différence en quoi elle consiste*, cette encoche par laquelle la peinture, ne coïncidant pas avec son modèle, ouvre un espace de sens qui lui est propre. À l'opposé de la mobilité que la peinture introduit dans l'espace de représentations collectives qu'elles *travaillent*, ses motifs vont devenir les illustrations stables d'un petit nombre de significations.

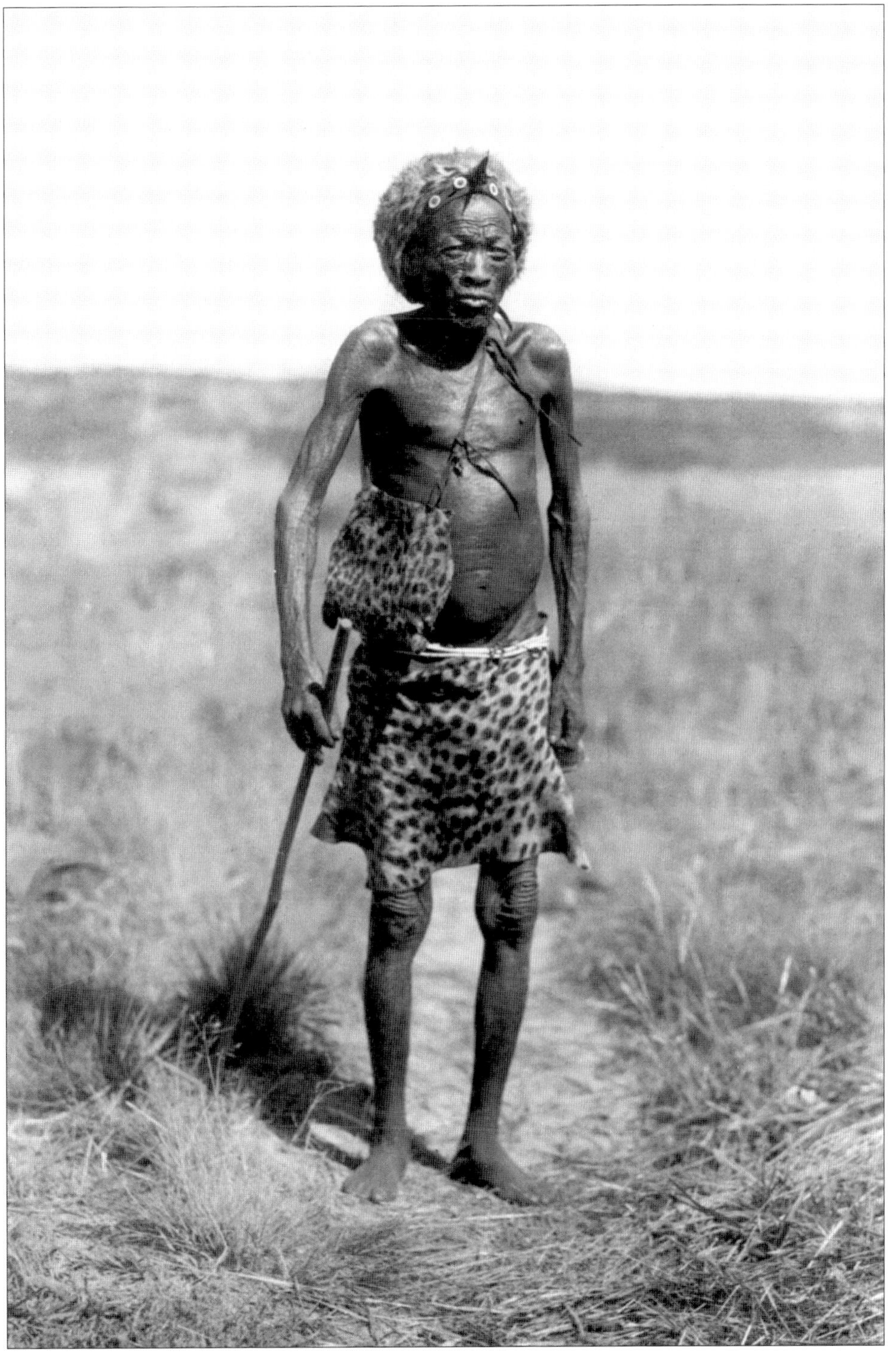

[n° 118] Homme san

Norike, de la tribu des Khomani, photographié en 1936 dans le Kalahari par Joseph Duggan-Cronin.

Une lecture « chamanique » de l'art rupestre des San

La fin des années soixante a été marquée par une renaissance des études consacrées à l'art rupestre d'Afrique australe. Trois ouvrages, qui aujourd'hui encore sont les plus importants, furent alors publiés : *Ndedema* d'Harald Pager (1971), *People of the Eland* de Patricia Vinnicombe (1976) et *Believing and seeing* de David Lewis-Williams (1981). Tous étaient animés par le même souci de rompre avec l'empirisme qui bien souvent avait prévalu jusqu'alors, et qu'illustrait cette théorie de l'art pour l'art, exécuté pour le plaisir de l'artiste et celui de ses spectateurs, encore fréquemment avancée dans les années soixante. Quoique de philosophie différente, chacune de ces études témoignait de la même volonté scientifique, symbolisée par le choix d'une recherche circonscrite à une géographie assez restreinte, par l'analyse statistique des peintures, et par l'usage des sources ethnographiques relatives aux San pour l'analyse des peintures. Avec *Believing and seeing* et surtout avec les travaux qui suivirent, David Lewis-Williams élabora un modèle « chamanique » d'explication de l'art des San, accordant à la transe et à ceux qui en exploraient les potentialités hallucinatoires – les « chamanes » – un rôle prépondérant dans la création des peintures. Même si ses postulats ne sont pas nouveaux [95], et par certains aspects s'inscrivent dans la continuité des travaux de l'abbé Breuil, relatives à la magie de chasse, cette lecture a changé le regard que l'on portait sur l'art rupestre des San.

Une anthropologie de la culture des San

Avant d'être une étude de l'art rupestre, la démarche de David Lewis-Williams est une analyse de la culture de ses auteurs. Il porte donc un regard *décalé* sur les œuvres et, pour les aborder, entreprend un long détour par les récits et mythes recueillis vers 1870 par George Orpen et Wilhelm Bleek et par les analyses réalisées au XXe siècle par des anthropologues auprès des !Kung notamment, c'est-à-dire des San du Botswana. Les similitudes qu'il observe entre ces sources différentes, issues de temps et d'espaces éloignés les uns des autres, le conduisent à estimer que ces peintures, parfois vieilles de plusieurs milliers d'années, et ces fragments d'une culture encore récemment étudiée relèvent d'un même « système de pensée », légitimant qu'on se serve de la connaissance des seconds pour regarder et analyser les premières. Un tel apport comparatif n'est pas négligeable, même si nombre de préhistoriens, depuis André Leroi-Gourhan et Annette Laming-Emperaire, ont toujours écarté son apport pour se

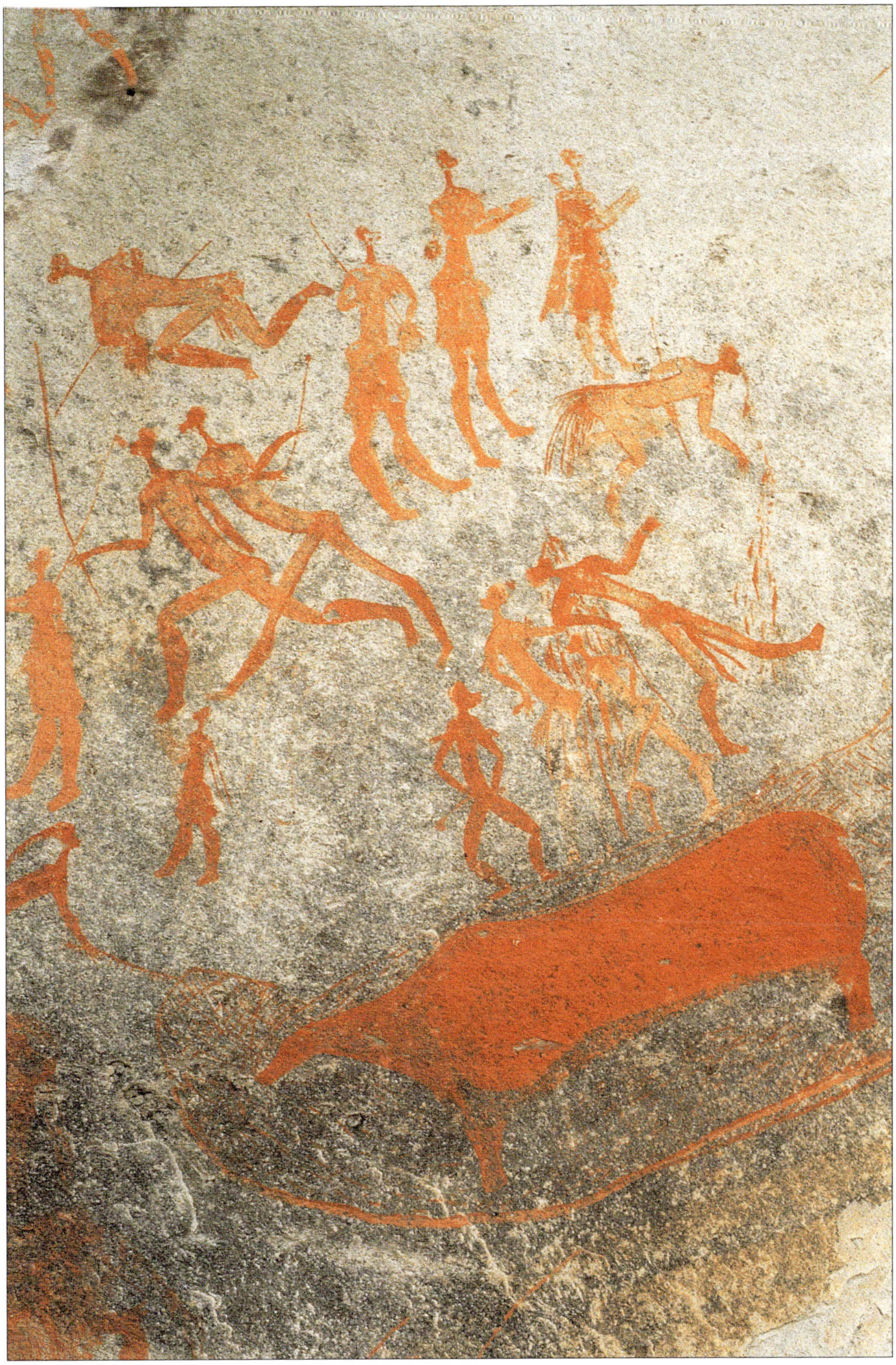

[n° 119] Gxalingenwa 2

Détail de la fresque n° 65. On y voit distinctement des femmes taper dans leurs mains et des hommes agenouillés ou penchés. L'un d'eux saigne du nez. Au-dessous est figuré un animal-pluie. Environs de Cobham.

concentrer sur le seul témoignage de l'art, de ses motifs, de ses thèmes et de leur disposition dans l'espace interne de la grotte. À l'inverse toutefois, l'analyse de l'art aborigène australien et de celui des Indiens d'Amérique s'est appuyée tout au long du siècle sur des comparaisons ethnographiques.

Refusant « l'anarchie interprétative », Lewis-Williams écrivait dans un article justement intitulé « Science et art rupestre » que l'étude de l'art rupestre « pouvait aspirer à devenir "scientifique" », mais seulement à la condition de « glisser de l'empirisme vers une approche ethnographique [96] ». À la suite de Bleek, pour qui les peintures « illustraient des coutumes et superstitions bochimanes », il va chercher à en dégager les contenus culturels et à comprendre le système de pensée qui les a produites, c'est-à-dire à élaborer à travers elles une anthropologie culturelle. En ce sens, il écrit : « Pour notre propos, nous définissons la culture comme un système de croyances et de valeurs qui transcendent les pensées et les sentiments des individus [...]. De la même manière, c'est le contenu culturel que nous cherchons à établir, les valeurs et croyances transcendantales partagées que les artistes dessinaient et qui rendaient leurs travaux intelligibles par la communauté entière [97]. » Avant d'ajouter : « J'insiste sur le fait que les observations qui suivent débattent uniquement du sens que les San accordaient à leurs peintures », et non des motivations individuelles des peintres. « Les états psychologiques individuels ne font pas partie de la culture, telle que je l'ai définie pour ce débat, alors que le sens est culturellement contrôlé

[n° 120] Burley 1

Un homme-antilope marchant sur le dos d'un éland. Région de Barkly East.

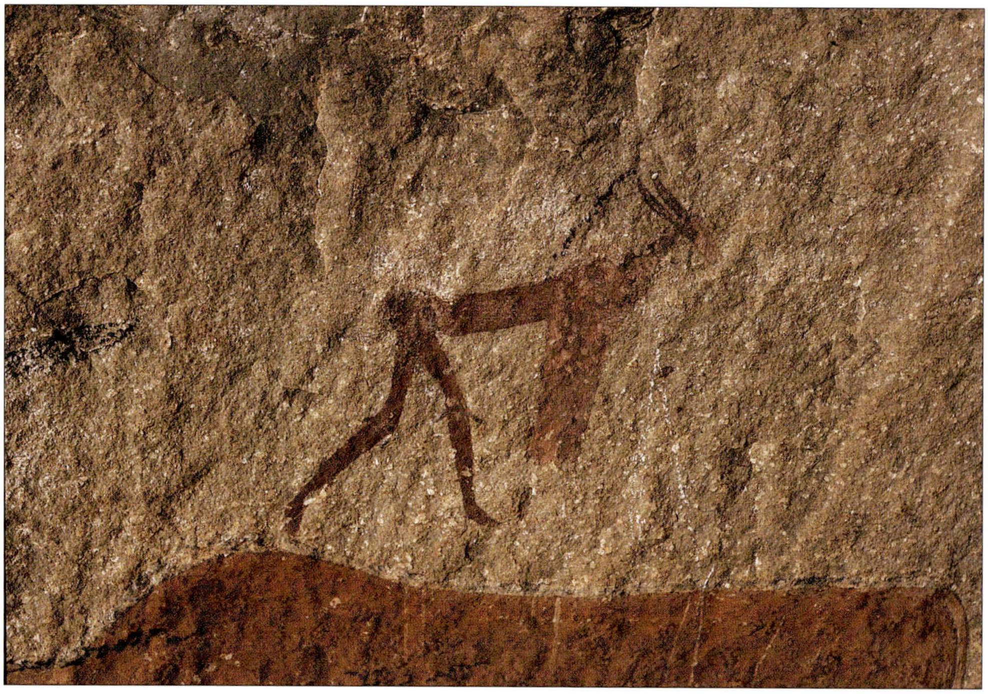

et dès lors plus accessible [98]. » Explicitant la portée d'une telle méthode, son auteur recourt fréquemment à l'image de la culture chrétienne sous-jacente à nombre d'œuvres d'art occidentales, et sans la compréhension de laquelle toute représentation de la Cène, par exemple, apparaîtrait comme un simple repas entre convives ordinaires. Mais peut-être par souci de prendre ses distances avec la théorie dite de l'art pour l'art, David Lewis-Williams semble désavouer tout ce qui, de près ou de loin, ressemble à un discours sur l'*art*, concept qui relève selon lui d'un regard occidental incapable de saisir la spécificité culturelle des peintures. Le terme « art » est pour lui une convention désignant les peintures dans l'expression « art rupestre », par exemple, non la désignation d'un *langage* spécifique, visuel et plastique. Son regard procède d'une anthropologie, non d'une esthétique.

La transse et ses figures

Des danses faisant appel à des états d'excitation sensorielle et d'épuisement physique (appelons-les des états de transe) ont été observées et précisément analysées par les anthropologues ayant séjourné dans le Kalahari [99]. Elles sont un moment important de l'activité sociale, rituelle et religieuse des /Kung. S'appuyant notamment sur ces observations et sur le témoignage de Qing, David Lewis-Williams a fait de la transe la clé d'un modèle explicatif de l'art rupestre des San. Ill. n° 117,119

Certaines pouvaient se dérouler ainsi : des femmes s'assemblent. C'est le soir ou peut-être la fin de l'après-midi. Elles s'assoient et commencent à taper dans leurs mains. S'il y a des chants (et il y en aura), j'entends surtout cette cadence élémentaire qui maintient la pulsation de la danse, dans laquelle les hommes vont entrer. En cercle, ils tournent lentement autour des femmes, du pied ils marquent la scansion du rythme. Puis les corps s'animent d'un balancement dont l'amplitude augmente, les hommes se courbant en deux, les bras rejetés en arrière avant de se redresser et de lever leurs bras. Battement des mains, rythme des corps, les uns s'accordent aux autres dans une parade énergique, violente qui conduit même à de fréquentes hémorragies nasales. Exténués, certains hommes entrent en transe, et parfois perdent connaissance : c'est le moment où leurs pouvoirs – pouvoirs de guérison, plus généralement de protection contre « tout ce que, en Occident, l'on pourrait considérer comme étant des troubles, qu'ils soient physiques, psychologiques, émotionnels, sociaux ou spirituels [100] » – se libèrent et deviennent particulièrement effectifs.

Outre les scènes de danse évoquées précédemment, des motifs assez divers sont selon lui des « illustrations » ou des métaphores de la transe. La peinture s'organiserait autour d'un petit nombre d'entre elles : un éland

mourant n'est pas un gibier blessé mais « une puissante métaphore d'un
Ill. n° 69 homme-médecine entrant en transe [101] » ; les « antilopes volantes » sont des représentations transposées d'une posture, observée parmi les danseurs !kung, où, pliés en avant, ils rejettent les bras en arrière, « climax au cours duquel l'homme-médecine entre en contact avec les forces surna-
Ill. n° 119 turelles pour lesquelles il vient de lutter [102] » ; quant aux figures hybrides ou composites comme les hommes-antilopes, elles « représentent toutes
Ill. n° 120 des participants à une transe [103] » mais parfois aussi les visions hallucinées dont s'accompagnent ces danses, à moins que danseurs et visions soient confondus dans un même complexe d'images ; l'élongation des têtes ou
Ill. n° 63,121 l'absence de tête, observées dans les peintures, sont ainsi le symbole graphique des troubles sensoriels et psychiques suscités par la transe. Des lignes sur le visage, l'illustration des hémorragies nasales, comme les ponctuations sur le corps, celle de la suée. Il y aurait ainsi un ensemble de motifs à la fois réalistes ou symboliques de la transe.

Depuis qu'elle a été formulée, cette hypothèse qui confère aux « états altérés de conscience » et à ceux qui les vivent, « les chamanes », un rôle prédominant, n'a cessé d'être étendue à d'autres aspects de la peinture. Par exemple, les pierres peintes trouvées dans les tombes « refléteraient la croyance selon laquelle les hommes-médecine visitent le monde des esprits [104] » ; nombre de gravures, selon Thomas Dowson, relèveraient elles aussi de cette hypothèse [105]. Bientôt, les chamanes et les artistes sont confondus et ne font plus qu'une seule et même personne [106], et les peintures deviennent les représentations de leurs propres expériences et visions spirituelles. Désormais la totalité ou presque de la « production » des peintures et leur « consommation » leur est rapportée : les plus doués d'entre eux représentent par l'art leurs séjours dans le monde spirituel et les animaux dont ils tirent des pouvoirs singuliers [107] ou qu'ils combattent. Ainsi les félins incarneraient-ils des chamanes devenus violents dans
Ill. n° 123 des situations de transe, ou engagés dans une lutte avec des esprits malveillants venus perturber la quiétude du clan. Par le biais des peintures, – « tableaux » stimulant également l'imagination des danseurs –, les membres du clan pouvaient se faire une idée des voyages spirituels des plus valeureux d'entre eux…

Il y a là des observations judicieuses qui soutiennent une volonté de mettre à jour une grammaire de motifs. Elle est d'autant plus légitime que, à l'évidence, certaines peintures mettent en scène des situations de transe ou tout au moins des danses rituelles. Mais peut-on en faire le paradigme central de l'art et considérer que l'essence de l'art des San est chamanique ? Ce n'est pas sûr.

Ainsi, pour ne prendre qu'un exemple, David Lewis-Williams s'appuie sur une phrase de Qing qui demeure un témoignage incertain. Orpen lui ayant demandé ce que signifiaient dans une peinture des hommes ayant des têtes

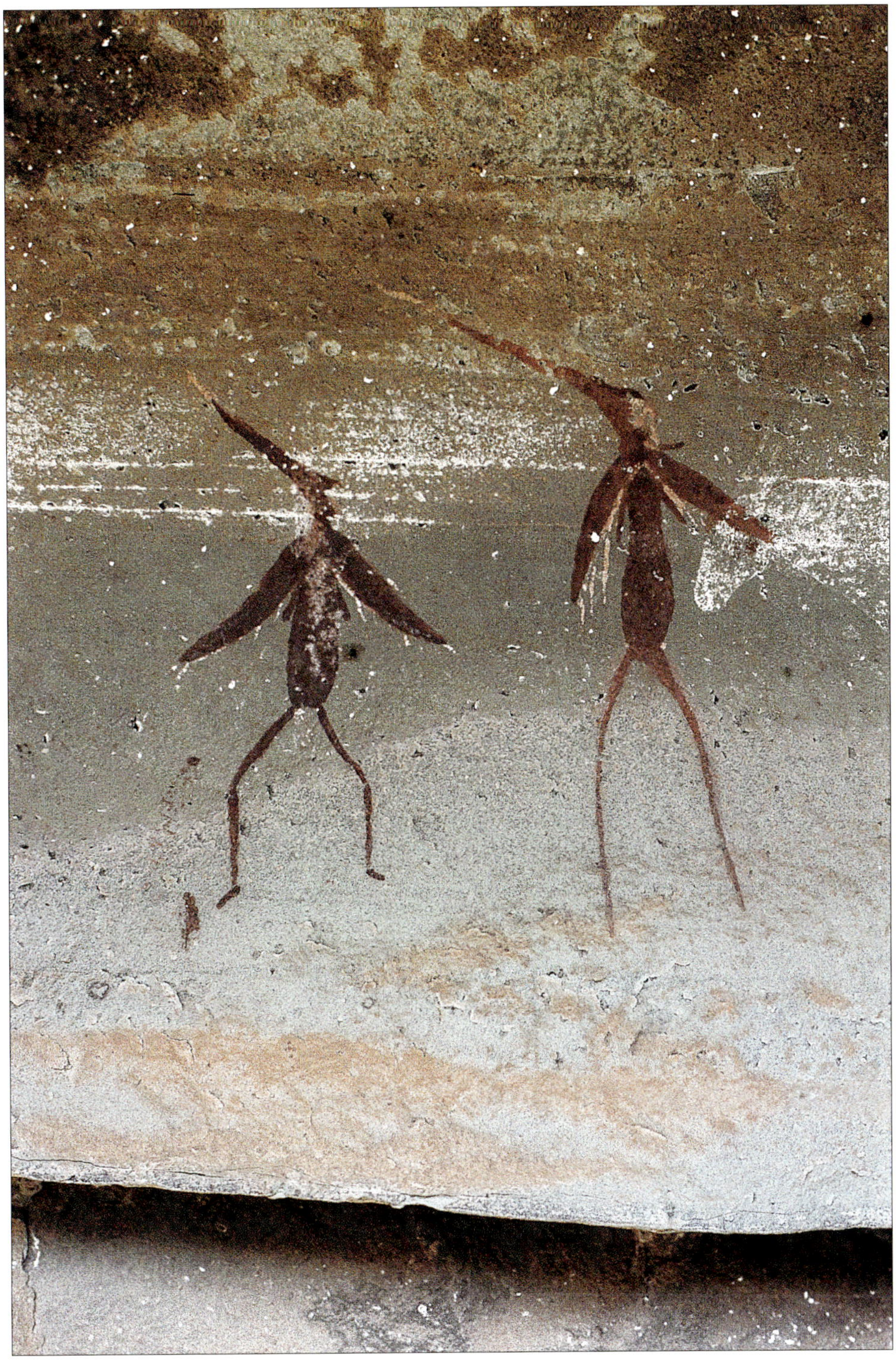

[n° 121] Injasuti

Figurines métamorphosées aux têtes allongées, peut-être en situation de transe. Région de Giant's Castle.

d'antilope, Qing répondit que « c'étaient des hommes qui étaient morts et qui maintenant vivaient dans des rivières et qui avaient été *dépouillés en même temps que les élands* par les danses dont vous avez vu les peintures [108]. » Énigmatique, cette explication est de surcroît fragile. Orpen a lui-même souligné les limites de son témoignage en raison de la connaissance imparfaite que son informateur avait des récits qu'il lui contait, comme de probables erreurs de traduction. David Lewis-Williams en donne pourtant une explication audacieuse, mais qu'on ne saurait tenir pour une traduction fidèle. Ainsi dit-il, « il est clair que Qing se servait des expressions "dépouillés" ou "mort" de façon métaphorique pour signifier qu'ils étaient en transe comme les !Kung le sont encore. De même "vivaient dans la rivière" est, selon moi, une autre traduction assez confuse d'une métaphore de transe. Qing se servait de l'idée d'être sous l'eau comme une métaphore de la transe : sons dans les oreilles, sensation d'apesanteur et d'autre monde, mouvements inhibés, vision troublée et finalement perte de conscience [109]. »

D'autres interprétations ont été formulées, faisant des créatures hybrides des esprits des morts ou des créatures mythologiques, comme notamment aujourd'hui Anne Solomon tente de l'avancer. Remarquons à cet égard que, déjà, l'un des informateurs de Bleek déclarait que « les morts qui sortent du sol sont ceux dont mes parents disaient qu'ils montent la pluie, parce que les cordes avec lesquelles ils l'attrapent étaient comme des rênes d'un cavalier, ils tiennent la pluie. Ceux qui attachent la pluie, ce sont ceux à qui elle appartient [110] ». Dans un article publié après sa mort mais rédigé en 1984, Harald Pager proposait de s'en tenir, pour ce qui concernait les situations de transe, aux seules peintures où des hémorragies nasales étaient clairement figurées, considérant que les motifs de têtes allongées ou les créatures hybrides pouvaient tout aussi bien être des esprits des morts [111].

La vue et la vision

Plus récemment, David Lewis-Williams et Thomas Dowson ont tenté d'expliquer la relative universalité de certains signes abstraits et géométriques produits dans l'art rupestre, en les comparant aux signes visuels assez similaires que l'esprit produirait dans certaines situations [112]. Ce faisant, ils ont développé
Ill. n° 124 de nouveaux arguments pour étayer cette hypothèse « chamanique ».

Sous l'influence d'une drogue, ou plus simplement au terme d'un violent effort ou encore en situation d'excitation sensorielle, le système nerveux produit une série de signes rétiniens, comme des nuages de points, des lignes droites, courbes ou sinueuses : ce sont des signes « entoptiques », c'est-à-dire générés par le système optique hors de toute réalité extérieure (comme lorsqu'on se frotte les yeux, ou comme lorsque, à la suite d'un choc, on voit « trente-six chandelles »). La relative similitude de ces signes et de certains tracés communs à l'art pariétal, tels que les ponctuations, les tracés digités, en forme de lignes droites ou ondulées, conduit les auteurs à se demander s'ils ne pourraient être l'expression plastique d'hallucinations produites à différents niveaux de trouble de la conscience. Ainsi, une peinture comme celle de Sevilla, avec ses lignes parallèles et ondulées, serait la transcription d'une vision produite à un premier stade de la transe. La ligne sinueuse d'un serpent peint ne serait plus le dessin d'un reptile tel qu'il est vu, mais la torsion de lignes produites à un stade plus avancé de la transe ; quant aux créatures hybrides, elles seraient l'expression d'hallucinations produites également à ce dernier stade. Resterait à expliquer comment passer de l'analyse de troubles sensoriels étudiés aujourd'hui en laboratoire à celle de signes graphiques produits par des peintres du paléolithique ou du néolithique. Pour cela, les auteurs avancent l'hypothèse d'un « pont neurologique » fondé sur le postulat de l'universalité du système nerveux humain. Puisqu'il est universel, la connaissance de son fonctionnement et l'observation de ses réactions chez des patients actuels devrait nous permettre d'accéder au cerveau de nos ancêtres car, placés dans des situations identiques, ils auraient réagi de façon similaire. Grâce à ce « pont neurologique », nous pourrions en quelque sorte nous projeter dans la préhistoire.

Ill. n° 14

Ce modèle opère un renversement radical de la peinture et de la gravure. Celles-ci ne sont plus envisagées comme la production de formes nées d'une observation attentive du dehors. Elles ne sont plus une vue, ni

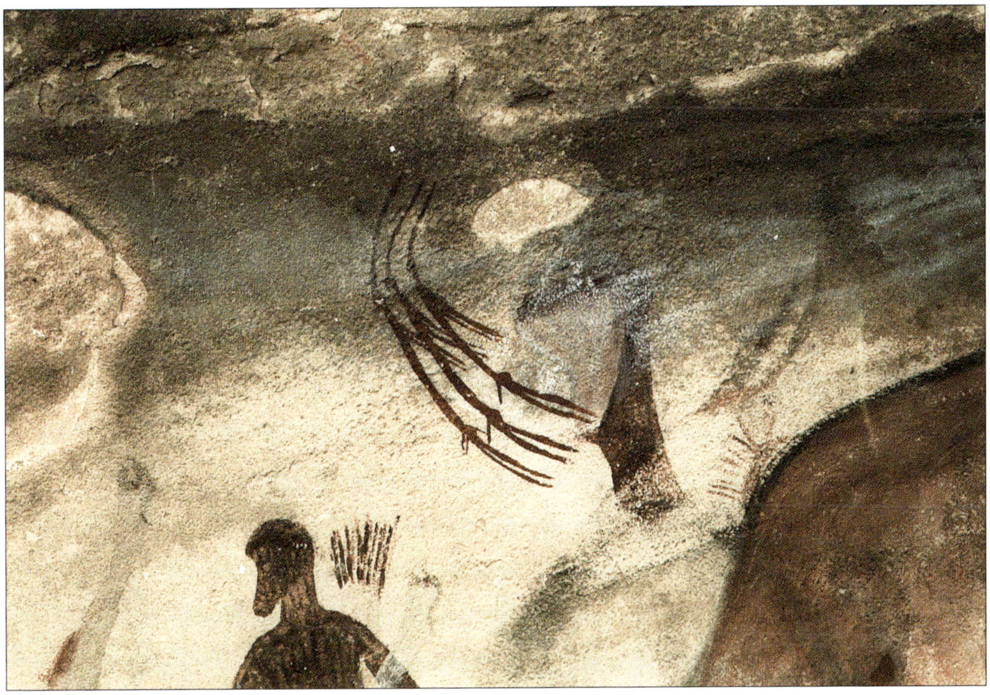

[n° 122] Willem

Trois figurines filiformes en situation de vol. Région de Kamberg.

sa méditation seconde et sa recréation, mais la transcription de visions générées de façon universelle par l'esprit humain dans des conditions données d'excitation sensorielle. C'est une conception très déterministe de l'art, qui s'accorde mal à la dimension créatrice des peintures, comme à l'attention au monde, à ses détails dont la peinture et la gravure ne cessent pourtant de témoigner. Elle prive le langage pictural de son autonomie, fût-elle relative, quand ces traits et ces lignes, universellement répartis dans l'art rupestre, nous donnaient peut-être accès à son alphabet primordial. Pour des raisons techniques et matérielles, les arts graphiques sont en effet toujours une modulation infinie de lignes et de points grâce auxquels ils structurent, mettent en forme, reproduisent ou inventent une vue. Que l'homme dispose pour cela d'une pierre où graver ou d'un pinceau rudimentaire n'y change rien. Signes interrompus ou continus, les points et les lignes sont les formes élémentaires de tout dessin.

Née en partie d'un rejet de la théorie de « l'art pour l'art » et de toute spéculation sur les motivations individuelles de la peinture, parce que, disait David Lewis-Williams, elle « oriente les explications vers des états mentaux dont on ne peut rien dire [113] », la lecture « chamanique » de l'art rupestre invoque pour finir des états mentaux de conscience modifiés que leur universalité supposée rendrait accessibles. Pourquoi les motivations esthétiques, fussent-elles (et elles le sont) complexes, demeureraient-elles à jamais hors de notre portée quand les visions générées par le cerveau dans des situations

[n° 123] Balloch

Personnages fuyant un félin et se métamorphosant en corps ailés. Région de Rhodes.

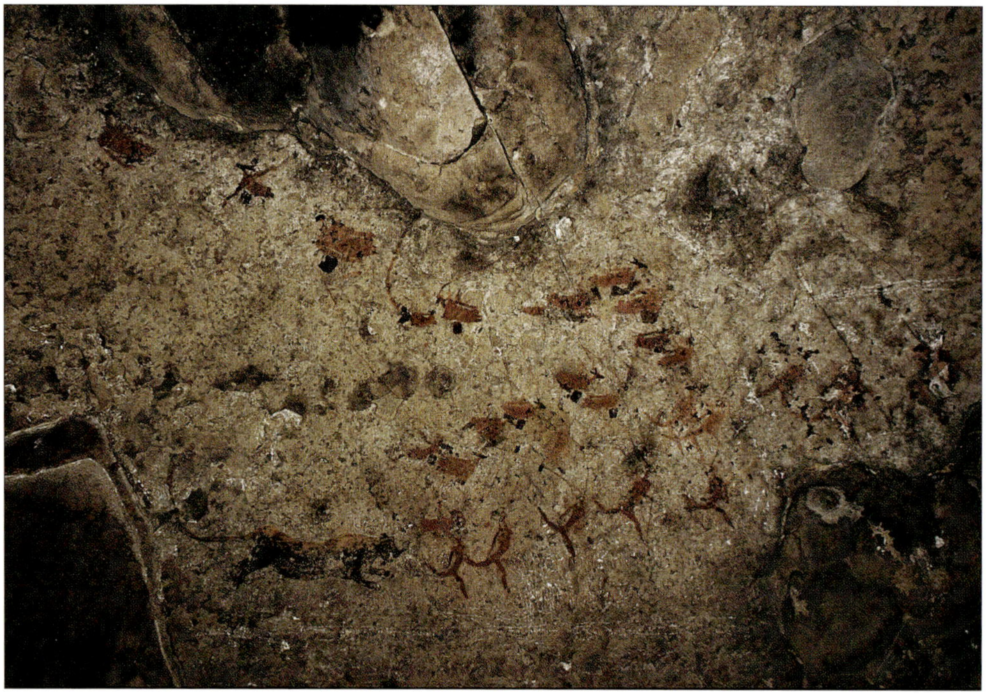

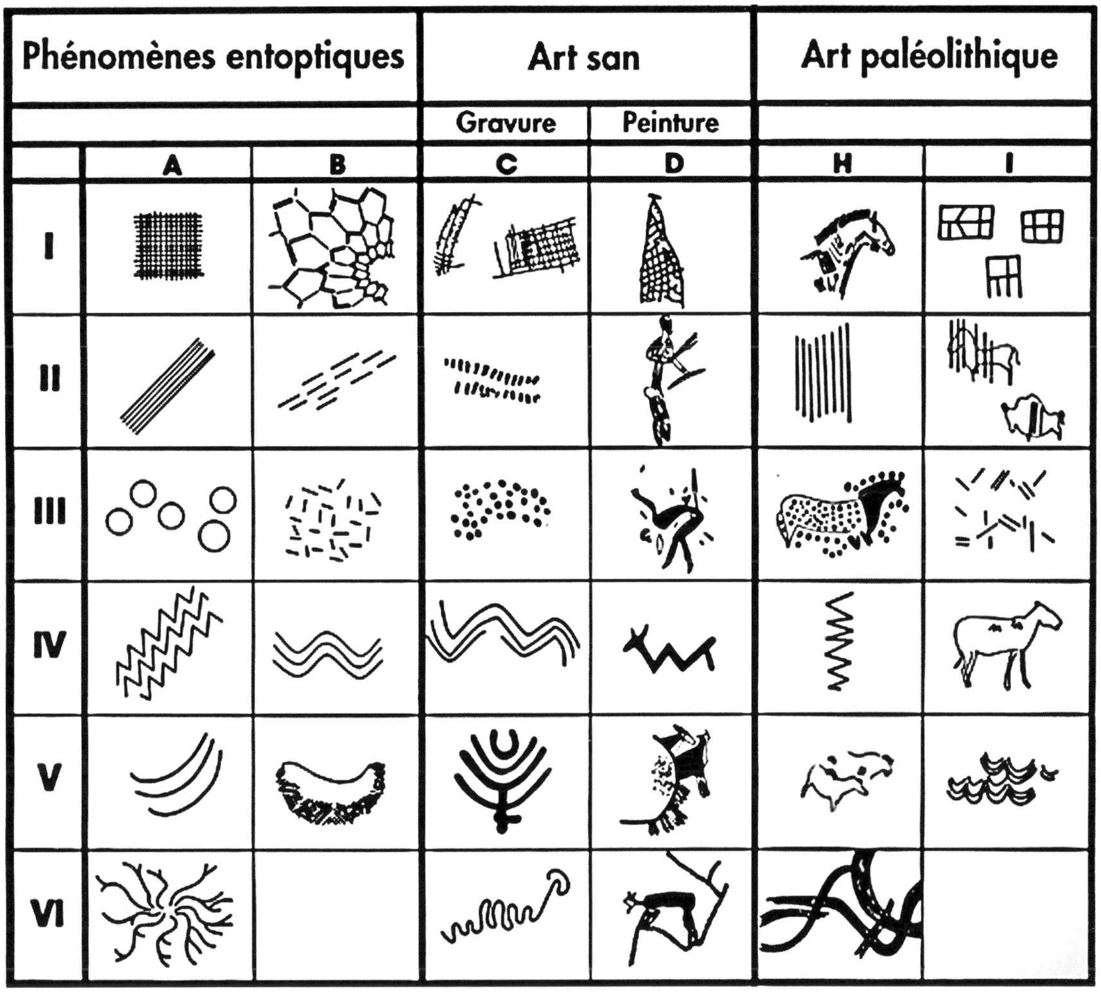

[n° 124] Signes entoptiques

Adaptation d'un tableau réalisé par David Lewis-Williams et Thomas Dowson, montrant les analogies formelles entre les signes entoptiques et certains motifs de l'art pariétal (*Current Anthropology*, vol. XXIX, n° 2, avril 1988).

de transe seraient quant à elles transparentes ? Curieux renversement. Cette lecture « chamanique » reste toutefois difficile à contourner, dans la mesure où l'on ne peut ainsi évacuer l'idée d'une fonction « religieuse » voire d'un usage « magique » de l'art des San. C'est une analyse stimulante du terreau de pensée et de culte ayant donné naissance aux œuvres, comme une interprétation brillante de certains de ces motifs mais elle laisse de côté trop de motifs pour être un paradigme unique d'explication. Au terme du portrait qu'il avait fait de la Ndedema, Harald Pager écrivait ainsi : « La question la plus intrigante de cet art demeure sa "raison d'être" [en français dans le texte]... Quelques-unes des théories formulées sont en accord avec quelques aspects de cet art, mais aucune ne l'explique en totalité. » Aveu d'un doute splendide que je partage, et dont je me figure que les œuvres elles aussi furent toujours nourries.

L'âge des peintures et des gravures rupestres

La datation des peintures et des gravures rupestres d'Afrique australe suscite autant d'interrogations qu'elle avance de réponses*, car les œuvres n'ont pas un âge mais plusieurs et il n'est pas toujours aisé de s'y retrouver. D'une relative unité culturelle, l'art des San s'est développé sur une période et un espace considérables. Nous sommes ici en présence d'une tradition picturale d'une exceptionnelle longévité, puisqu'elle a commencé, semble-t-il, il y a 27 000 ans au moins pour prendre fin au XIXe siècle, connaissant au cours de son histoire de multiples surgissements, interruptions, retours dans l'immense géographie où cet art s'est incarné. Même ponctuée de dates comme autant de buttes témoins, la chronologie reste à faire.

Il existe plusieurs méthodes pour tenter de dater les peintures. La plus sûre d'entre elles est la technique dite du « carbone 14 ». Elle permet de déterminer avec une assez grande précision l'âge des œuvres à partir d'éléments organiques, soit de nature végétale, soit de nature animale, qui s'y trouveraient. Le problème pour les peintures rupestres d'Afrique australe, comme souvent ailleurs, est qu'elles ne comportent pas ou trop peu d'éléments organiques. Leurs pigments sont d'origine minérale, et si les liants sont faits de graisse ou de sang, ils sont en quantité trop faible pour permettre une datation. Quant aux gravures, réalisées par incision ou martèlement à l'aide d'une pierre ou d'une pointe, elles ne contiennent aucun élément organique ; leur âge est donc plus délicat encore à déterminer. Seules ont pu être aisément datées les peintures noires réalisées à l'aide de charbon de bois, comme, tardivement, certaines d'entre elles furent peintes. Sans surprise, les datations ont confirmé qu'il s'agissait d'œuvres récentes, d'environ 450 à 500 ans. En 1997, un éland de couleur orange à Esikolweni fut estimé vieux de 350 ans**.

Ill. n° 125

Pour l'essentiel, l'âge des peintures a été déterminé grâce à des observations indirectes : s'il n'y a pas de carbone dans les peintures, il y en a dans nombre de vestiges contenus dans le sol des abris. Si l'on peut – et seulement à cette condition – établir un lien entre les peintures et ces vestiges, alors il devient possible de dater celles-là en datant ceux-ci : ainsi, lorsqu'on a trouvé dans le sol des fragments de peinture qui s'étaient détachés de la paroi, on a pu en déduire que les fresques étaient au minimum contemporaines des éléments organiques découverts dans les mêmes strates de terre, mais elles pouvaient aussi leur être antérieures, sans qu'il soit possible de le mesurer de façon plus précise.

**Je renvoie pour plus de détails à l'article d'Ann Thackeray, « Dating the Rock Art of Southern Africa », de 1983, auquel, pour l'essentiel de l'information réunie ici, je me suis référé.*

***Anne Solomon, communication personnelle. Des œuvres beaucoup plus anciennes ont également été récemment datées, mais les résultats n'ont pas encore été publiés.*

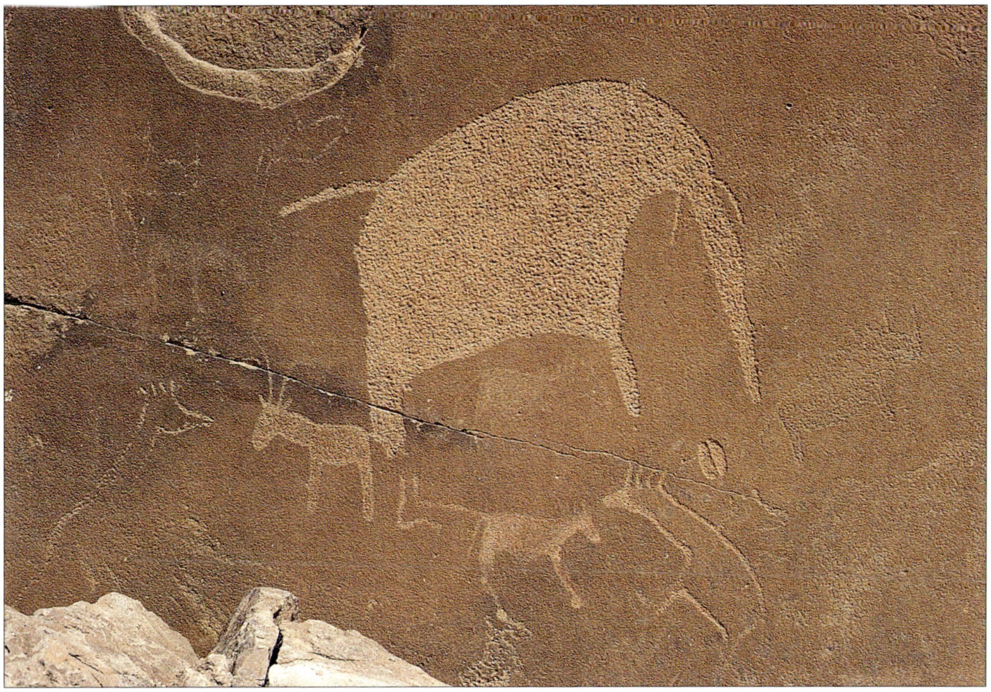

[n° 125] Twyfelfontein

Panneau animalier. L'absence d'éléments organiques, comme on peut en trouver dans les liants composant les peintures, rend difficile la datation des gravures.

Cette méthode a permis d'estimer que les pierres peintes découvertes dans le sol de l'abri appelé Apollo 11, en Namibie, étaient vieilles de 27 000 ans (ou pour certains chercheurs de – 20 000 ans). Plus récents, les galets peints de Coldstream, sur la côte orientale de l'Afrique du Sud, et ceux de Matjesriver, non loin de là, ont environ 8 000 ans. En fouillant le sol d'un abri du Brandberg, appelé « le Géant rouge », une quinzaine de fragments de peinture qui s'étaient détachés de la paroi ont été découverts ; pour certains, il a même été possible de déterminer leur emplacement initial sur la paroi. Ainsi peut-on estimer que les peintures du Brandberg ont environ 3 000 ***114*** à 4 000 ans* . Selon cette méthode encore, les gravures découvertes gisant dans le sol à Wonderwerk sont vieilles de 9 000 à 10 000 ans ; de même, les fragments de paroi peints, découverts dans le sol à Steenbokfontein, dans la province sud-africaine du Western Cape, ont-ils 3 500 ans.

L'analyse visuelle des peintures permet aussi d'apprécier leur âge mais son degré de précision est assez aléatoire.

L'état de conservation des peintures : il semblerait logique, à première vue, de considérer que les peintures les mieux préservées sont les plus récentes quand leur détérioration serait un indice de leur ancienneté, mais un tel raisonnement est imparfait. La préservation des œuvres dépend d'autres facteurs, en particulier de l'exposition à la lumière et à la pluie. Exposées en plein soleil et recevant une lumière directe, elles perdent

**Chiffre avancé par Tilman Lenssen-Erz, communication personnelle.*

leur éclat et leurs couleurs s'atténuent ; soumises au ruissellement de la pluie, elles disparaissent rapidement. De même, la préparation des pigments, la qualité des liants, comme la nature de la paroi sur laquelle les peintures sont posées (sa porosité relative, la chimie propre de la pierre – sa vie) sont autant de facteurs qui influencent la survie des œuvres. Patricia Vinnicombe a ainsi observé que les peintures de convois dans l'État du Natal et de l'East Griqualand, quoique récentes, étaient excessivement effacées, ce qui suggère qu'elles manquaient de propriété adhésive [115]. Mais si elles ne reçoivent aucune lumière directe, comme c'est fréquemment le cas, et ne sont pas exposées au ruissellement, alors elles peuvent défier le temps.

Le *contenu* des œuvres nous donne d'autres indices pour estimer leur âge minimal. La présence de wagons ou de chevaux dans des peintures sud-africaines prouve qu'elles sont contemporaines ou postérieures à l'arrivée des colons européens, soit au XVIe siècle ; celle de bovins ou de moutons, introduits par les pasteurs bantous il y a 2 000 ans environ, nous certifie également qu'elles ne peuvent être antérieures à cette date. La représentation d'un grand cervidé, appelé l'*homoioceras*, conduisait Harald Pager à considérer, si l'identification était juste, qu'elle était au mieux contemporaine de la disparition de cet animal, c'était il y a... 40 000 ans [116]. Si cet exemple est trop singulier pour être probant, on peut en revanche estimer que des peintures représentant l'attaque de San par

[n° 126] Seepongweni

Cavalier san à la poursuite d'un éland. La présence d'un cheval prouve que cette peinture est postérieure à l'arrivée des colons, à la fin du XVe siècle, qui apportèrent avec eux les chevaux. Région de Cobham.

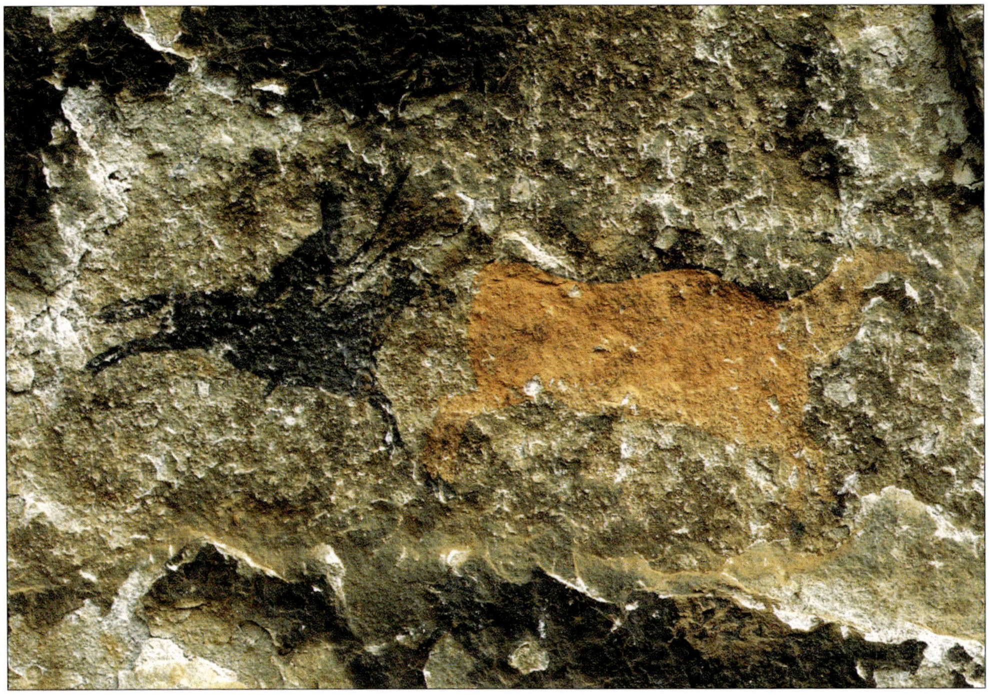

des commandos boers dans le Drakensberg sont contemporaines d'événements similaires dont elles sont la mémoire ou l'interprétation, et datent donc du XVIIIe ou du XIXe siècle.

Les *superpositions* permettent de situer, relativement l'une à l'autre, certaines figures assemblées dans un même panneau, mais non de les dater. George Stow tenait d'un informateur que « les œuvres d'un artiste étaient toujours respectées tant que son souvenir restait vivant dans la tribu ; pendant cette période, personne ne se permettrait de les détériorer en y superposant les siennes. Mais quand son souvenir s'effaçait [...] alors un nouvel artiste ajoutait sans cérémonie ses peintures à celle de son ancêtre [117]. » Considérant que la mémoire d'une personne restait vivante pendant trois générations, Stow tenta, en déterminant le nombre d'époques superposées de peintures, de déterminer leur âge. Comme on l'imagine, une telle méthode s'avéra infructueuse. Depuis, David Lewis-Williams a même établi que certaines superpositions étaient volontaires, et les motifs ainsi liés contemporains les uns des autres.

Reste le *style*, mot à désigner la diversité (plus facile à remarquer qu'à ordonner) des peintures. Il n'offre pas plus d'assurances. L'abbé Breuil affirmait distinguer dix-sept phases appartenant à deux périodes dans les peintures qu'il avait vues en Afrique du Sud. Reprenant ses résultats, Dorothea Bleek [118] et David Lewis-Williams [119] se sont dits incapables de les reconnaître. Patricia Vinnicombe, pour sa part, a distingué quatre périodes dans l'art rupestre du Drakensberg, allant des peintures les plus simples sur le plan de la technique aux plus complexes. Ainsi, selon elle, les peintures monochromes précéderaient les peintures bichromes, qui elles-mêmes seraient antérieures aux peintures polychromes, apogée de l'art à laquelle succéderait l'avènement d'un dernier âge, décadent celui-là, avec les peintures souvent sommaires, contemporaines de l'arrivée des colons. Cette hypothèse est pourtant mal étayée, et comme le dit David Lewis-Williams, « la datation de ces phases pose des problèmes considérables [120] ».

La superposition de peintures de styles différents, l'existence de compositions associant dans un même panneau des figures monochromes et d'autres polychromes plaident plutôt en faveur d'un développement concomitant de techniques différentes. Ann Thackeray écrit en ce sens : « Il est clair depuis Apollo 11 que les animaux réalistes, les figures humaines, les lignes schématiques comme le recours à plus d'une couleur dans la peinture étaient exécutés par les artistes du pléistocène comme par leurs successeurs. Il y aurait ainsi peu de preuves d'une quelconque évolution dans le temps du naturalisme au schématisme ou vice versa. Les données disponibles suggèrent plutôt l'existence d'une tradition artistique largement répandue qui s'est développée au cours des 30 000 dernières années [121] ».

FIN

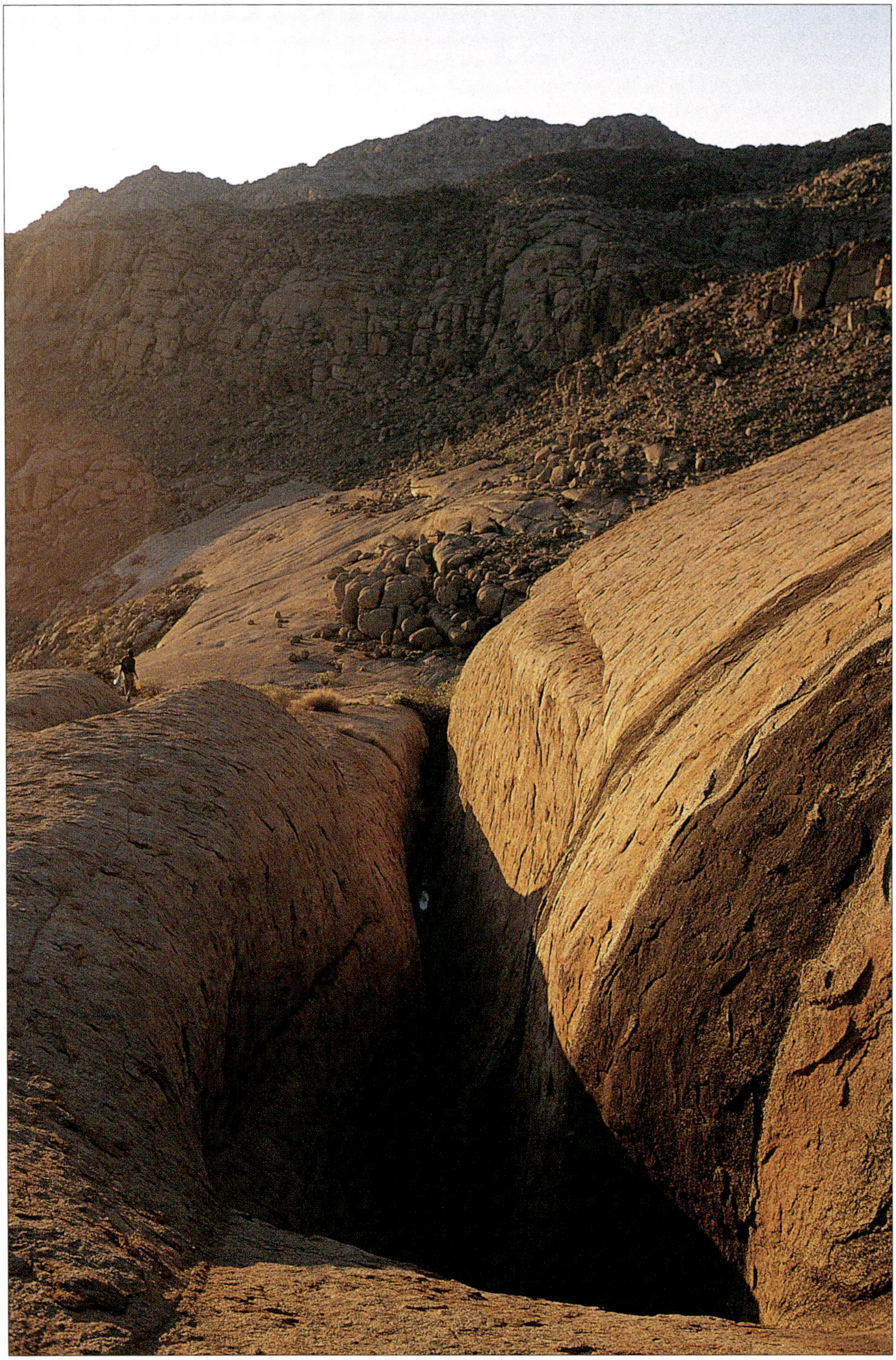

[n° 127] Gorge d'Amis

Réserve d'eau dans une faille naturelle, au sommet du Brandberg.

Ouverture

1- *Cf. Isaac Schapera,* The Khoisan Peoples of South Africa, *1930, et, plus récemment,* Hunters and Herders of Southern Africa, *d'Alan Barnard, 1992.*
2- *Maurice Merleau-Ponty,* Le Visible et l'Invisible, *1964, p. 178.*
3- *Michel Foucault,* Histoire de la sexualité, *t.2, 1984, p. 14.*

Parcours

L'œil nu

4- *Fernando Pessoa,* Le Livre de l'intranquillité, *p. 56.*
5- *Platon,* Phèdre, *275 e.*
6- *Maurice Blanchot,* L'Entretien infini, *1969, p. 453.*
7- *Botho Strauss,* L'Incommencement, réflexions sur la tache et la ligne, *1996, p. 41.*
8- *Pippa Skotness, « The Visual as a Site of Meaning [...] », 1994 a, p. 325.*
9- *Patricia Vinnicombe, « Review of "The Rock Paintings of the Upper Brandberg Part I : Amis Gorge" », 1991, p. 140.*

Esprit des lieux, lieux de l'esprit

10- *Roger Caillois,* L'Écriture des pierres, *1970, p. 6 et 7.*
11- *Sven Ouzman, « Thaba Sione : Place of Rhinoceros and Rain-making », 1996, p.31-59.*
12- *George W. Stow,* The Native Races of South Africa, *1905, p. 230.*
13- *Marion How,* The Mountain Bushmen of Basutoland, *1962, p. 37.*
14- *Voir Peter Jolly, « A First Generation Descendant of the Transkei San », 1986, ainsi que la critique de Cyrill Hromik (1991) et les réponses de Peter Jolly (1992, 1994) et David Lewis-Williams.*
15- *Wilhelm Bleek & Lucy Lloyd,* Specimens of Bushmen Folklore, *1911, p. 323.*

Mouvements, parcours d'espace

16- *Victor Ellenberger,* La Fin tragique des Bochimans, *1951, p. 257.*
17- *Lorna Marshall, « The Medecine Dance of the !Kung Bushmen », 1969, p. 380.*
18- *Michel de Certeau,* L'Invention du quotidien, *t. I, « Arts de faire », 1980, p. 173.*
19- *Lorna Marshall écrit ainsi que pour les !Kung, « situer les événements dans un temps mesuré n'a pas de sens »,* op. cit., *1976, p. 54.*
20- *Dorothea Bleek, « Beliefs and Customs of the /Xam Bushmen : The Rain », 1933, p. 297 et suivantes.*
21- *Dorothea Bleek, « Beliefs and Customs of the /Xam Bushmen : Game Animals », 1932, p. 233 et suivantes.*
22- *Dorothea Bleek, « Beliefs and Customs of the /Xam Bushmen : Sorcerors », 1935, p. 17.*
23- *Dorothea Bleek, « Beliefs and Customs of the /Xam Bushmen : The Rain », 1933, p. 311 et 305. En fait, ils s'adressent aux hommes morts qui accompagnent la pluie. Sur ce point, cf. infra p. 140.*

Eclats d'un portrait dans un prisme animal

24- *Léo Frobenius,* Histoire de la civilisation africaine, *1933, p. 111.*
25- *André Leroi-Gourhan,* L'Art pariétal, langage de la préhistoire, *1992, p. 261.*
26- *Patricia Vinnicombe,* People of the Eland, *1976, p. 352.*
27- *Cité par David Lewis-Williams,* op. cit., *1981, p. 48 et 50.*
28- *Dorothea Bleek,* The Mantis and his Friends, *1923, p. 10.*
29- *Wilhelm Bleek & Lucy Lloyd,* op. cit., *1911, p. 66.*
30- *Claude Lévi-Strauss,* Mythologiques, *1966, p. 340.*
31- *Maurice Merleau-Ponty,* op. cit., *1964, p. 175.*
32- *Maurice Blanchot,* op. cit., *1969, p. 39.*
33- *Maurice Merleau-Ponty,* op. cit., *1964, p. 178.*

Notes

Champs de forces, champs de formes

34- *Harald Pager,* Stone Age Myth and Magic, *1975, p. 62.*
35- *Harald Pager,* Ndedema, *1971, p. 343.*
36- *Ansie Hoff, « The Water Snake of Khoekhoe and /Xam », 1997.*
37- *Cité par Ansie Hoff,* op. cit., *p. 34.*
38- *Wilhelm Bleek & Lucy Lloyd,* op. cit., *1911, p. 395.*
39- *Maurice Merleau-Ponty,* op. cit., *1964, p. 20.*
40- *Claude Roy,* Arts fantastiques, *1960, p. 56.*
41- *Arthur Rimbaud, lettre à Paul Demeny, le 15 juin 1871,* Œuvres complètes, *p. 249.*

Une trouée dans le corps du temps

42- *Anne Solomon, « Mythic Women, a Study in Variability in San Art », 1994, p. 352.*
43- *Anne Solomon, « Landscape, Form and Process [...] », 1997 b, p. 5.*
44- *Anne Solomon,* op. cit., *1994, p. 355.*
45- *Jean-Luc Nancy,* Le Regard du portrait, *2000, p. 86.*
46- *Denis Vialou,* La Préhistoire, *1991, p. 72.*
47- *Patricia Vinnicombe,* op. cit., *1976, p. 34.*
48- *David Lewis-Williams & Thomas Dowson, (ed.) « Aspects of Rock Art Research », in* Contested Images, *1994, p. 211.*

La voie de la paroi

49- *Claude Lévi-Strauss,* La Pensée sauvage, *1962, p. 42-43.*

Acheminement vers la vue

50- *Georges Bataille,* Lascaux ou la naissance de l'art, *1979, p. 37.*
51- *Maurice Blanchot, « La Naissance de l'art », in* L'Amitié, *1971, p. 19.*

Marges

Le « Bosjeman » et ses doubles

52- *François Le Vaillant,* Second voyage dans l'intérieur de l'Afrique, *t. III, 1803, p. 171-176.*
53- *Cité par Victor Ellenberger,* op. cit., *1951, p. 51.*
54- *Cité par David Chidester, « Mutilating meaning », in Skotness, 1996, p. 24.*
55- *Thomas Arbousset & François Daumas,* Relation d'un voyage d'exploration au nord-est de la colonie du cap de Bonne-Espérance, *1842, p. 508, 480 et 484.*
56- *John Barrow,* Voyage dans la partie méridionale de l'Afrique, *1801, t. II, p. 71.*
57- *François Le Vaillant,* op. cit., *1803, p. 171.*
58- Ibid., *p. 174.*
59- *John Barrow,* op. cit., *1801, t. I, p. 74.*
60- *Thomas Arbousset,* op. cit., *1842, p. 480.*
61- *James E. Alexander,* An Expedition of Discovery into the Interior of Africa, *1838, p. 288 ; John Campbell,* Travels in South Africa, *1815, p. 139.*
62- *John Barrow,* op. cit., *1801, t.I, p. 74.*
63- *James E. Alexander,* op. cit., *1838, p. 276.*
64- *John Barrow,* op. cit., *1801, t. II, p. 1.*
65- *John Campbell,* op. cit., *1815, p. 299.*
66- *James E. Alexander,* op. cit., *1838, p. 281-282.*
67- *François Le Vaillant,* op. cit., *1803, p. 181.*
68- *David Chidester, « Bushman Religion : Open, Closed and New Frontiers », in Skotness, 1996, p. 52.*
69- *David Chidester, « Mutilating meaning »,* op. cit., *in Skotness, 1996, p. 25.*
70- *David Chidester, « Bushman Religion : Open, Closed and New Frontiers », in Skotness, 1996, p. 52.*
71- *Cités par David Lewis-Williams,* Believing and Seeing, *1981, p. 117.*
72- *Thomas Arbousset,* op. cit., *1842, p. 489.*
73- *David Chidester, « Bushman Religion : Open, Closed and New Frontiers », in Skotness, 1996, p. 58.*
74- *Thomas Arbousset,* op. cit., *1842, p. 483.*

75- *John Campbell,* op. cit., *1815, p. 153.*
76- *Nigel Penn, « "Fated to Perish" : the Destruction of the Cape San », in Skotness, 1996, p. 81-91.*
77- *John Barrow,* op. cit., *1801, p. 67.*
78- *Patricia Vinnicombe,* op. cit., *1976, p. 24.*
79- Ibid., *p. 29.*
80- Ibid., *p. 23.*
81- *John Campbell,* op. cit., *1815, p. 138 et 156.*
82- *Voir Pippa Skotness,* op. cit., *1996, p. 2 et 18.*

Trois pionniers de la découverte de l'art

83- *Patricia Vinnicombe,* op. cit., *1976, p. 122.*
84- *John Barrow,* op. cit., *1801, t.II, p. 9-10.*
85- *Cité en quatrième de couverture de* Specimens of Bushmen Folklore, *1911.*
86- *Wilhelm Bleek,* A Brief Account of Bushman Folklore and other Texts, *1875, p. 2.*
87- *Élias Canetti,* op. cit., *1960, p. 356.*
88- *George W. Stow,* op. cit., *1905, p. 102-104.*
89- *Joseph M. Orpen, « A Glimpse into the Mythology of the Maluti Bushmen », 1874, p. 1-10.*
90- Ibid., *p. 13.*
91- *George W. Stow,* op. cit., *1905, p. 122-124.*
92- *George W. Stow & Dorothea Bleek,* Rock Paintings in South Africa, *1930, p. XXIV et XXV.*
93- *Walter Battiss,* The Artists of the Rocks, *1948.*
94- *Léo Frobenius,* op. cit., *1930, p. 167-168.*

Une lecture « chamanique » de l'art rupestre des San

95- *Voir André Leroi-Gourhan, « Le Préhistorien et le chamane », 1977.*
96- *David Lewis-Williams, « Introductory Essay : Science and Rock Art », 1983, p. 4-5.*
97- Ibid., *p. 6.*
98- Ibid., *p. 9.*
99- *Voir à cet égard Richard Katz,* Boiling Energy [...], *1982, ou Lorna Marshall, « The Medecine dance of the !Kung Bushmen », 1969.*
100- *Richard Katz, cité par Horald Pager, 1994. L'un des plus fins connaisseurs des !Kung, Lorna Marshall, disait que presque tous les !Kung étaient des hommes-médecine.*
101- *David Lewis-Williams,* op. cit., *1983, p. 6.*
102- *David Lewis-Williams,* op. cit., *1981, p. 88.*
103- Ibid., *p. 93.*
104- *« Ideological Continuities in Prehistoric Southern Africa », 1984, p. 247.*
105- *Thomas A. Dowson,* Rock Engravings of Southern Africa, *1992.*
106- *David Lewis-Williams, « The Eeconomic and Social Context of Southern San Rock Art », 1982, p. 434.*
107- *David Lewis-Williams, « Modeling the Production and Consumption of Rock Art », 1995c, p. 147.*
108- *Joseph M. Orpen,* op. cit., *1874, p. 3.*
109- *David Lewis-Williams,* op. cit., *1981, p. 112.*
110- *Dorothea Bleek,* op. cit., *1933, p. 305.*
111- *Harald Pager, « San Trance Performances Documented in the Ethnological Reports and Rock Paintings of Southern Africa », 1994, p. 95.*
112- *David Lewis-Williams & Thomas Dowson, « The Signs of All Times », 1988.*
113- *David Lewis-Williams, 1982,* op. cit., *p. 429.*

L'âge des peintures et gravures rupestres

114- *Peter Breuning,* Archaeological Investigations in the Brandberg, *dans Harald Pager, 1989, p. 33.*
115- *Patricia Vinnicombe,* op. cit., *1976, p. 22.*
116- *Harald Pager,* op. cit., *1975, p. 21.*
117- *George W. Stow,* op. cit., *1905, p. 124.*
118- *Dorothea Bleek,* op. cit., *1932, p. 78.*
119- *David Lewis-Williams,* op. cit., *1981, p. 23.*
120- Ibid.
121- *Ann Thackeray,* Dating the Rock Art of Southern Africa, *1983, p. 26.*

Bibliographie

Pour une bibliographie complète de l'art rupestre des San, on se référera à Karin Herbert : « Rock Art of South-Eastern South Africa and Lesotho, 1806 to 1997 : an Annotated Bibliography », *Natal Museum Journal of Humanities*, vol. X, p. 33-149, 1998.

– ALEXANDER James Edward, *An Expedition of Discovery into the Interior of Africa*, Henry Colburn, Londres, 1838.

– ARBOUSSET Thomas & DAUMAS François, *Relation d'un voyage d'exploration au nord-est de la colonie du cap de Bonne-Espérance*, Arthus-Bertrand, Paris, 1842.

– BACHELARD Gaston, *L'Air et les Songes, essai sur l'imagination du mouvement*, José Corti, Paris, 1943.

– *La Terre et les Rêveries de la volonté*, José Corti, Paris, 1947.

– *La Poétique de l'espace*, Presses Universitaires de France, collection « Quadrige », Paris, 1957.

– BARNARD Alan, *Hunters and Herders of Southern Africa*, Cambridge University Press, (Mass.), 1992.

– BARROW Sir John, *Voyage dans la partie méridionale de l'Afrique fait dans les années 1797 et 1798*, 2 tomes. Traduit de l'anglais par L. De Grandpré, Dentu imprimeur, Paris, 1801.

– *Nouveau voyage dans la partie méridionale de l'Afrique*, 2 tomes. Traduit de l'anglais par C. A. Walckenaer, Dentu, Paris, 1806.

– BATAILLE Georges, *Lascaux ou la naissance de l'art*, Skira, Genève, [1955], réédité dans *Œuvres complètes*, t. VI, Gallimard, Paris, 1979.

– BATTISS Walter, *The Artists of the Rocks*, Red Fawn Press, Pretoria, 1948.

– BLANCHOT Maurice, *L'Entretien infini*, Gallimard, Paris, 1969.

– « La Naissance de l'art », *L'Amitié*, Gallimard, Paris, 1971.

– BLEEK Dorothea F. *The Mantis and his Friends*, Maskew Miller, Le Cap, 1923.

– « Beliefs and Customs of the /Xam Bushmen. Part I : Baboons », *Bantu Studies* 5, p. 167-179, 1931.

– « Beliefs and Customs of the /Xam Bushmen. Part II : The Lion », *Bantu Studies* 6, p. 47-63, 1932.

– « Beliefs and Customs of the /Xam Bushmen. Part III : Game Animals », *Bantu Studies* 6, p. 233-249, 1932.

– « Beliefs and Customs of the /Xam Bushmen. Part IV : Wind making, clouds », *Bantu Studies* 6, p. 323-342, 1932.

– « Beliefs and Customs of the /Xam Bushmen. Part V : The Rain », *Bantu Studies* 7, p. 297-312, 1933.

– « Beliefs and Customs of the /Xam Bushmen. Part VI : Rain Making », *Bantu Studies* 7, p. 375-392, 1933.

– « Beliefs and Customs of the /Xam Bushmen. Part VII : Sorcerors », *Bantu Studies* 9, p. 1-47, 1935.

– « Beliefs and Customs of the /Xam Bushmen. Part VIII : More about Sorcerors and Charms », *Bantu Studies* 10, p. 131-162, 1936.

– BLEEK Wilhelm H. I., *A Brief Account of Bushman Folklore and other Texts (Second Report Concerning Bushman Researches, Presented to Both Houses of Parliament of the Cape of Good Hope)*, Government Printer, 1875.

– BLEEK Wilhelm H. I. & LLOYD Lucy, *Specimens of Bushmen Folklore*, George Allen, Londres, 1911.
– BORGES Jorge Luis, *L'Or des tigres*, [1972]. Traduit de l'espagnol par Jean-Pierre Bernès & Nestor Ibarra. *Œuvres complètes* t. I, Gallimard, « Bibliothèque de la Pléiade », Paris, 1999.
– BORGES Jorge Luis & GUERRERO Margarita, *Manuel de zoologie fantastique*, [1957]. Traduit de l'espagnol par Gonzalo Estrada & Yves Péneau, Christian Bourgois, Paris, 1980.
– BRETON André, *L'Art magique*, [1957], Le Club français du Livre, réédition Adam Biro/Phébus, Paris, 1991.
– BREUIL, abbé Henri, « Premières impressions de voyage sur la préhistoire sud-africaine », *L'Anthropologie*, t. XL, p. 209-223, 1930.
– « Les Roches peintes d'Afrique australe, leurs auteurs et leur âge », *L'Anthropologie*, t. LIII, n° 5-6, p. 377-406, 1949.
– CAILLOIS Roger, *L'Écriture des pierres*, Skira, collection « les Sentiers de la création », Genève, 1970.
– CAMPBELL John, *Travels in South Africa*, Black, Parry & C°, Londres, 1815.
– CANETTI Élias, *Masse et Puissance*, [1960], Gallimard, collection « Tel », Paris, 1966.
– CARSE James P., « Shape Shifting », *Encyclopaedia of Religions*, vol. XIII, sous la direction de Mircea Éliade, MacMillan Publishing Company, New York, 1987.
– de CERTEAU Michel, *L'Invention du quotidien*, t. I, « Arts de faire », Gallimard, collection « Folio Essais », Paris, 1980.
– CHIDESTER David, « Bushman Religion : Open, Closed and New Frontiers », in Skotness (ed.), *Miscast*, p. 51-61, 1996
– « Mutilating Meaning », in Skotness (ed.), *Miscast*, p. 24-39, 1996.
– CLOTTES Jean & LEWIS-WILLIAMS David, *Les Chamanes de la préhistoire, transe et magie dans les grottes ornées*, Le Seuil, Paris, 1996.
– DEACON Jeannette & DOWSON Thomas (ed.), *Voices from the Past*, Witwatersrand University Press, Johannesburg, 1996.
– DIDI-HUBERMAN Georges, *Devant l'image*, Éditions de Minuit, collection « Critique », Paris, 1990.
– DOWSON Thomas A., « Revelations of Religious Reality : the Individual in San Rock Art », *World Archaeology*, vol. XX, n° 1, p. 116-127, 1988.
– *Rock Engravings of Southern Africa*, Witwatersrand University Press, Johannesburg, 1992.
– « Reading Art, Writing History : Rock Art Social Change in Southern Africa », *World Archaeology*, vol. XXV, n° 3, p. 332-344, 1994.
– ELLENBERGER Victor, *La Fin tragique des Bochimans*, Amiot-Dumont, Paris, 1951.
– FOUCAULT Michel, « Des Espaces autres » [1967], réédité dans *Dits et Écrits*, t. IV, Gallimard collection « Bibliothèque des Sciences humaines », Paris, 1994.
– *Histoire de la sexualité, tome II « L'Usage des plaisirs »*, Gallimard, collection « Bibliothèque des Histoires », Paris, 1984.
– FROBENIUS Léo, *Histoire de la civilisation africaine*, traduit par Dr H. Back et D. Ermont, Gallimard, Paris, 1933.

– HAMAYON Roberte, « Pour en finir avec la "transe" et "l'extase" dans l'étude du chamanisme », *Études mongoles et sibériennes*, n° 26, p. 155-190, 1995.
– HARRIS William Cornwallis, *The Wild Sports of Southern Africa*, John Murray, Londres, 1839.
– HEWITT Roger L., *Structure, Meaning and Ritual in the Narratives of the Southern San*, Helmut Buske Verlag, Hambourg, 1986.
– HOFF Ansie, « The Water Snake of the Khoekhoe and /Xam », *The South African Archaeological Bulletin*, n° 52, p. 21-37, 1997.
– HOW Marion, *The Mountain Bushmen of Basutoland*, Van Schaik, Pretoria, 1962.
– HROMNIK Cyril, « A Testament to the Shamanistic Hallucinatory Transe Theory of the Southern African Rock Art », *Rock Art Research*, vol. VIII, n° 2, p. 99-107, 1991.
– JOLLY Peter, « A First Generation Descendant of the Transkei San », *The South African Archaeological Bulletin*, n° 41, p. 6-9, 1986.
– « Further Comment : Ethnographic Clarifications : a Response to Hromnik and Willcox », *Rock Art Research*, vol. IX, n° 2, p. 69-73, 1992.
– « A Further Assessment », *The South African Archaeological Bulletin*, n° 49, p. 16-23, 1994.
– KATZ Richard, *Boiling Energy : Community Healing among the Kalahari !Kung*, Harvard University Press, Cambridge (Mass.), 1982.
– KINAHAN John, *Pastoral Nomads of the Central Namib Desert*, New Namibia Books, Windhoek, 1991.
– KOLB Peter, *Description du cap de Bonne-Espérance*, Jean Catuffe, Amsterdam, 1741.
– LENSSEN-ERZ Tilman, « Perceptions du cadre écologique et de ses expressions métaphoriques dans l'art rupestre du Brandberg », *L'Anthropologie*, t. C, n° 2/3, p. 457-472, 1996.
– LEROI-GOURHAN André, *Préhistoire de l'art occidental*, Éditions Lucien Mazenod, Paris, 1965.
– « Le Préhistorien et le chamane », *L'Ethnographie* 74-75 (2), p. 19-25, 1977.
– *L'Art pariétal, langage de la préhistoire*, Jérôme Millon, Grenoble, 1992.
– LE VAILLANT, François, *Voyage dans l'intérieur de l'Afrique*, 2 tomes [1790], Desray, Paris, 1797-1798.
– *Second voyage dans l'intérieur de l'Afrique*, 3 tomes [1794], Desray, Paris, 1803.
– LÉVI-STRAUSS Claude, *La Pensée sauvage*, Plon, Paris, 1962.
– *Mythologiques, t. II, « Du miel aux cendres »*, Plon, Paris, 1966.
– LEWIS-WILLIAMS David, *Believing and Seeing : Symbolic Meanings in Southern San Rock Art*, Academic Press, Londres, 1981.
– « The Economic and Social Context of Southern San Rock Art », *Current Anthropology*, vol. XXIII, n° 4, p. 429-449, 1982.
– « Introductory Essay : Science and Rock Art », *South African Archaeological Society, Goodwin Series*, n° 4, p. 3-13, 1983.
– « Ideological Continuities in Prehistoric Southern Africa : the Evidence of Rock Art », in Schrire, C. (ed), *Past and Present in Hunter-gatherer Studies*, Academic Press, New York, p. 225-252, 1984.

– « The Last Testament of the Southern San », *The South African Archaeological Bulletin*, n° 41, p. 10-11, 1986.
– « Seeing and Constructing : the Making and "Meaning" of a Southern African Rock Art Motif », *Cambridge Archaeological Journal*, vol. V, n° 1, p. 3-23, 1995 a.
– « Image des San et art san, une dialectique potentiellement créatrice en Afrique australe », *Les Temps modernes*, n° 585, p. 665-679, 1995 b.
– « Modeling the Production and Consumption of Rock Art », *South African Archaeological Bulletin*, n° 50, p. 143-154, 1995 c.
– « Prise en compte du relief naturel des surfaces rocheuses dans l'art pariétal sud-africain et paléolithique ouest-européen : étude culturelle et temporelle croisée de la croyance religieuse », *L'Anthropologie*, t. CI, n° 1, p. 220-237, 1997.
– LEWIS-WILLIAMS David & DOWSON Thomas, « The Signs of All Times », *Current Anthropology*, vol. XXIX, n° 2, p. 201-245, 1988.
– *Images of Power, Understanding Bushman Rock Art*, Southern Book Publisher, Johannesburg, 1989.
– « Through the Veil : San Rock Painting and the Rock Face », *The South African Archaeological Bulletin*, n° 45, p. 1-16, 1990.
– « Art rupestre san et paléolithique supérieur, le lien analogique », *L'Anthropologie*, t. LXXXXVI, n° 4, p. 769-790, 1992.
– (ed.) *Contested Images, Diversity in Southern African Rock Art Research*, Witswatersrand University Press, Johannesburg, 1994.
– MARSHALL Lorna, « !Kung Bushman Religious Beliefs », *Africa*, n° 32, 1962.
– « The Medecine Dance of the !Kung Bushmen », *Africa*, n° 39, 1969.
– *The !Kung of Nyae Nyae*, Harvard University Press, Cambridge (Mass.), 1976.
– MERLEAU-PONTY Maurice, *Le Visible et l'Invisible*, Gallimard, collection « Tel », Paris, 1964.
– NANCY Jean-Luc, *Le Regard du portrait*, Galilée, Paris, 2000.
– NOËL Bernard, *Vers Henri Michaux*, Éditions Unes, Draguignan, 1998.
– NOUGIER Louis-René, *L'Art de la préhistoire*, Le Livre de Poche, Paris, 1982.
– ORPEN Joseph M., « A Glimpse into the Mythology of the Maluti Bushmen », *The Cape Monthly Magazine*, suivi de « Remarks » par Wilhelm Bleek, p. 1-13, juin 1874.
– OUZMAN Sven, « Thaba Sione : Place of Rhinoceros and Rain-making », *African Studies*, n° 55, p. 31-59,1996.
– PAGER Harald, *Ndedema, (a Documentation of the Rock Paintings of the Ndedema Gorge)*, Akademische Druk-u. Verlagansalt, Graz, 1971.
– *Stone Age Myth and Magic*, Akademische Druk-u. Verlagansalt, Graz, 1975.
– « The Ritual Hunt : Parallels Between Ethnological and Archaeological Data », *The South African Archaeological Bulletin*, n° 38, p. 80-87, 1982.
– *The Rock Paintings of the Upper Brandberg, part I : Amis Gorge*, Heinrich Barth Institute, Cologne, 1989.
– *The Rock Paintings of the Upper Brandberg, part II : Hungorob Gorge*, Heinrich Barth Institute, Cologne, 1993.

– « San Trance Performances Documented in the Ethnological Reports and Rock Paintings of Southern Africa », *Rock Art Research*, vol. XI, n° 2, p. 88-100, 1994.
– *The Rock Paintings of the Upper Brandberg, part III : Southern Gorges*, Heinrich Barth Institute, Cologne, 1995.
– PENN Nigel, « "Fated to Perish" : the Destruction of the Cape San », in Skotness (ed.), *Miscast*, p. 81-91, 1996.
– PESSOA Fernando, *Le Livre de l'intranquillité*, [1982], traduit du portugais par Françoise Laye, Christian Bourgois, Paris, 1988.
– RIMBAUD Arthur, *Œuvres complètes*, édition établie par Antoine Adam, Gallimard, collection « Bibliothèque de la Pléiade », Paris, 1972.
– ROY Claude, *Arts sauvages*, Delpire, Paris, 1957.
– *Arts fantastiques*, Delpire, Paris, 1960.
– SCHAPERA Isaac, *The Khoisan Peoples of South Africa*, George Routledge & Sons, Londres, 1930.
– SKOTNESS Pippa, « The visual as a Site of Meaning : San Parietal Painting and the Experience of Modern Art », in Thomas Dowson & David Lewis-Williams (ed.), *Contested Images : Diversity in Southern African Rock Art Research*, p. 315-330, Witwatersrand University Press, Johannesburg, 1994 a.
– « The Thin Black Line », in Jeannette Deacon & Thomas Dowson (ed.) *Voices from the Past*, 1994 b.
– *Miscast : Negotiating the Presence of the Bushmen*, University of Cape Town Press, Le Cap, 1996.
– SMITS Lucas G. A., « Rock paintings in Lesotho », *The South African Archaeological Bulletin*, n° 138, p. 62-76, 1983.
– SOLOMON Anne, « Gender, Representation and Power in San Ethnography and Rock Art », *Journal of Anthropological Archaeology*, n° 11, p. 291-329, 1992.
– « Mythic Women, a Study in Variability in San Art », in David Lewis-Williams & Thomas Dowson (ed.), *Contested Images : Diversity in Southern African Rock Art Research*, p. 331-372, Witwatersrand University Press, Johannesburg, 1994.
– « The Myth of Ritual Origins. Ethnography, Mythology and Interpretation of San Art », *South African Archaeological Bulletin*, n° 165, p. 3-13, 1997 a.
– « Landscape, Form and Process : some Implications for San Rock Art Research », *The Natal Museum Journal of Humanities*, vol. IX, p. 57-73, 1997 b.
– « What is an Explanation ? Belief and Cosmology in Interpretation of Southern San Rock Art », in *Collected Papers on Shamanism*, sous la direction de Roberte Hamayon & Ioan M. Lewis, Athlone Press, Londres (sous presse).
– STOW George W., *The Native Races of South Africa*, Swann Sonnenschein, Londres, 1905.
– STOW George W. & BLEEK Dorothea, *Rock Paintings in South Africa*, Methuen & Co, Londres, 1930.
– Botho STRAUSS, *L'Incommencement, réflexions sur la tache et la ligne*, [1992], traduit de l'allemand par Colette Kowalski, Gallimard, collection « Arcades », Paris, 1996.

– THACKERAY Ann, « Dating the Rock Art of Southern Africa », *South African Archaeological Society, Goodwin Series*, n° 4, p. 21 26, 1983.
– TOBIAS Philip V. (ed.), *The Bushmen*, Human & Rousseau, Le Cap, 1978.
– TONGUE Helen, *Bushman Paintings*, Clarendon Press, Oxford, 1909.
– VIALOU Denis, *La Préhistoire*, Gallimard, collection « L'Univers des formes », Paris, 1991.
– VINNICOMBE Patricia, « A Bushman Hunting Kit from the Natal Drakensberg », *Annals of the Natal Museum*, vol. XX, n° 3, p. 611-625,1971.
– *People of the Eland*, University of Natal Press, Pietermaritzburg, 1976.
– « Review of "*The Rock Paintings of the Upper Brandberg. Part I : Amis Gorge*" », *Rock Art Research*, vol. VIII, n° 2, p. 139, 1991.
– WILLCOX Alex R., *Rock art of Africa*, Croom Helm, Londres & Canberra, 1984.
– *The Drakensberg and their Art*, Drakensberg Publications, Winterton, 1984.
– WOODHOUSE Herbert C., « Utilization of Rock Features in the Rock Paintings of South Africa », *The South African Archaeological Bulletin*, n° 45, p. 112-116, 1990.

Remerciements

« MERCI »

Au moment de terminer l'écriture de ce livre, j'ai le plaisir de remercier ceux qui m'ont aidé à le réaliser.

Le ministère des Affaires étrangères, en m'accordant une bourse « Stendhal », m'a permis de mener à bien un premier séjour d'études en 1998.

Le Centre culturel franco-namibien, à Windhoek, et le Bureau du livre de l'Institut français d'Afrique du Sud à Johannesburg m'ont ensuite accordé un soutien précieux qui a rendu possible un second séjour d'études à l'automne 1999, tant en Namibie qu'en Afrique du Sud. Je remercie également la compagnie Avis qui, à cette occasion, a facilité certains de mes trajets routiers, ainsi que Marc Moreau et mes amis de Pro Feel Image pour leur attention et leurs conseils.

Ma gratitude va naturellement à ceux qui, en Afrique australe, furent des hôtes et des guides : le professeur David Lewis-Williams, du Centre de recherche sur l'art rupestre de l'université de Witswatersrand à Johannesburg ; Val Ward et Anne Solomon, conservateurs au département d'Archéologie du musée du Natal à Pietermaritzburg ; Sven Ouzman, conservateur au département d'Art rupestre du musée de Bloemfontein ; Tilman Lenssen-Erz de l'Heinrich Barth Institute à Cologne ; Beth Wahl du Kwazulu Natal Heritage et Meridy Pfotenhauer de l'association Bergwatch ; Mark Astrup, conservateur en chef du Kwazulu-Natal Nature Conservation Service et l'ensemble des responsables qui, dans le Drakensberg, m'ont facilité l'accès à des peintures, lorsque celles-ci se trouvaient dans des parcs naturels dont ils ont la charge ; Pippa Skotness, Lucas Smits, Sue et Glenn Tonkin pour leur aide.

Je souhaite particulièrement remercier Shirley-Ann Pager, sans qui je n'aurais pu me rendre dans le Brandberg, et ceux qui furent à cette occasion mes deux assistants – eux qui avaient été ceux d'Harald Pager –, Angula Shipahu et Ephraïm Mateus. Leur exceptionnelle « science du concret » fut pour moi une source constante d'étonnement.

Crédits photographiques

Toutes les photographies ont été réalisées par Renaud Ego, sauf mention particulière :

- Bibliothèque centrale du MNHN, Paris : 107
- Dr David Lewis-Williams & Thomas Dowson, DR : 124
- Marie-Theres Erz : 22
- McGregor Museum, The A M Duggan-Cronin Photographic Collection, Kimberley : 112, 117, 118
- Natal Museum, Pietermaritzburg/Photo John Hone : 113
- Photothèque du musée de l'Homme, Paris : 105, 106, 108
- Shirley-Ann Pager : 59, 111
- South African Museum, Cape Town : 116
- State Archives of Namibia, DR : 110
- University of Cape Town, DR : 114, 115

Photogravure Colourscan, Singapour
Achevé d'imprimer en août 2000
sur les presses de l'imprimerie Mame, Tours.